시와 술과 차가 있는
중국 인문 기행
3

시와 술과 차가 있는
중국 인문 기행 3

초판 1쇄 발행 / 2020년 8월 28일

지은이 / 송재소
펴낸이 / 강일우
책임편집 / 정편집실·박주용
조판 / 박아경
펴낸곳 / (주)창비
등록 / 1986년 8월 5일 제85호
주소 / 10881 경기도 파주시 회동길 184
전화 / 031-955-3333
팩시밀리 / 영업 031-955-3399 편집 031-955-3400
홈페이지 / www.changbi.com
전자우편 / nonfic@changbi.com

ⓒ 송재소 2020
ISBN 978-89-364-7816-2 03910

시와 술과 차가 있는

중국 인문 기행
中 國 人 文 紀 行

3

송재소 지음

창비

　『중국 인문 기행』 제3권은 호남성(湖南省) 편이다. 우리나라 대부분의 사람들에게는 유명한 관광지인 장가계(張家界)가 있는 곳 정도로 알려져 있지만 호남성에는 다른 어느 성 못지않게 많은 인문학적 유적을 보유하고 있다. 이곳에는 중국 4대 서원의 하나인 악록서원(嶽麓書院)이 있고, 2100여 년 전 한(漢)나라 초기의 유물 3000여 점이 발굴되어 세계를 놀라게 한 마왕퇴(馬王堆)가 있으며, 바다처럼 넓은 동정호(洞庭湖) 가에는 천하의 누각 악양루(岳陽樓)가 있고, 동정호 안에는 사랑의 섬 군산도(君山島)가 있다.

　또한 장사(長沙) 시내를 흐르는 상강(湘江)에는 아름다운 섬 귤자주(橘子洲)가 있고, 33세로 요절한 개혁 정치가이자 문학가 가의(賈誼)의 고거(故居)도 장사 시내에 있다. '초사(楚辭)'의 창시자 굴원(屈原)이 몸을 던진 멱라강(汨羅江) 가에는 그의 사당 굴자사(屈子祠)가 있고 시성(詩聖) 두보(杜甫)의 묘소도 호남성에 있다. 중국의 피카소라 불리는 제백석(齊白

石)의 생가와 기념관, 중국 근대의 여성 혁명가 추근(秋瑾)의 신혼집도 이곳에 있다. 그뿐만 아니라 신중국 건설의 주역인 모택동, 유소기, 팽덕회의 고거가 이른바 '홍삼각(紅三角)'을 이루고 있기도 하다. 이밖에도 호남성에는 풍성한 볼거리들이 많다.

이들 유적의 매력에 이끌려 나는 네 차례나 호남성을 다녀왔는데 이번 기행문은 가장 최근에 다녀온 2017년 다산연구소가 주최한 중국 인문 기행의 동선(動線)을 따라 서술했다. 다산연구소에서는 '송재소 교수와 함께하는 중국 인문 기행'이란 타이틀로 2015년부터 해마다 답사를 실시해왔는데 호남성 기행은 제4회에 해당된다. 제1회는 안휘성과 강소성(2015년), 제2회는 절강성 소흥(2016년), 제3회는 강서성 남창과 여산 일대(2016년), 제4회는 호남성(2017년), 제5회는 광동성(2018년), 제6회는 다시 절강성 소흥(2018년), 제7회는 사천성(2018년), 제8회는 다시 절강성 소흥(2018년), 제9회는 섬서성(2019년), 제10회는 산서성과 내몽고(2019년) 여행이었다. 회원들의 요청으로 소흥을 세 번이나 다녀왔다. 2019년의 기행 이후로는 '코로나19' 때문에 길이 막혔다. 언제 다시 중국 여행을 할 수 있을지 지금으로서는 막막하기만 하다.

『중국 인문 기행』 제3권의 편성과 서술방법도 1, 2권과 대동소이하지만 이번에는 특히 주련(柱聯)을 많이 소개하려고 했다. 주련은 궁궐, 사찰, 누각, 정자나 패방(牌坊), 개인 살림집 등의 기둥에 새긴 문장을 말하는데, 이는 한자문화권에만 있는 독특한 문화로 건물의 품격을 높이고 건물의 장식적인 효과를 극대화한다. 그래서 주련은 오래 전부터 한자문화권 건물의 필수적인 구성요소로 자리 잡아서 주련이 없는 건물은 상상할 수 없을 정도로 보편화되었다. 기둥에 새긴 글을 영련(楹聯), 문 옆에 새긴 글을 문련(門聯), 창 옆에 새긴 글을 창련(窓聯) 등으로 부르는 데 일반적으로 주련으로 통칭된다.

주련의 내용은 해당 건물의 특징, 역사적 의의, 지리적 환경, 건물 주 인의 인품 등을 나타내는 구절을 기존의 유명 시문(詩文)에서 따오기도 하고 개인이 창작하기도 한다. 대개는 4자에서 10자 내외의 짝을 이루는 두 구절로 이루어지는데 개인 창작의 경우 때로는 수백 자에 달하는 장 련(長聯)도 눈에 띈다. 대표적인 것이 운남성 곤명(昆明)에 있는 전지(滇 池) 대관루(大觀樓)의 180자 장련이다. 호남성에도 군산의 상비사(湘妃祠) 에 400자 장련이 걸려 있다.

주련은 건물의 명칭과 더불어 해당 건물의 성격을 나타내는 역할을 하 기 때문에 그 건물의 얼굴이라 할 수 있다. 그러므로 주련을 해독하는 것 이 매우 중요하다. 어느 곳이나 마찬가지이지만 호남성에는 특히 주련 이 많다. 이 책에서는 되도록 많은 주련을 소개하려고 했지만 워낙 많아 서 모두 소개할 수 없을뿐더러 초서(草書)나 전서(篆書)로 된 것들도 있어 나로서도 해독하기 어려운 글귀가 많았다. 하지만 독자들에게 더 많은 주련을 보여주려고 내 나름으로 최대의 노력을 기울였음을 밝혀둔다.

또한 각종 건물에 달려 있는 편액도 되도록 많이 소개하려고 했다. 편 액도 주련과 함께 해당 건물의 얼굴과 같은 것이어서 편액의 글을 해독 하는 것이 그 건물의 성격을 이해하는 데 매우 중요하기 때문이다. 이렇 게 하는 것이 한문학을 전공한 내가 독자에게 해줄 수 있는 최소한의 서 비스란 생각이 들었다. 그러나 나의 짧은 한문 실력으로 독자들의 궁금

증을 얼마만큼 풀어줄 수 있을지 모를 일이다.

중국의 술은 호남성을 대표하는 백주인 주귀(酒鬼), 악양루(岳陽樓), 무릉(武陵), 백사액(白沙液)과 함께 사천성(四川省)에서 생산되는 검남춘(劍南春)을 소개했다. 1, 2권에서는 그 지방에서 생산되는 술이거나 그곳에서 내가 마셔본 술을 위주로 소개해왔는데 이렇게 하다가는 이름난 중국 명주를 다 소개할 수 없겠다 싶어 이번부터는 타 지역의 술도 소개하기로 한 것이다. 특히 사천성과 귀주성(貴州省)에서 나는 그 많은 명주를 빠뜨릴 수 없기 때문이다. 중국의 차는 호남성을 대표하는 유명한 호남흑차(湖南黑茶)와 군산은침(君山銀針)을 소개했다. 중국의 술과 차를 좋아하는 독자들에게 조금이라도 도움이 되었으면 다행이겠다.

귀중한 옥고(玉稿)의 전재를 허락하여 이 책의 대미(大尾)를 장식해주신 김정남, 황상민 두 분께 감사드린다. 그리고 책을 출판해준 창비의 강일우 사장과 실무자들, 편집을 맡아준 정편집실의 유용민 대표에게도 진심으로 고맙다는 말을 전한다. 유용민 대표는 2001년 졸저『한시미학과 역사적 진실』의 편집을 맡은 이래 근 20년 동안 창비에서 출간한 내 책을 대부분 편집해주었다. 참으로 끈끈한 인연이 아닐 수 없다. 이번에도 사진과 한자가 많아 편집에 어려움이 있었을 터인데도 세심하게 손질을 해서 번듯한 책이 될 수 있게 했다. 책이 출간되면 소주라도 한잔 사야겠다.

2020년 8월 10일 지산시실(止山詩室)에서

송재소

시와 술과 차가 있는 중국 인문 기행 3 | 호남성 편 |

中 国 人 文 紀 行

일러두기

1. 중국의 지명은 한자를 우리말로 읽어주는 것을 원칙으로 하되, 주요 지명에만 처음
   나올 때 괄호 안에 중국어 표기를 병기했다. 예, 호남성(湖南省, 후난성), 장사(長
   沙, 창사).
2. 중국의 인명은 한자를 우리말로 읽어주는 것을 원칙으로 하되, 현대 인명에만 처음
   나올 때 괄호 안에 중국어 표기를 병기했다. 예, 유소기(劉少奇, 류사오치).

湖南省 호남성

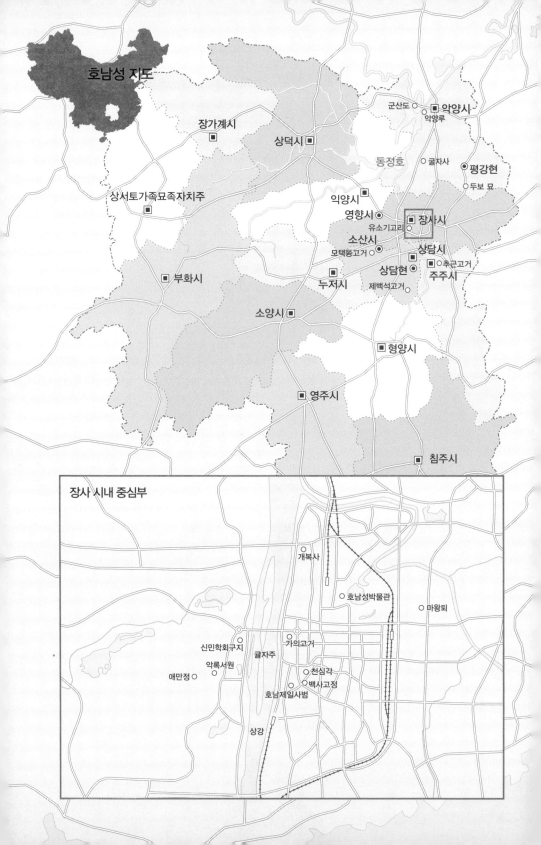

호남성 지도

장가계시

상덕시

군산도　악양시
악양루

동정호　굴자사　평강현
　　　　　　두보 묘

익양시

영향시　　장사시
유소기고리

소산시
모택동고거　　상담시
　　　상담현　주주시
제백석고거　추근고거

부화시

누저시

소양시

형양시

영주시

침주시

상서토가족묘족자치주

장사 시내 중심부

개복사

호남성박물관

마왕퇴

신민학회구지
굴자주
애만정　악록서원
　　　　천심각
　　호남제일사범　백사고정
상강

호남성 답사길에
오르며

다산연구소 주관의 중국 인문 기행
20년 만의 폭우를 뚫고

다산연구소 주관의 중국 인문 기행

2017년 6월 30일 오전 7시경 인천공항에는 낯익은 얼굴들이 눈에 띄어 반가웠다. 단국대학교 의과대학 박진완 교수, 대기업 해외법인장을 지낸 최일성 씨, 스틸로지스 이근용 전무는 다산연구소의 중국 인문 기행에 빠짐없이 동행해온 분들이다. 이근용 전무는 이번에 딸과 함께 참석했는데 후에 딸을 성균관대학교 대학원 한문학과에 진학시켰다. 최일성 씨는 만년에 한문과 동양문화 특히 당시(唐詩)에 푹 빠진 분이며, 박진완 교수는 산부인과 의사이면서도 중국문화 마니아다. 이밖에 명지대학교 김한상 교수와 한경대학교 박준서 교수도 여러 차례 참석했다. 김한상 교수는 고령의 장인어른을 모시고 온 적도 있다. 또 중앙일보사 정재숙 기자(지금의 문화재청장)도 참석했는데 지난번에는 딸과 함께 왔었다.

그동안 빠짐없이 참석하던 최희재 씨가 이번에는 보이지 않는다.

인문 기행의 실무를 책임지고 있는 다산연구소 김대희 교육팀장은 세심한 배려로 기행의 윤활유 역할을 하고 있다. 김 팀장은 시아버지를 모시고 오기도 했고 친정어머니와 함께 오기도 했으며 남편과 동행하기도 했다. 이렇게 다산연구소 주관의 중국 인문 기행은 회를 거듭할수록 외연이 확산되고 있어 이번 여행에는 30여 명이나 되는 대규모 인원이 참가했다.

호남성(湖南省, 후난성)은 동정호(洞庭湖) 남쪽에 있다고 해서 붙여진 명칭이다. 동정호 북쪽은 호북성이다. 이곳은 옛날 남만(南蠻)이라 불린 미개한 지역이었지만 만만치 않은 문화유적을 보유하고 있다. 10세기에 설립된 악록서원(嶽麓書院)은 중국 4대 서원의 반열에 들었고, 이 지방으로 좌천되거나 유배된 굴원(屈原), 가의(賈誼) 등의 유적이 남아 있으며, 저 유명한 악양루(岳陽樓)와 시성(詩聖) 두보(杜甫)의 묘소, 그리고 세계를 놀라게 한 마왕퇴(馬王堆) 유적도 이곳에 있다.

악록서원을 모태로 수많은 인재가 배출되었으니 장식(張栻), 왕부지(王夫之), 담사동(譚嗣同), 위원(魏源)과 같은 걸출한 사상가가 호남성 출신이다. 근대에는 중국의 피카소로 불리는 제백석(齊白石)이 활동하기도 했다. 호남성은 신중국 성립의 주역인 모택동(毛澤東), 유소기(劉少奇), 팽덕회(彭德懷)의 고향이기도 하다. 이번 답사 일정에 포함되진 않았지만 호남성에는 당송팔대가의 한 명인 유종원(柳宗元)이 좌천되어 「포사자설(捕蛇者說, 뱀 잡는 사람 이야기)」이라는 명문을 남긴 영주(永州)가 있고, 저명한 풍경구 장가계(張家界)도 있어서 여러 가지로 볼거리가 많은 곳이다.

20년 만의 폭우를 뚫고

오전 9시에 출발한 KE 819편 비행기가 10시 50분(현지 시간) 중국 호남성 장사(長沙, 창사)의 황화기장(黃花機場, 황화공항)에 도착했다. 전용버스를 타고 장사 시내로 가서 '간료우간(看了又看)'이란 간판의 한식 식당에서 점심을 먹고 악록서원(岳麓書院)으로 향했다. '看了又看'은 '보고 또 보고'를 중국어로 옮긴 것이다.

식당에 들어갈 때부터 내리기 시작한 비가 더욱 세차게 쏟아졌다. 6월 30일경이면 이 지방의 우기(雨期)이다. 다산연구소의 이번 답사는 원래 4월 하순으로 예정되어 있었는데 당시 한국의 사드(THAAD) 배치 때문에 중국에 한한령(限韓令)이 내려진 터라 잠시 연기했다가 우기인 줄 알면서도 강행한 것이다.

버스가 악록서원 근처 주차장에 이르렀을 때는 마치 하늘이 뚫린 것처럼 비가 쏟아졌다. 주차장에서 악록서원까지는 도보로 10분 이상 걸어야 하는 거리였다. 빗속을 뚫고 답사를 강행해야 할지 포기해야 할지 의논한 끝에 희망자만 가기로 결론이 났다. 그래서 30명 중에서 10여 명이 길을 나섰다. 일행을 인솔하고 해설해야 하는 처지에 있는 나도 동행했다.

그런데 출발할 때부터 불상사가 일어났다. 일행 중 김위 씨가 주차장

옆의 좁은 석조 구조물 위를 걷다가 미끄러져 시멘트 바닥으로 떨어진 것이다. 깜짝 놀랐다. 80세 가까운 노령인데도 다행히 크게 다친 데는 없었다. 나중에 들어보니 그는 젊었을 때 운동을 한 덕분에 낙법(落法)을 이용하여 몸을 보호했다고 한다. 김위 씨는 독립운동가이자 성균관대학교 창립자인 심산(心山) 김창숙(金昌淑) 선생의 장손이다. 그는 다시 버스로 돌아가고 우리는 계속 앞으로 나아갔다.

넓은 도로는 강이 되어 있었다. 물이 정강이에까지 차올랐다. 자동차는 차도가 아닌 인도로 다녔다. 인도가 차도보다 약간 높았기 때문이다. 우산을 쓰나 마나였다. 길가에 비치한 휴지통이 둥둥 떠내려오고 있었다. 자동차가 지나가면 파도와 같은 물이랑이 생겼다. 실로 엄청난 폭우였다. 포기하고 중간에 다시 돌아가는 일행도 있었다. 이렇게 강을 건너듯 하며 강행군을 한 끝에 우리는 가까스로 서원에 도착할 수 있었다.

천년 학부 악록서원

장사시(長沙市) 악록산(岳麓山) 자락에 있는 악록서원은 호상문화(湖湘文化)의 성전으로 일컬어진다. '호상'은 호남성을 지칭하는 별칭이다. 호남성이 동정호(洞庭湖) 남쪽에 위치하고 경내에 상강(湘江)이 흐르고 있기 때문에 붙여진 명칭이다. 천년 동안 수많은 인재를 배출하여 호상문화의 중심으로 자리 잡은 악록서원에 대하여 살펴본다.

북송 시기의 악록서원

당말 오대(唐末五代, 907~960)의 거듭된 전란으로 교육시설이 피폐해진 것을 안타깝게 여긴 승려 지선(智璿) 등이 악록산 기슭에 조그마한 서당을 열어 선비들이 공부할 공간을 마련했는데 이것이 악록서원의 모태가 되었다. 이후 담주 태수(潭州太守)로 부임한 북송의 주동(朱洞)이 976년에 서당을 확장하여 악록서원을 창건했다. '담주'는 장사(長沙)의 옛 이름이다.

999년에는 담주 태수 이윤칙(李允則)이 조정의 지원을 받아 서원을 더욱 확장하고 조정으로부터 『사기』『옥편』 등 많은 서적을 하사받았다. 이로써 서원의 3대 사업인 강학(講學), 장서(藏書), 제사(祭祀)의 기본 틀이 갖추어졌다. 그는 강학을 위하여 강당과 재사(齋舍)를 지었고 조정으로부터 하사받은 서적과 별도로 수집한 서적을 비치할 장서루(藏書樓)를 세웠으며 공자의 위패를 모신 예전(禮殿)을 건립했다.

북송의 저명한 학자인 왕우칭(王禹偁)은 「담주악록산서원기(潭州岳麓山書院記)」에서 "누가 소상(瀟湘)이라 말했나, 여기가 수사(洙泗)요, 누가 형만(荊蠻)이라 말했나, 여기가 추로(鄒魯)이다"라 쓰고 있다. '소상'은 호남성 경내에 있는 소수(瀟水)와 상수(湘水)이고 '수사'는 산동성(山東省, 산둥성) 경내에 있는 수수(洙水)와 사수(泗水)인데 공자가 이 두 강 사이에서 제자들을 가르쳤다고 해서 공자학(孔子學)을 수사학(洙泗學)이라 부르기도 한다. 왕우칭이 소상강을 수사강에 비유한 데에서 악록서원의 위상을 짐작할 수 있다. '형만'은 옛 초(楚)나라 지역인 호남성 일대를 비하해서 불렀던 명칭이다. 중국의 주변국들을 흔히 동이(東夷), 서융(西戎), 북적(北狄), 남만(南蠻)으로 비하해서 불렀는데 호남성은 남만 즉 남쪽 오랑캐에 속하는 미개한 지역으로 인식되었다. 이 미개한 지역이 '추로'가 되었다는 것이다. 추(鄒)는 맹자의 고향이고 노(魯)는 공자의 고향이다. 그러므로 추로는 공자·맹자와 같은 성인이 살았던 문화가 창성한 고장

위에서 내려다본 악록서원　장사시 악록산 자락에 자리 잡은 악록서원은 천년 동안 수많은 인재를 배출한 호상 문화의 성전으로 일컬어지며 중국 4대 서원의 하나로 꼽힌다.

을 가리킨다. 남쪽 오랑캐가 살던 미개한 호남성이 악록서원으로 인하여 추로지향(鄒魯之鄕)이 되었다는 것이다. 퇴계(退溪) 선생이 살았던 곳이어서 경상북도 안동을 추로지향이라 일컫는 것과 같다. 이렇게 보면 이윤칙이 악록서원을 확장하여 재정비한 시기에 악록서원은 교육기관으로서의 서원의 기능을 확립한 것으로 보인다.

1012년에 학행(學行)을 겸비한 학자 주식(周式)이 초대 산장(山長, 원장)으로 부임하여 서원 발전에 큰 공헌을 했다. 1015년에는 진종(眞宗) 황제가 친히 불러 큰 벼슬을 내렸으나 그는 이를 사양하고 악록서원으로 돌아갔다. 이를 가상히 여긴 진종은 많은 서적을 하사하고 또 '악록서원(嶽麓書院)'이란 친필 편액을 내렸다. 이 시기에 악록서원은 강서성(江西省, 장시성) 여산(廬山)의 백록동서원(白鹿洞書院), 하남성(河南省, 허난성) 숭산(嵩山)의 숭양서원(嵩陽書院), 하남성 상구(商丘)의 응천서원(應天書院)과 함께 중국 4대 서원의 반열에 올랐다. 4대 서원은 논자에 따라 약간의 차이가 있다.

남송 시기의 악록서원

악록서원은 남송 건도(乾道) 2년(1166)에 장식(張栻, 1133~1180)이 주교(主敎)로서 원장 대행직을 수행하면서 크게 발전했다. 장식은 자가 경부(敬夫), 호가 남헌(南軒)으로 주희(朱熹)·여조겸(呂祖謙)과 더불어 동남 삼현(東南三賢)으로 병칭되는 저명한 이학가(理學家)였다. 그는 과거시험을 위주로 한 종래의 교육 내용을 바꾸어 서원을 학술연구 기관으로 혁신했는데 가장 두드러진 사업이 회강(會講)제도였다. 회강제도는 다른 학파의 학자를 초청하여 특정한 주제를 놓고 상호간에 백가쟁명(百家爭鳴)식 토론을 벌임으로써 학문을 발전시키자는 의도에서 창안되었다.

회강의 백미가 바로 1167년에 있었던 '주장회강(朱張會講)'('주장'은 주희·장식을 말함)이

장식상 악록서원을 크게 발전시킨 송나라 때 학자이다.

다. 이해에 장식은 주희를 악록서원으로 초청했고 주희는 이 초청에 응해 복건성(福建省, 푸젠성) 숭안현(崇安縣, 충안현)을 출발하여 약 1개월 만인 9월 8일 악록서원에 도착한 후 2개월에 걸쳐 토론을 벌였다. 두 사람은 여러 주제에 관하여 토론했는데 견해가 일치하는 것도 있었고 다른 것도 있었다. 그중 '중화(中和)'에 관해서는 3일 밤낮에 걸쳐 토론했으나 끝내 일치된 견해를 도출하지 못했다고 한다. 이때 주희는 38세, 장식은 35세였다. 그러나 후일 두 사람은 대학자답게 상대방의 의견을 수용해서 자신들의 학설을 일부 수정했다고 한다.

이 주장회강이 열리는 동안 천 명 이상의 인사가 모였는데 그들이 타

주장회강 조각상 장식이 주희를 악록서원으로 초청하여 2개월에 걸쳐 토론을 벌인 주장회강(朱張會講)을 기념하는 조각상이다.

고 온 수레와 말이 하도 많아 말들이 마시는 연못의 물이 삽시간에 말랐다는 기록이 있다. 이후 1175년에 여조겸(呂祖謙)이 주희와 육구연(陸九淵)을 강서성의 아호사(鵝湖寺)로 초청하여 학술토론을 벌였고, 1181년에는 주희가 육구연을 백록동서원으로 초청하여 회강을 개최했으니, 모두 주장회강의 선례를 따른 것이다.

주장회강이 있은 지 27년 후인 1194년에 주희는 호남 안무사(湖南安撫使)로 부임했는데 공무로 바쁜 가운데에도 틈을 내어 악록서원의 발전을 위해 많은 공헌을 했다. 그는 서원의 건물을 재정비하고 학전(學田, 교육비를 조달하기 위해 설치한 논밭) 50경(頃)을 마련했으며 조정으로부터 많은 서적을 하사받았다. 또한 서원의 학칙이라 할 만한 '주자서원교조(朱

子書院敎條)’를 제정했다.

남송 후기에 일시적 침체기가 있었으나 1246년에는 1015년에 이어 이종(理宗) 황제의 친필 어서(御書) ‘악록서원(嶽麓書院)’ 편액을 하사받았으며 주희와 장식의 제자 및 재전제자(再傳弟子, 어떤 학자의 제자를 통해서 그 학문이나 사상을 배운 사람)들이 주장이학(朱張理學)을 선양하며 서원의 학풍을 바로 세웠다. 실로 주장이학은 악록서원의 학문적 이념이었으며 호상학(湖湘學)의 사상적 기반이었다.

원·명·청 시기의 악록서원

원나라는 건국 초기부터 서원 보호정책을 펼쳐 악록서원을 크게 중수하고 옛 전통을 이어갔다. 명나라 초기엔 관학(官學)에 치중하여 건국 후 약 100년간은 악록서원의 침체기였으나 명나라 홍치(弘治, 1488~1505, 효종) 연간에 진강(陳鋼), 양무원(楊茂元) 등이 주장이학을 선양하며 악록서원의 학풍을 되살렸다. 이후에도 서원을 계속해서 확장, 중건하면서 발전시켰다. 1507년 양명학(陽明學)의 창시자인 왕수인(王守仁, 1472~1528)이 귀주성(貴州省, 구이저우성)으로 좌천되어가는 도중 서원에 들러 강학을 한 것이 악록서원 발전에 또 하나의 계기가 되었다. 당시 악록서원은 과거시험을 중시하고 학술연구는 부진했는데 그가 심학(心學)을 제창하여 다시 학문적 기풍을 일으켰고 그후 계본(季本), 나홍선(羅洪先), 추원표(鄒元標) 등 그의 제자들이 악록서원에서 강학함으로써 송나라 때의 이

학에 이어 명나라 때 심학을 보급시켰다.

청나라 때에는 처음부터 조정의 지원을 받았다. 강희(康熙) 25년(1686)에는 호남 순무(巡撫, 성省의 군정과 민정을 감찰하던 벼슬) 정사공(丁思孔)이 서원을 대규모로 중수하고 조정에 상주(上奏)하여 '학달성천(學達性天)'의 어서 편액과 『십삼경(十三經)』 『이십일사(二十一史)』를 비롯한 많은 서적을 하사받았다. 이렇게 해서 모인 서적이 가경(嘉慶, 1796~1820, 인종) 말년엔 장서루에 1만 권이 넘게 쌓였다고 한다. 건륭(乾隆) 8년(1743)에는 역시 호남 순무 장부(蔣溥)가 상주하여 건륭제로부터 '도남정맥(道南正脉)'의 어서 편액을 하사받기도 했다.

1840년 아편전쟁을 치른 후 중국에는 외세의 침략으로부터 나라를 보호하기 위한 새로운 운동이 일어났다. 1862년에는 양무운동(洋務運動)이 일어났고 1894년 청일전쟁을 겪고 난 후 1898년에는 강유위(康有爲, 캉유웨이), 양계초(梁啓超, 량치차오) 등이 변법자강운동(變法自疆運動)을 벌였다. 양무운동과 변법자강운동은 실패로 끝났지만 이후 서원을 학당으로 전환하고 전족(纏足)을 금하고 과거제도를 폐지하는 등의 개혁조치가 취해졌다. 이 일련의 개혁에 따라 1903년부터 1926년까지 악록서원은 호남고등학당 – 호남고등사범학교 – 호남공립공업전문학교 – 호남대학으로 개편되었다. 1926년의 '성립(省立)' 호남대학이 1937년에 '국립' 호남대학으로 승격했고, 1949년 8월에는 여러 군소 학원과 대학을 병합하여 명실상부한 종합대학으로 개편되고 이달(李達, 리다)이 초대 교장으로 취임했다. 그리고 1950년에 모택동(毛澤東, 마오쩌둥) 주석이 친필로 '호남대학(湖南大學)' 편액을 내렸다.

두문, 대문, 이문

두문(頭門)은 악록서원 경내로 들어가는 첫 문이다. 두문은 원래 있었던 것이 아니고 서원에 담장을 두르면서 1986년에 세운 것이다. 문 위에는 '천년학부(千年學府)'란 편액이 걸려 있는데 두문을 세운 1986년은 주동이 서원을 창건한 지 1010년 되던 해이기 때문에 이를 기념해서 천년학부라 한 것이다. 글씨는

두문 악록서원 경내로 들어가는 첫 문이다. 서예가 구양 순의 글씨를 집자한 '천년학부(千年學府)' 현판이 보인다.

호남성 출신의 유명한 서예가 구양순(歐陽詢, 557~641)의 글자를 집자(集字)한 것이다. 문 양쪽에 다음과 같은 문련(門聯)이 있다.

千百年楚材 導源于此 (천백년초재 도원우차)
近世紀湘學 與日爭光 (근세기상학 여일쟁광)

천백 년의 초(楚) 땅 인재가 여기에서 나왔고
근세기 상학(湘學)은 해와 빛을 다투네

대문　악록서원의 정문으로 문 위에는 송나라 진종 황제가 하사한 '악록서원(嶽麓書院)' 편액이 걸려 있다.

　　이 문련은 중국사회과학원 철학연구소 연구원, 중국서법가협회 부주석을 지낸 우우(虞愚, 위위)가 짓고 썼다고 한다.

　　두문을 지나면 서원의 정문인 대문(大門)이 나타난다. 원래의 대문은 송나라 때 건립되었으나 오래되어 없어졌고 현존 대문은 1509년에 다시 세워 1868년에 중수한 것이다. 문 위에는 1015년 송나라 진종 황제가 하사한 '악록서원(嶽麓書院)' 어서 편액이 걸려 있고 대문 양쪽에 걸린 다음과 같은 대련(對聯)이 눈에 띈다.

　　惟楚有材 (유초유재)　초 땅에 인재가 있어

於斯爲盛 (어사위성)   여기서 성황을 이루었네

위 구절은『좌전(左傳)』「양공(襄公) 26년」의 "수초유재 진실용지(雖楚有材 晉實用之)"에서 따온 말로 "초나라에 비록 인재가 있지만 실제로는 진나라가 이들을 등용했다"는 내용이고, 아래 구절은『논어』「태백(泰伯)」편의 "당우지제 어사위성(唐虞之際 於斯爲盛)"에서 따온 말로 "요순의 시대에는 (인재가) 이보다 성했다"는 내용인데 이 구절에 대한 후대의 해석은 일정하지 않다. 대문의 대련은 이렇게『좌전』과『논어』의 한 구절씩 따서 조합한 것으로 원 출전의 뜻이나 문맥과는 정확히 일치하지 않지만 한자문화권에서는 흔히 있는 일이다. 이렇듯 남의 문장 중에서 전체의 뜻은 고려하지 않고 필요한 부분만을 따서 사용하는 것을 '단장취의(斷章取義)'라 한다.

과연 이 대련이 말하는 대로 옛 초나라 땅인 호남성의 인재들이 악록서원을 거쳐 실로 성황을 이루었다. 호상학파의 중심인물인 장식을 필두로 명말 청초에는 걸출한 사상가 왕부지(王夫之, 1619~1692)가 출현했고 아편전쟁 전후에는 도주(陶澍, 1778~1839), 위원(魏源, 1794~1857)과 같은 개혁 정치가가 출현했고 이어 태평천국운동 등으로 어지러운 정국을 바로 잡은 증국번(曾國藩, 1811~1872), 좌종당(左宗棠, 1812~1885), 곽숭도(郭嵩燾, 1818~1891), 호림익(胡林翼, 1812~1861) 같은 인재가 나타났으며 당재상(唐才常, 1867~1900)은 청말 유신파의 영수로 활약했다. 이들 모두가 악록서원에서 수학한 인물들이다. 이외에도 담사동(潭嗣同, 1865~1898), 채화삼(蔡和森, 차이허썬, 1895~1931) 등 호남성 출신 인사들이 악록서원에서 수학하지는 않았지만 악록서원 출신 인사들과 교유하면서 활동했다. 한편 모택동도 1916년부터 1919년까지 악록서원의 반학재(半學齋)에 우거하면서 혁명활동을 벌인 바 있다.

악록서원 대문 양쪽 벽에는 호남사범대학의 마적고(馬積高, 마지가오) 교수가 짓고 증효호(曾曉滸, 쩡샤오후)가 글씨를 쓴 다음과 같은 대련이 걸려 있다.

治無古今 育才是急 莫漫觀四海潮流千秋講院
(치무고금 육재시급 막만관사해조류천추강원)
學有因革 通變爲雄 試忖度朱張意氣毛蔡風神
(학유인혁 통변위웅 시촌탁주장의기모채풍신)

이 대련의 대강의 뜻은 이렇다. "예나 지금이나 나라를 다스림에 있어 시급한 일은 인재를 배양하는 것이다. 세계 역사의 조류와 천년학부의 강학 전통을 소홀히 보지 말라. 학문에는 전승과 혁신이 있어서 때에 따라 변통하는 것이 으뜸이 된다. 주희(朱熹)와 장식(張栻)의 의기(意氣), 모택동과 채화삼의 풍격을 미루어 생각해보라."

대문을 지나면 이문(二門)이 나오는데 1522년에 처음 세웠다가 1628년과 1865년 두 차례의 중수를 거쳤고 항일전쟁 때 파괴된 것을 1984년에 다시 중건했다. 정면에는 '명산단석(名山壇席)'이란 편액이 걸려 있는데 호남성 출신의 저명한 서예가 하소기(何紹基, 1799~1873)의 글씨에서 집자한 것이라 한다. '명산'은 악록산을 가리키고 '단석'은 강단

이문 문 위에 걸린 편액 '명산단석(名山壇席)'은 명산인 악록산에 있는 강단, 즉 악록서원을 일컫는 말이다.

이란 뜻이니, 명산단석은 명산인 악록산에 있는 강단 즉 악록서원을 일
컫는 말이다. 문 양 옆에는 악록서원의 후신(後身)인 호남고등학당의 학
감(學監) 정송만(程頌萬)이 지은 대련이 걸려 있다.

納于大麓 (납우대록)
藏之名山 (장지명산)

이 대련의 표면적인 뜻은 "악록서원이 큰 숲속에 들어 있고, 명산인
악록산에 감춰 있다"이지만 사실은 이보다 훨씬 더 깊은 뜻을 내포하고
있다. 첫번째 구절은 『서경(書經)』 「순전(舜典)」에 나오는 "큰 숲속으로

'소상괴시' 편액 소상(瀟湘)은 호남성, 괴시(槐市)는 학궁(學宮)이나 학사(學舍)를 지칭하는 말로 소상괴시는
선비들이 모이는 장소라는 의미이다.

몰아넣으니 사나운 바람이 불고 천둥치고 비가 내리는데도 길을 잃지
않았다(納于大麓 熱風雷雨 弗迷)"는 구절에서 따온 것인데, 요(堯)임금이 순
(舜)임금에게 제위(帝位)를 물려주기 위하여 순임금의 능력을 시험한 일
을 말한다.

　두번째 구절은 사마천(司馬遷)이 불후의 대작『사기(史記)』를 완성하고
제일 뒤에 붙인「태사공자서(太史公自序)」의 끝부분에 나오는 "정본(正
本)은 명산에 보관하고 부본(副本)은 경사(京師)에 두어 후세 성인군자를
기다린다(藏之名山 副在京師 俟聖君子)"라는 구절에서 따온 말이다.

　그러므로 이문의 대련은, 악록산 기슭의 숲속에 자리 잡은 서원의 지
리적 환경을 나타냄과 동시에 순임금과 사마천의『사기』와의 관계를 염

두에 두고 지은 것임이 분명하다. 좀더 정확한 대련의 뜻은 독자의 상상에 맡긴다.

이문의 뒤편에 '소상괴시(瀟湘槐市)'란 편액이 붙어 있다. 한(漢)나라 무제(武帝) 때 태학(太學)을 설립했는데 성제(成帝) 때에는 이곳에 모인 선비들의 수가 수천 명에 이르렀다. 이에 자연히 서적에 대한 수요가 늘어나자 태학 옆에 서적을 매매하는 시장이 생겼는데 선비들은 보름 만에 한 번씩 열리는 이 시장에서 서적을 구입하고 자기 고장의 특산물을 물물교환하기도 하면서 지식과 학술의 교류도 이루어졌다. 이곳에 회화나무〔槐〕가 많이 있었기 때문에 '괴시(槐市)'라 불렀다. 후대에는 괴시가 학궁(學宮) 또는 학사(學舍)를 지칭하는 말로 사용되었다. '소상(瀟湘)'은 호남성을 가리키는 말로, 소상괴시는 악록서원이 한나라 때의 괴시처럼 선비들이 모이는 장소라는 의미이다.

강당

이문을 지나면 서원의 핵심 건물인 강당(講堂)이 나타난다. 최초의 강당은, 서원을 창건한 주동이 976년에 세운 5칸 건물이었는데 이후 훼손과 중건을 거듭하다가 현존 건물은 1686년 호남 순무 정사공(丁思孔)이 중건한 것을 1868년에 다시 대대적으로 중수한 것이다.

강당 처마 밑에 '실사구시(實事求是)'라 쓴 편액이 걸려 있고 중앙에는 교탁에 해당하는 강대(講臺)가 있는데 강대 뒤의 나무 병풍에 장식이 지은「악록서원기」가 새겨져 있다. 강당 남북 양쪽 벽에는 각각 충(忠)·효(孝)·염(廉)·절(節), 정(整)·제(齊)·엄(嚴)·숙(肅)이 큰 글자로 새겨져 있다. '충효염절'은 1167년에 주자가 쓴 것으로 충성·효성·청렴·절조를 뜻하고, '정제엄숙'은 1757년에 원장 구양정환(歐陽正煥)이 쓴 것인데 의관을 가지런히 하고 행동을 위엄 있고 엄숙하게 하라는 것으로 모두 1827년에 당시 원장인 구양후균(歐陽厚均)이 강당에 설치한 것이다.

강당 대청의 중앙에 강희 황제의 어필인 '학달성천(學達性天)' 편액이 걸려 있다. 강희는 1687년에 같은 글씨를 일곱 장 써서 악록서원과 백록동서원 그리고 주돈이(周敦頤), 이정(二程, 정호·정이), 장재(張載), 소옹(邵雍), 주희의 사당에 하사했다. '학달성천'은 배우고 수양해서 천인합일(天人合一)의 경지에 이른다는 말로 이렇게 하는 것이 유학의 궁극적 목표이다.

이 편액 뒤에는 건륭 황제의 어필인 '도남정맥(道南正脈)' 편액이 걸려 있는데 이 편액은 악록서원이 이학(理學)을 전파한 공적을 표창해서 건륭이 하사한 것이다. 복건성 학자인 양시(楊時)가 이학의 발상지인 낙양에 가서 이정(二程) 즉 정호(程顥)·정이(程頤) 형제로부터 이학을 배우고 귀향할 때 이정이 "나의 도(道)가 남쪽으로 가는구나"라고 한 말에서 따온 것이다. 실제로 이후 도학은 남쪽에서 주자를 대표로 하는 민학(閩學, 주자의 학문을 일컫는 말로 생애 대부분을 복건성 민강閩江 유역에서 강학하여 붙여진 이름)을 이루었고 장식(張栻)을 대표로 하는 호상학을 형성했다. 강당에는 이밖에도 다음과 같은 대련이 있다.

工善其事 必利其器 (공선기사 필리기기)

강당의 대청 강희 황제의 어필인 '학달성천(學達性天)', 그 안쪽에 건륭 황제의 어필인 '도남정맥(道南正脈)' 편액이 걸려 있다.

業精于勤 而荒于嬉 (업정우근 이황우희)

장인이 자기 일을 잘하려면 반드시 연장을 예리하게 갈아야 하고

학업은 근면한 데에서 정밀해지고 노는 데에서 황폐해진다

이 대련은 호남공전(湖南工專) 교장 빈보정(賓步程, 빈부청, 1880~1943)이 쓴 것으로 항일전쟁 기간에 훼손되었다가 1985년에 집자하여 다시 만든 것이다. 상련(上聯)은 『논어』「위령공(衛靈公)」편에 나오는 말이다.

자공이 인(仁)을 행하는 방법을 물었다. 공자가 말하기를 "장인이

자기 일을 잘하려면 반드시 먼저 연장을 예리하게 하듯이(工欲善其事
必先利其器), 어느 나라에 살든지 그 나라 대부(大夫) 가운데 어진 이를
섬기며, 그 나라 선비 가운데 인(仁)한 이를 사귀어야 한다"라 하였다.

하련(下聯)은 당나라 한유(韓愈)의 「진학해(進學解)」에 나오는 구절이다.
이외에도 강당에는 여러 대련이 있고 「악록서원학규(嶽麓書院學規)」
「서정제엄숙사자인시제생시(書整齊嚴肅四字因示諸生詩, 정제엄숙 네 글자를
써서 여러 생도들에게 보여주는 시)」 등이 벽에 석각되어 있다.
강당 앞 좌우에는 학생들의 숙소인 교학재(敎學齋)와 반학재(半學齋)가
있는데 우리나라 성균관의 동재(東齋)·서재(西齋)와 같은 건물이다. 반학
재 건물 명칭은 『서경』 「열명(說命)」에 나오는 "유효학반(惟斅學半)"에서
따온 말인데 '효(斅)'는 '교(敎)'와 같은 뜻으로 '가르치는 것이 배움의
절반을 차지한다'는 말이다.

대성전과 선현들의 사당

서원의 3대 기능은 강학(講學), 장서(藏書), 제사(祭祀)이다. 제사 부문
에서 가장 중요하게 받드는 인물은 공자로, 악록서원에는 공자의 사당
인 대성전(大成殿)이 있다. 대성전 안 공자상의 오른쪽과 왼쪽에 각각 다
음과 같은 문구가 쓰여 있다.

대성전 공자를 모신 사당이다.

덕은 천지와 짝하고 도(道)는 고금에 으뜸이며 육경(六經)을 산술(刪述)하고 만세에 모범을 드리웠네(德侔天地 道冠古今 刪述六經 垂憲萬世)

도(道)에 뜻을 두고 덕(德)에 의거하고 인(仁)에 의지하고 예(藝)에 노닌다(志於道 據於德 依於仁 游於藝)

아래 구절은 『논어』「술이(述而)」편에 나오는 공자의 말이다. 대성전 안에는 공자상 좌우 벽에 안회(顔回), 자사(子思), 증삼(曾參), 맹자(孟子)의 초상을 그린 족자가 걸려 있다. 그리고 숭성사(崇聖祠)를 두어 공자의 5대 선조들을 모시고 있다. 이밖의 중요한 사당은 다음과 같다.

• 염계사(濂溪祠): 송나라 이학(理學)의 개조(開祖)인 주돈이(周敦頤, 1017~1073)의 사당이다. 자는 무숙(茂叔)으로 「태극도설(太極圖說)」의 저자인데 만년에 강서성 여산(廬山) 아래 염계(濂溪) 가에 살았기 때문에 그를 염계 선생이라 칭한다. 문하에 정호·정이 형제를 배출했다.

• 사잠정(四箴亭): 송나라의 이학가(理學家) 정호·정이를 모신 사당이다. 이들의 학설을 주자가 계승하여 이른바 정주학파(程朱學派)가 형성되었다. 『논어』「안연(顏淵)」

사잠정 송나라 이학가 정호·정이를 모신 사당이다. 안쪽에 장식이 쓴 '성학연원(聖學淵源)' 편액이 보인다.

편에서 공자가 안연에게 "예(禮)가 아니면 보지도 말며, 예가 아니면 듣지도 말며, 예가 아니면 말하지 말며, 예가 아니면 움직이지 말라(非禮勿視 非禮勿聽 非禮勿言 非禮勿動)"고 하여 인간이 해서는 안 되는 네 가지를 말했는데 이를 '사물(四勿)'이라 한다. 후에 정이(程頤)가 이를 부연하여 「사물잠(四勿箴)」을 지었다. '사잠정'은 이를 기념하여 붙인 명칭이다. 안에 장식(張栻)이 쓴 '성학연원(聖學淵源)' 편액이 걸려 있다.

• 숭도사(崇道祠): 악록서원 발전에 공이 큰 주자와 장식을 모신 사당이다. 사당 안에 두 사람의 동상이 있다.

• 육군자당(六君子堂): 악록서원에 큰 공적을 남긴 6인을 모신 사당이다. 악록서원을 창건한 주동, 악록서원 초대 원장인 주식을 비롯하여 이윤칙(李允則), 유공(劉珙), 진강(陳鋼), 양무원(楊茂元)의 초상과 이력이 새겨진 여섯 개의 목판이 걸려 있다.

• 선산사(船山祠): 명나라 말 악록서원의 저명한 학생이었던 왕부지를 모신 사당이다. '선산'은 왕부지의 호이다.

• 굴자사(屈子祠): 굴원(屈原)의 사당이다. 호남성은 자고로 '굴가지향(屈賈之鄉)'으로 일컬어졌는데 굴원과 가의(賈誼)의 고장이란 뜻이다. 굴원과 가의가 이 지방 출신은 아니지만 두 사람 모두 이 지방과 깊은 인연이 있는 인물이다. 호남성의 성도(省都)인 장사에 굴원의 사당이 없는 것을 안타깝게 여겨 1796년 굴원 사당을 건립했으나 여러 차례 훼손된 끝에 2006년 새롭게 중건한 것이다. 굴원과 가의에 대한 자세한 사항은 후술한다.

혁희대, 그리고 한글 안내판

혁희대(赫曦臺)는 악록서원의 기념비적 건물이다. 1167년에 장식의 초청을 받은 주자가 악록서원과 성남서원(城南書院)에서 약 2개월간 머물며 강학을 했는데 새벽이면 악록산 정상에 올라 일출을 구경하곤 했다.

혁희대 내부 혁희대 좌우 벽에는 '복(福)'자와 수(壽)'자가 크게 쓰여 있고, 중앙의 병풍에 주자와 장식의 시, 왕수인과 모택동의 시가 쓰여 있다.

주자가 이 악록산 정상을 '혁희(赫曦, 밝게 빛나는 햇빛)'라 이름 지으니 장식이 이곳에 대(臺)를 짓고 주자가 '혁희대'라 명명했다고 한다. 이후 허물어져 없어졌는데 1528년 지부(知府, 부지사府知事) 손존(孫存)이 산 아래에 혁희정을 세웠으나 또 허물어졌다. 1821년에 원장 구양후균이 혁희대의 원 비각(碑刻)을 발견하고는 주자의 유적을 기념하기 위하여 원래 악록서원 대문 앞에 있던 전대(前臺)를 혁희대로 개명했다. 지금 서원 대문을 들어서면 바로 나타나는 건물이다.

현재의 건물은 호남지방의 전형적인 희대(戲臺) 즉 무대 형식으로 되어 있어 원래의 혁희대와는 상당히 다를 것으로 추정된다. 왜 희대 형식으로 만들었는지에 관해서는 여러 가지 학설이 있다. 대의 좌우 벽에는

'복(福)'자와 '수(壽)'자가 크게 쓰여 있고, 중앙에 병풍이 있는데 한쪽 면에는 복원 후의 악록서원 평면도가 그려져 있고 다른 한쪽 면에는 주자와 장식의 시, 왕수인과 모택동의 시가 쓰여 있다.

주자와 장식의 시는 함께 혁희대에 올랐을 때 쓴 시로 제목은 「악록산 혁희대에 올라 지은 연구(登岳麓赫曦臺聯句)」이다. 연구(聯句)는 같은 제목을 두고 여러 사람이 2구씩 차례로 짓는 시의 형식으로, 말하자면 합작 시인 셈이다. 이 시에서 어느 부분이 주자가 지은 것이고 어느 부분이 장식이 지은 것인지는 분명하지 않다. 두 사람은 혁희대에 올라 이학자(理學者)답게 광대무변한 우주의 이치에 대한 사색을 토로하고 있다. 주희와 장식의 「악록산 혁희대에 올라 지은 연구」는 이렇다.

장사(長沙)의 강물에 배를 띄워서
지팡이 휘두르며 산정에 오르니

안개 구름 변화가 끝없이 아득하고
우주는 끝없이 높고 깊구나

옛 장사(壯士)의 품은 뜻 돌이켜 보고
시대를 근심하는 군자의 마음이네

속세의 나그네께 말해 주노니
가없이 텅 빈 이치를 뉘 능히 찾으려나

泛舟長沙渚　振策湘山岑
烟雲渺變化　宇宙窮高深
懷古壯士志　憂時君子心
寄言塵中客　莽蒼誰能尋

왕수인의 시는 「혁희대를 바라보며(望赫曦臺)」로 다음과 같다.

강 건너 악록산에 정을 둔 지 오래인데
소상강엔 밤낮으로 천둥 치고 비가 오네

어떡하면 가벼운 바람이 가는 놀을 쓸어버려
옷깃 떨쳐 곧바로 혁희대에 오를까

隔江岳麓懸情久　雷雨瀟湘日夜來
安得輕風掃微靄　振衣直上赫曦臺

이 시는 왕수인이 1507년 귀주성으로 귀양 가다 악록서원에 들러 강학을 한 적이 있는데 그때 쓴 것으로 보인다. 당시 35세의 나이로 환관 유근(劉瑾)의 전횡을 비판하다가 유배를 가게 된 역경에서 그 옛날 주자와 장식이 만나 학문을 토론하던 '주장회강(朱張會講)'을 떠올리며 그의 더 높은 이상을 나타낸 시이다.

모택동의 시는 「화주세교동지(和周世釗同志)」로 다음과 같다.

출렁이는 봄 강에 잠시 배회하다가
높은 봉우리 밟고 서니 눈앞이 확 트이네

바람 불어 귤자주의 푸른 물결 날리고
푸른 들판 빗방울이 산 위로 올라오네

술자리서 담소하니 사람은 그대론데
나라 밖 계충사(鷄蟲事)는 참으로 슬프도다

젊은 시절 빨리 간다 한탄하지 말게나
삼십 년 후 여전히 혁희대에 왔으니

春江浩蕩暫徘徊　又踏層峰望眼開
風起綠洲吹浪去　雨從青野上山來
尊前談笑人依舊　域外鷄蟲事可哀
莫嘆韶華容易逝　卅年仍到赫曦台

　이 시는 1955년 모택동이 호남지방을 시찰할 때 동석했던 호남제일
사범학교 교장 주세교(周世釗, 저우스자오)가 그에게 써준 시에 화답한 시
이다. 제3연의 '계충사(鷄蟲事)'는 두보(杜甫)의 시 「박계행(縛鷄行, 닭을 묶

다)」에서 유래된 '계충득실(鷄蟲得失)'이란 성어로, '대세에 관계없는 조그마한 득실'을 뜻한다. 모택동의 시에서는 구체적으로 어떤 인물의 어떤 사건을 가리키는지 알 수 없다.

이밖에도 악록서원에는 상수교경당(湘水校經堂), 백천헌(百泉軒), 급천정(汲泉亭), 시무헌(時務軒), 문천(文泉) 등의 유적이 있다. 또 '중국 서원 박물관'을 신축했는데 그 안에 놀랍게도 우리나라의 도산서원(陶山書院) 모형이 있었다. '도산서원'이란 큰 현판이 걸려 있고 그 안에는 '전교당(典敎堂)' 편액 밑에 도산서원을 23분의 1로 축소하여 재현해놓았다.

중국 어디를 가도 볼 수 있는 현상이지만 악록서원에도 눈살을 찌푸리게 하는 한글 안내판이 있다. '嶽麓書院出口'라 쓰인 안내판에 '후난성 수출'이란 한글이 병기되어 있었다. '出口'가 중국어로 '수출하다'는 뜻이 있긴 하지만 이건 너무 심하다 싶었다. '嶽麓書院'을 '후난성'으로 번역한 것도 말도 안 되는 짓이다. 일본어는 없고 한글을 병기한 것은 참으로 감사한 일이지만 좀 제대로 된 안내문을 만들어주었으면 좋겠다.

중국의 4대 명정, 애만정

지금까지 악록서원 정문으로 들어와서 여러 건물을 두루 살펴보았는데 서원 후문으로 나가서 약 200미터쯤 가면 곧 애만정(愛晚亭)이 나타난다. 하지만 폭우 때문에 위험하다고 하여 출입이 폐쇄되었다. 약간 높은 곳에 위치한 애만정 주위로 여러 갈래의 흙탕물이 쏟아져 내리고 있었다.

애만정 전형적인 중국 정자의 건축양식을 따른 중국 4대 명정(名亭)의 하나로 꼽힌다. 모택동이 호남제일사범학교 시절 벗들과 이 정자에서 시국을 토론하며 꿈을 키운 혁명의 성지이기도 하다.

애만정은 1792년에 당시 악록서원 원장이던 나전(羅典)이 창건했다. 그러니 악록서원의 부속건물인 셈이다. 애만정 주위의 청풍협(淸風峽)에는 단풍나무가 많아서 가을이 되면 온통 붉은색으로 물들었다고 한다. 그래서 애초의 정자 이름은 '홍엽정(紅葉亭)'이었고 또 '애풍정(愛楓亭)'으로 부르기도 했는데 후에 호광총독(湖廣總督, 청나라 때 지방장관) 필원(畢沅)이 당나라 시인 두목(杜牧)의 시 「산행(山行)」을 근거로 해서 애만정으로 개명했다. 두목의 시는 이렇다.

  가을 산을 멀리 오르니 돌길이 비껴 있고

흰 구름 이는 곳에 사람 사는 집 있네

수레 멈춤, 저녁 무렵 단풍 숲이 아름답기 때문이라
서리 맞은 단풍잎이 이월 달 꽃보다 더욱 붉구나

遠上寒山石徑斜 白雲生處有人家
停車坐愛楓林晚 霜葉紅於二月花

　이 시 제3구의 '애(愛)'와 '만(晚)'을 따서 이름을 붙인 것이다. 그러나
두목의 시와 애만정은 아무런 관련이 없고, 정자 주위에 단풍나무가 많
기 때문에 단풍 시로 유명한 두목의 시에서 두 글자를 따온 것일 뿐이다.
이 정자는 주위의 풍광이 수려하기도 하지만 전형적인 중국 정자의 건
축양식을 따랐기 때문에, 안휘성(安徽省, 안후이성)의 취옹정(醉翁亭), 절강
성(浙江省, 저장성) 항주(杭州, 항저우) 서호의 호심정(湖心亭), 북경(北京)의
도연정(陶然亭)과 더불어 중국의 4대 명정(名亭)으로 꼽힌다. 4대 명정에
는 호심정 대신에 강소성(江蘇省, 장쑤성) 소주(蘇州, 쑤저우)의 창랑정(滄浪
亭)을 넣기도 한다.
　애만정은 명승고적일 뿐만 아니라 중국인들에게는 혁명의 성지이기
도 하다. 청년시절의 모택동은 호남제일사범학교에 다닐 때 나학찬(羅學
瓚), 채화삼(蔡和森) 등 벗들과 이 정자에서 시국을 토론하며 꿈을 키웠다.
어떤 때는 밤을 새워가며 토론을 벌이기도 했다고 한다. 이런 인연으로
1952년 호남대학에서 정자를 중수할 때 교장 이달(李達)이 모택동에게

요청하여 '애만정(愛晚亭)' 편액을 받았는데 지금도 걸려 있다. 정자에는 모택동이 지은 사(詞)「심원춘·장사(沁園春長沙)」가 역시 모택동의 글씨로 걸려 있다.

　우리는 비를 맞으며 강행군한 첫날 일정을 일찍 끝내고 호텔로 향했다. 우산을 썼지만 전신이 흠뻑 젖었기 때문에 더이상의 일정을 잡기가 어려웠다. 몸과 마음이 다 지쳐 있었다. 그래서 호텔에서 샤워하고 옷도 갈아입을 시간을 가질 필요가 있었다.

　우리가 묵은 만가려국제대주점(萬家麗國際大酒店)은 규모가 엄청나게 큰 호텔이었다. 가이드의 말로는 방이 999개이고 옥상에 100대의 헬기가 착륙할 수 있다고 했다. 운행하는 엘리베이터도 70대나 된다고 했다. 가이드의 말이 과장된 것이겠지만 상상을 초월할 만큼 큰 호텔임에는 틀림없다. 실제로 1층에서 엘리베이터를 잘못 타면 자기 방을 찾기가 어려울 정도이다. 내가 묵었던 방에서 10층인가에 있는 프런트까지 가는 데에도 10여 분이 걸렸다. 후에 안내문을 보니 건물 면적이 42만 6천 평방미터로 단일 건물로는 세계 최대라 했다. 또 옥상에는 8개의 헬리콥터 이착륙장이 있고 118대의 헬리콥터를 동시에 수용할 수 있다고 적혀 있다. 최근에 건축된 듯해서 방은 깨끗하고 편안했지만 건물 내부가 너무 크고 복잡해서 정신이 없었다.

　이 호텔의 최대의 자랑거리는 11층에 있는 세계문화대관원(世界文化大觀園)인데 영어로 WORLD CULTURE GARDEN이라 쓰여 있다. 면적이 2만 평방미터나 된다. 여기에는 공자(孔子)광장, 주석(主席)광장, 미릉광장, 재신(財神)광장, 관음(觀音)광장 등 5개 광장을 비롯해서 호상문화관(湖湘文化館), 중화명인관, 역사문화관 등 중국과 관련된 수많은 전시실이 있고 또한 구주명인관(歐洲名人館), 세계명성관(世界明星館)과 같은 외국문화를 주제로 한 전시실도 많다. '명성(明星)'은 인기 있는 배우나 운동선수를 일컫는다. 문자 그대로 '세계문화대관원'이라 할 만하다. 규모가 너무 광대해서 전부를 관람하려면 아마 적어도 3,4시간은 걸릴 것 같기에 나는 대충 둘러보고 나왔다. 이 '대관원' 사방에 설치된 엘리베이터가 50개나 된다.

첫날 저녁식사는 호텔 식당에서 했는데 음식이 짜고 맵기만 하고 별 맛이 없었다. 가이드에게 다음부터는 이 호텔에서 식사하지 말자고 했다. 값만 비싸고 맛없는 호텔 식사를 더이상 할 필요가 없었다.

주귀주

주귀주(酒鬼酒)는 호남성의 주귀주고분유
한공사(酒鬼酒股份有限公司) 제품으로 전신은
1956년에 설립된 길수주창(吉首酒廠)이다. 여기
서 1978년에 상천주(湘泉酒)가 첫 출시되었다.
1992년에 상서상천주총창(湘西湘泉酒總廠)으로
개명했다가 1996년에 다시 호남상천집단유한공
사(湖南湘泉集團有限公司)로 개편되었고 1997년에
지금의 명칭으로 독립했다.

'주귀(酒鬼)'를 우리말로 번역하면 '술 귀신'인데 '술 귀신'은 일반적으
로 '술에 탐닉하여 미친 듯이 술을 퍼마시는 사람' '술독에 빠진 사람'을
지칭한다. 그러나 이 회사에서는 주귀가 그런 뜻이 아님을 강조하고 있
다. 주귀(酒鬼)의 '귀(鬼)'는 '귀재(鬼才)'라 말할 때의 '귀'라는 것이다. 귀
재는 남들보다 뛰어난 재능을 가진 사람을 의미한다. 그러므로 주귀주는
'뛰어난 품질을 지닌 술'을 말한다. 주귀주가 술 중의 귀재라 불리는 이
유를 몇 가지로 요약해본다.

첫째, 향형(香型)이다. 주귀주의 향형은 기타향형에 속하는 겸향형(兼香
型)이다. 일반적으로 겸향형은 백운변주(白雲邊酒)나 백사액(白沙液)같이
두 가지 향을 겸한 것을 가리키는데 주귀주는 특이하게도 백주(白酒)의
3대 기본 향형인 농향(濃香)과 청향(淸香)과 장향(醬香)의 세 가지 향을 겸

하고 있다.(백주의 향형 및 백운변주에 관해서는『중국 인문 기행』1권 48~49면, 126면 참조) 처음 마실 때에는 농향이 나다가 중간에 청향이 나고 마지막에는 장향이 난다고 한다. 그래서 주귀주를 '중국 백주의 집대성'이라고도 한다. 이 술의 향에 대해서는 전문가들이 2005년부터 시음과 연구를 시작하여 2007년에는 심이방(沈怡方, 천이팡), 고월명(高月明, 가오웨밍) 등 백주 전문가 13명이 최종적으로 주귀주의 향형을 '복울향(馥鬱香)'으로 명명했다. 그리고 국가의 공인을 받았다.

둘째, 주귀주를 만드는 지리적 환경이다. 주귀주를 생산하는 길수시(吉首市, 지서우시)는 상서(湘西) 즉 호남성의 서쪽 산악지역으로 이 지역에는 크고 작은 2,000여 개의 시내가 있고 광천수가 나는 수많은 우물이 있어서 '중국 황금 양주 지리대'라 불린다. 특히 주귀주 생산 기지에 있는 세 개의 우물인 용천(龍泉), 봉천(鳳泉), 수천(獸泉)은 1년 내내 일정량의 수량을 보유하면서 겨울에는 따뜻하고 여름에는 시원하다고 한다. 또한 이 지역의 진흙으로 만든 발효교(醱酵窖)는 각종의 유익한 미생물을 배양하고 독특한 향을 생성시키는 데에 이상적 환경을 제공한다.(발효교에 대해서는『중국 인문 기행』1권 50~51면 참조) 따라서 이곳의 물과 이곳의 발효교에서 만들어지는 술이기 때문에 이곳을 벗어나면 주귀주의 생산이 불가능하다고 한다. 그래서 2008년에는 '중화인민공화국 지리표지 보호산품'으로 지정되었다.

셋째, 독특한 양주 공예이다. 주귀주는 상서(湘西) 지역의 민간전통양주공예와 이 회사 특유의 백주공예를 결합시켜 만들기 때문에 지금과 같은 '무상묘품(無上妙品)'이 탄생했다는 것이다.

넷째, 술병의 디자인이다. 주귀주의 병은 황갈색의 마대(麻袋) 모양의 도자기로, 유명한 화가 황영옥(黃永玉, 황융위)이 디자인한 것이다. 마대의 주름까지 섬세하게 나타내어 고졸(古拙)하면서도
전아(典雅)한 풍격의 도자기이다. 황영옥은 소수
민족인 토가족(土家族) 출신으로 호남성 상덕(常
德, 창더)에서 태어났는데 선조들은 주귀주가 생
산되는 길수 근처의 봉황(鳳凰)에서 살았다. 그는
순전히 독학으로 그림을 익혀 후에 중앙미술학원
교수, 중국미술가협회 부주석까지 역임한 중국 미술계의 원로이다.

주귀주 공사는 현재 네 가지 계열의 제품을 생산하고 있다. 이중 가장
고급 제품이 '내참계열(內參系列)'이다. '내참'은 고위관리들만이 열람할
수 있는 '내부참고'용 문서를 말한다. 여기에는 국가기밀 등 엄격한 비밀
을 요하는 내용이 담겨 있다. 이름을 내참이라 한 것은 이 술이 그만큼 귀
하다는 뜻이다. 내참계열은 주귀주 공사가 보유한 오래된 원주를 블렌딩
해서 만들기 때문에 생산량이 극히 제한되어 있어서 일정한 양만 판매한
다. 내참계열의 주귀주 병도 황영옥이 디자인했는데 그는 이 술을 두고
"한 병을 마시면 한 병만큼 줄어들고, 한 모금을 마시면 한 모금만큼 줄
어든다"라 말했다. 그만큼 생산량이 한정되어 있다는 말이다. 나는 아직
이 술을 마셔보지 못했을 뿐만 아니라 구경도 하지 못했다.

내참계열 다음의 술이 우리가 흔히 볼 수 있는 마대형 도자기의 '주귀
계열'이다. 그다음이 '상천계열(湘泉系列)'이고 이와는 별도로 '동장계열
(洞藏系列)'이 있다. 동장계열은 2001년 국제올림픽위원회가 2008년 북
경올림픽 개최를 공식 발표한 것을 기념하여 내놓은 술이다. 주귀주 공
사가 저장교(貯藏窖)에서 10년간 숙성한 370톤의 술을 산속 동굴에서 또
8년간 저장했다가 이해에 출시한 것이다. 상서 지역에는 3,800여 개의 동
굴이 있는데 예부터 민간에서 동굴에 술을 저장하는 전통이 있었다고 한

다. 동굴은 항상 섭씨 15~20도의 온도와 80퍼센트 이상의 습도를 유지한다고 한다. 이렇게 항온항습(恒溫恒濕)의 조건에서 저장된 술이 좋을 수밖에 없을 것이다. 이 술도 마셔보지 못했는데 지금도 출시되는지 알 수 없다.

참고로 2019년 4월 현재 중국 증시에 상장된 19개 백주 기업 중 주귀주의 주가는 9위에 올라 있다. 1위는 물론 타의 추종을 불허하는 모태주(茅台酒)이다.

상강 안의 아름다운 섬
귤자주

폭우가 쏟아져 애초에 계획했던 일정에 차질이 생겨 첫날 가기로 했던 귤자주(橘子洲)를 가지 못했기 때문에 2012년과 2015년에 갔던 기억을 되살려 여기 소개한다.

'강천모설'의 현장 귤자주

귤자주는 장사 시내를 흐르는 상강(湘江) 안에 있는 섬으로 305년경에 모래와 자갈이 퇴적해서 생겼다고 한다. 길이가 6킬로미터, 폭이 좁은 곳은 40미터, 넓은 곳은 140미터인 장방형의 섬인데 귤이 많이 난다고 해서 귤주(橘洲)라 불렀다.

서쪽으로 악록산을 바라보고 동쪽으로 장사시에 접해 있어 풍광이 뛰어난 이 섬은 이른바 '소상팔경(瀟湘八景)' 중의 하나인 '강천모설(江天暮雪)'의 현장이다. 소상팔경은 호남성의 소수(瀟水)와 상수(湘水) 주변에 있는 풍광이 좋은 여덟 곳의 경치로, 소상야우(瀟湘夜雨, 소상강에 내리는 밤비), 평사낙안(平沙落雁, 백사장에 내려앉는 기러기), 연사만종(煙寺晚鐘, 안개 낀 절의 저녁 종소리), 산시청람(山市晴嵐, 산마을의 맑은 이내), 강천모설(江天暮雪, 강 하늘에 내리는 저녁 눈), 원포귀범(遠浦歸帆, 먼 포구에서 돌아오는 돛배), 동정추월(洞庭秋月, 동정호의 가을 달), 어촌석조(漁村夕照, 어촌의 저녁노을)를 가리킨다. 지금은 해당 풍경의 원 모습을 찾을 수 없는 곳이 많지만, 중국과 우리나라에서 소상팔경을 소재로 수많은 시와 그림이 창작되었다.

역사적으로는 1167년 주장회강(朱張會講)이 열렸을 때 주희(朱熹)와 장식(張栻)이 강 양쪽에 위치한 악록서원과 성남서원을 드나들던 나루터인 주장도(朱張渡)가 있고, 증국번(曾國藩)의 상군(湘軍)이 수군을 조련하던 곳이기도 하다. 1900년대 초에는 서구 열강이 다투어 이곳에 영사관을 설치했고 고급별장을 지었다. 그만큼 경치가 좋은 곳이다.

모택동의 야망을 키운 귤자주

그러나 무엇보다 귤자주를 유명하게 만든 사람은 모택동이다. 그는 1912년에서 1918년까지 호남제일사범학교에서 수학하면서 동료들과 자주 이곳을 찾아 수영을 하고 천하대세를 논했다. 그는 1925년 2월 상해(上海)에서 고향 소산(韶山)으로 와서 농민운동을 전개하고 8월에 장사

귤자주 장사 시내를 흐르는 상강 안에 있는 섬으로, 예로부터 풍광이 뛰어나기로 유명하다. 현대에 와서는 거대한 모택동 동상이 말해주듯이 '모택동을 위한 귤자주'로 조성되었다.

로 왔다가 9월에 광주(廣州)로 떠났는데 장사에 머무는 동안 다시 귤자주를 찾아 유명한 사(詞) 「심원춘·장사(沁園春長沙)」(이하 「심원춘」으로 약칭)를 썼다.

　　차가운 가을날 상강이 북으로 흐르는 귤자주에 홀로 서서

　　바라보니 뭇 산은 온통 붉어서 높고 낮은 숲들이 모두 물들었고, 투명하고 푸른 강엔 수많은 배들이 다투어 흐르네

　　매는 먼 하늘 치고 날며 고기는 얕은 물에 날아다니니 가을 하늘 아래 만물이 자유를 경쟁하네

　　아! 넓고도 넓구나, 아득히 넓은 하늘과 대지에 묻노니, 이 세상의

부침(浮沈)을 누가 주재하는가? 같이 온 동료들과 헤엄치면서 지난날 생각하니 험난한 세월 참으로 많았어라

함께 공부하던 소년들은 풍채도 늠름하여 학생들의 기개가 굳세게 떨쳤고

강산을 가리키며 격앙한 문자로 당시의 고관대작을 개똥으로 보았네

기억하는가? 강 가운데에서 헤엄쳤던 일, 그때에 물결이 날아가는 배를 가로막았지.

獨立寒秋 湘江北去 橘子洲頭

看萬山紅遍 層林盡染 漫江碧透 百舸爭流

鷹擊長空 魚翔淺底 萬類霜天競自由

悵寥廓 問蒼茫大地 誰主沈浮

攜來百侶同遊 憶往昔 崢嶸歲月稠

恰同學少年 風華正茂 書生意氣 揮斥方遒

指點江山 激揚文字 糞土當年萬戶侯

曾記否 到中流擊水 浪遏飛舟

32세 때의 작품인데, 낡은 세계를 개혁하고 새로운 중국을 건설하려는 청년 모택동의 웅대한 야망과 이상이 응축된 사(詞)이다. 그는 신중국 건설 후에도 일곱 차례나 이곳에 와서 수영을 했으며 1974년 12월, 마지막으로 이곳에 왔을 때에도 81세의 고령임에도 불구하고 수영을 하려고

했으나 겨울철 물이 차가워 주위의 만류로 그만두었다고 한다.

1960년에 조성된 귤주공원에는 모택동의 사적을 기념하기 위하여 커다란 한백옥(漢白玉)으로 비(碑)를 세우고 전면에 모태동의 글씨로 '귤자주두(橘子洲頭)'를 새기고 후면에「심원춘」을 새겨놓았다. 이외에도 계원(桂園)에는 커다란 바위에 이 작품을 새긴 모택동 시사비(詩詞碑)가 있고, 곳곳에「심원춘」의 구절인 '수주침부(誰主沈浮)' '지점강산(指點江山)' 등을 새긴 바위가 세워져 있다. 또 귤자주 최남단에는「심원춘」의 한 구절인 '문창망대지 수주침부(問蒼茫大地 誰主沈浮)'의 뜻을 살려 '문천대(問天臺)'를 건립했다. 귤자주가 전적으로 모택동을 위한 장소로 변한 것이다.

'모택동을 위한 귤자주'임을 나타내는 결정적인 건조물은 모택동 청년조소상(毛澤東靑年彫塑像)이다. 40여 종의 수천 그루의 귤나무가 있는 귤원(橘園) 내에 조성된 이 모택동 흉상은「심원춘」을 쓴 1925년 당시 32세의 청년 모택동의 모습을 재현한 것이다. 이 모택동상은 2009년 12월 26일 모택동 탄생 116주년 기념일에 완성되었다. 구조물의 높이는 32미터, 길이는 83미터, 넓이는 41미터, 무게는 2,000톤에 달한다고 한다. 실로 거대한 흉상이다. 복건성에서 수송한 홍색 화강암 8,000개를 조립해서 만들었다고 하는데 각 돌 조각의 규격은 가로 세로가 1.2미터, 2.6미터로 '12, 26'은 모택동의 생일을 나타낸 것이라 한다.

모택동상은 광주미술학원 여명(黎明, 리밍) 교수의 작품인데 그는 모택동의 모습을 영화배우 뺨칠 만큼 미남으로 만들었다. 우리가 사진으로 보아온 모택동은 중산복(中山服, 손문孫文이 고안한 인민복으로 그의 호가 중

모택동청년소상 2009년 12월 26일 모택동 탄생 116주년 기념일에 귤자주 안에 재현해놓은 32세 청년 모택동 소상이다. 높이 32미터, 길이 83미터, 넓이 41미터, 무게 2000톤에 달한다.

산)을 입은 다소 뚱뚱한 모습인데, 비록 32세 때의 청년 모택동이라고 하지만 너무나 잘생기고 멋진 모택동의 모습이 나에겐 약간 어색한 느낌을 주었다. 그러나 조각 자체는 매우 뛰어난 예술품이다. 이렇게 거대한 조형물임에도 불구하고 눈동자, 입술 등 세세한 부분까지 이토록 사실적으로 만들어낸 데에는 조각가의 탁월한 예술적 재능과 함께 모택동에 대한 무한한 존경심이 있었을 것이란 생각이 든다.

귤자주에는 이밖에도 강신묘(江神廟), 침강정(枕江亭), 망강정(望江亭)

등의 유적이 있다. 또 거대한 분수대가 있어 물길이 30층 건물 높이로 치솟는다고 하는데 이를 '백미분천(百米噴泉)'이라 한다. 매주 토요일 저녁에는 화려한 불꽃놀이도 벌어진다고 한다.

귤자주에서도 곳곳의 한글 안내문이 눈에 거슬린다. 모택동의 「沁園春」(심원춘)을 '비원춘'이라 표기하는가 하면 '瀟湘江'(소상강)을 '숙상강'으로 써놓고, '岳麓山'(악록산)을 '악려산'으로 표기해놓았다. 주중 한국 대사관이나 영사관에서는 중국 전역의 관광지에 붙어 있는 한글 안내문을 모두 점검해서 바로잡을 필요가 있다.

호남흑차

　호남흑차(黑茶)는 주로 호남성 안화(安化, 안화)에서 생산되는 후발효차(後醱酵茶)이다.(중국차의 분류에 관해서는『중국 인문 기행』1권 139면 이하 참조) 호남흑차의 기원은 멀리 진한(秦漢) 시대에 안화 거강진(渠江鎭)에서 만들었다는 '거강박편(渠江薄片)'에까지 소급된다. '박편'은 '얇은 조각'이란 뜻인데 얇은 동전 모양의 차로서 한(漢)나라 때 황실에 바치는 공차(貢茶)였다고 한다. 일설에는 장량(張良)이 만들었다고 해서 '장량박편'이라고도 한다. 마왕퇴(馬王堆) 한묘(漢墓)에서 발견된 흑미(黑米) 모양의 과립이 안화 흑차라는 연구보고도 있다.

　안화 흑차는 당나라 때부터 크게 흥성했는데 주로 변경 지역의 소수민족이 주 수요자였다. 이들 소수민족은 양고기 등 육식을 주로 하고 과일과 채소의 섭취가 적기 때문에 이들에게 필요한 인체 필수 광물질, 비타민 등의 공급원으로 흑차를 마셨던 것이다. 그래서 이들에게 '사흘 밥은 굶어도 하루 차는 못 거른다'는 말이 전해 내려온다.

　　차라리 사흘 동안 밥을 먹지 않아도
　　하루라도 차가 없으면 안 된다네

복전차 금화 노랗게 피어 있는 금화(金花)는 학명이 '관돌산상균'으로, 지방을 용해하고 항산화 및 항암 작용을 하는 특수물질로 알려져 있다.

> 하루만 차가 없으면 (음식이) 체하고
> 사흘 동안 차가 없으면 병이 난다네

이렇듯 차는 이들에게 실로 '생명의 음료'였다. 이들이 마신 차는 흑차로 운남(雲南, 윈난)의 보이차(普洱茶)와 호남의 흑차였다. 보이차는 일찍이 차마고도(茶馬古道)를 통해 거래되었는데 운남에서 출발하는 차마고도 이외에 호남성의 안화를 기점으로 하는 또 한 갈래의 차마고도가 있어서, 이 길을 통하여 특히 명말 청초에 안화의 흑차가 서북 변방으로 대량 유입되었다.

호남흑차는 같은 흑차 계열인 보이차와 그 제조방법이 거의 비슷하다. 따라서 그 효능도 보이차만큼 다양해서 '건강기능식품의 왕'이라 불린다. 그러나 보이차만큼 널리 알려지지 않아서 1950년대에 한때 생산이 중단되기도 했다가 2010년 상해 세계박람회에 전시된 이후 폭발적인 관

심을 끌어 지금은 보이차 못지않은 가치를 인정받고
있다.

안화 지역에서는 다음 세 가지를 '흑차 삼보(黑茶三
寶)'라 자랑하고 있다. 첫째, '금화(金花)'이다. '금화'는
안화 흑차에 함유된 특수물질을 일컫는데 학명은 '관
돌산낭균(冠突散囊菌)'으로 영지버섯, 동충하초 등에도
들어 있다고 한다. 이 물질은 지방을 용해하고 항산화
작용을 하며 일정한 정도의 항암작용도 하는 것으로
알려져 있다. 둘째, 풍부한 칼슘, 인, 철, 동, 아연, 셀레
늄, 게르마늄 등의 미량원소와 비타민이다. 셋째, '차
다당류(多糖類)'로 혈당을 낮추고 콜레스테롤 수치를
낮춰준다고 한다. 이밖에도 흑차는 비만을 방지하고
이뇨를 돕고 알코올과 니코틴 해독에도 효과가 있는
것으로 알려져 있다.

흑차는 다음 세 가지로 분류된다. 첫째, 긴압차(緊壓茶)로 이른바 '떡
차' 형태의 차이다. 여기에는 복전(茯磚), 화전(花磚), 흑전(黑磚), 청전(青
磚)의 네 종류가 있다. 전(磚, 벽돌)은 벽돌 모양으로 성형한 차를 말한다.
둘째, 산장차(散裝茶)로 덩어리 모양으로 성형시키지 않은 차이다. 여기
에는 천첨(天尖), 공첨(貢尖), 생첨(生尖)의 세 종류가 있다. 셋째, 원주형
(원기둥꼴)으로 성형한 화권차(花卷茶)인데 무게에 따라 십냥(十兩), 백냥
(百兩), 천냥(千兩) 등으로 분류된다. 양(兩)은 중국의 옛 무게의 단위이다.

이중에서 가장 일반적이고 인기 있는 것은 복전차(茯磚茶)이다. 복전차
는 한여름 복날에 만든다고 해서 '복차(伏茶)'라고도 한다. 이 차가 유명
해진 것은 앞에서 말한 '금화'가 여기에만 함유되어 있기 때문이다. 금화

천냥차의 전통적 성형 방식 대나무를 얇게 쪼갠 댓살로 차 덩어리를 감아 여러 사람이 발로 굴리면서 댓살을 잡아당기며 원기둥꼴 형태로 만든다.

는 일정한 온도와 습도하의 제조과정에서 자연히 생기는 물질인데 아마 복날에 제조된다는 사실과 관련이 있는 것 같다. 2018년 호남 익양다창 (益陽茶廠)이 창립 60주년 기념으로 만든 1킬로그램 복전차는 1,680위안 (한화 약 30만 원)에 거래된다. 현재 '금복(金茯)' '금화복(金花茯)' 등의 상 표로 시판되고 있는 차가 모두 복전차이다.

호남흑차 중에서 으뜸가는 것은 천냥차(千兩茶)이다. '천냥'은 요즘 사 용하는 단위로 환산하면 약 36킬로그램에 해당된다. 이렇게 부피가 큰 차를 원주형으로 성형하는데 높이가 약 1.5미터, 직경이 20센티미터에 달하는 거대한 떡차이다. 천냥차는 이 지방의 유씨(劉氏) 집안에서 대외 비로 만들다가 1952년에 백사계다창(白沙溪茶廠)에서 민간의 기능보유자 를 초빙하여 독점적으로 생산하기 시작했다. 그러나 수작업으로 이루어지는 전 과정에서 인력이 너무나 많이 소요되고 또 고도의 기술을 요하기 때문에 채산이 맞지 않아 1958년에는 생산을 중단하고 기계로 생산하는 화전차(花磚茶)로 대체되었다. 1952년에서 1957년까지 제작된 천냥차는 그 희소성 때문에 지금 수백만 위안(한화 수억 원)에 거래된다고 한다.

그러다가 천냥차의 전통적 제작방법이 인멸될 것을 우려하여 1983년에 백사계다창에서 기능보유자를 널리 구하여 다시 수작업으로 약 300개의 천냥차를 만들었다. 이때 만든 천냥차 1개의 가격이 5,615위안(한화 약 100만 원)에 거래되고 있다. 1997년에는 백사계다창에서 독점적으로 전통적 천냥차를 본격적으로 생산하기 시작하여 오늘에 이르고 있다.

천냥차는 혈전을 제거하여 동맥경화를 예방하는 등 신비로운 물질이 다량 함유되어 있어 만병통치의 음료로 각광받고 있다. 운남성의 보이차와 쌍벽을 이루는 흑차이다. 같은 화권차 계열의 백냥차, 십냥차는 무게가 각각 천냥차의 10분의 1, 100분의 1에 해당하는 차이다.

중국의 피카소
제백석

　우리는 기행 둘째 날의 첫 행선지인 상담시(湘潭市, 샹탄시) 제백석기
념관으로 향했다. 제백석(齊白石, 치바이스, 1864~1957)은 중국이 낳은 세
계적인 화가로 오창석(吳昌碩, 우창숴), 황빈홍(黃賓虹, 황빈훙), 반천수(潘天
壽, 판톈서우)와 더불어 현대 중국의 4대 화가로 꼽힌다. '중국의 피카소'
로 불릴 만큼 탁월한 화가인 그는 그림뿐만 아니라 글씨, 시, 전각에도 능
하여 사람들은 그를 '시(詩)·서(書)·화(畵)·인(印) 사절(四絶)'이라 부른
다. 세상에서는 화가로서의 그를 더 높이 평가하지만 정작 그 자신은 "시
가 첫번째이고 인(印)이 두번째이고 글씨가 세번째이고 그림이 네번째
이다"라 말한 바 있다. 유명한 화가인 황빈홍도 "제백석의 그림은 글씨
보다 낫고, 글씨는 전각보다 낫고, 전각은 시문보다 낫다"라 하여 제백석
자신이 매긴 순위와 거꾸로 그를 평가했다. 어쨌든 그가 여러 방면에서
다재다능한 예술가임에 틀림없다.

제백석기념관을 관람하기에 앞서 나는 이번 여행에 동행한 중앙일보사의 정재숙 문화 전문기자에게 제백석에 관한 간단한 설명을 부탁했다. 정재숙 씨가 문화부에서 다년간 미술 전문기자로 활동한 것을 알고 있었기 때문이다. 정 기자는 다산연구소의 중국 인문 기행에 여러 번 참가했고 이번에는 대학에 다니는 딸까지 데리고 올 만큼 중국문화에 대하여 관심이 깊었다. 정 기자는 설명을 마치며 서울 예술의전당에서 제백석 특별전(2017.7.31~10.8)이 열린다는 사실도 알려주었다. 이제 그의 생애와 예술세계를 잠시 살펴본다.

빈농의 아들로 목공이 되다

상담현에서 가난한 농민의 아들로 태어난 제백석은 8세 때 외조부 주우약(周雨若)의 서당에서 글공부를 시작했으나 집안 형편이 어려워 1년 만에 그만두고 농사일을 했다. 그는 산에서 나무를 베고 소를 먹이는 동안에도 틈틈이 책을 읽고 재미로 그림을 그렸다. 12세에 집안에서 진춘군(陳春君)을 민며느리로 들였다.

이후로도 계속 농사일을 하다가 15세에 대목장(大木匠) 제선우(齊仙佑) 밑에서 목공일을 배웠으나 병약했던 그는 힘든 일을 감당하기 어려워 16세에는 소목장(小木匠) 주지미(周之美)의 제자가 되었다. 대목장은 주로 집 짓는 일을 하는 반면 소목장은 담뱃갑이나 침대 등에 조각을 해서 장식하는 일을 주업무로 하는 직업이다. 소목장을 하면서 타고난 예술

제백석 생가(제백석고거) 상담시 상담현 백석포향(白石鋪鄕) 행자오(杏子塢)에 있다. 제백석은 가난한 농민의 아들로 태어나 서당에서 글공부를 했으며, 산에서 땔감을 구하고 소에게 꼴을 먹이는 동안에도 틈틈이 책을 읽고 그림을 그렸다.

적 재능을 지녔던 그는 정교한 목각(木刻)으로 꽤 이름이 났다. 19세에 진춘군과 정식 혼례를 치르고 신방을 꾸렸다.

그러던 중 20세에 일거리를 맡은 어느 집에서 『개자원화전(芥子園畵傳)』을 발견하고 빌려와서 전부를 모사(模寫)해서 따로 책을 만들었다. 『개자원화전』은 청나라 초에 왕개(王槪)·왕시(王蓍)·왕얼(王臬) 형제가 편찬한 책으로, 중국화의 기본 이론과 산수화, 사군자, 인물화 등의 묘사 방법을 해설한 동양화의 육법전서라 할 만한 책이다. 이로 보면 그는 이때 이미 그림에 대한 정열을 불태우고 있었음을 알 수 있다. 26세에는 민간 예술가 소향해(蕭薌陔)로부터 초상화를 배워 인근에서 제법 이름을 날렸다.

시서화를 수련하고 각지를 여행하다

27세에 그는 공필화가(工筆畵家) 호자탁(胡自倬)으로부터 그림을 배우는 한편 진작훈(陳作壎) 밑에서 『당시 삼백 수(唐詩三百首)』 『맹자』 등을 공부했다. 공필화란 치밀하게 공을 들여 세밀하고 정교하게 그리는 그림으로 북종화(北宗畵) 계열의 작품이다. 32세에는 용산시사(龍山詩社), 나산시사(羅山詩社) 등을 결성하여 시작(詩作)에 힘쓰는 한편 글씨와 전각에도 관심을 가지기 시작했다. 그의 본명은 순지(純芝)였는데 호자탁·진작훈 두 선생으로부터 황(璜)이란 이름을 새로 받고 백석산인(白石山人)이란 호도 받았다. 나중에는 제백석(齊白石)을 이름으로 쓰게 되었다.

38세(1900년)에 돈 많은 소금 장수의 부탁으로 '남악전도(南岳全圖)'를 그려주고 은 320냥을 받아 그 돈으로 고향 근처에 따로 집을 임대하여 당호를 '차산음관(借山吟館)'이라 명명했다. 그는 이 당호에 대하여 "내 산이 아니니 잠시 빌려서〔借〕 눈을 즐겁게 하려는 뜻"이라 했는데 '음관(吟館)'은 '시를 읊는 집'이란 의미이다. 42세경에 그는 자신의 시가 졸렬하다고 자평하여 당호에서 '음(吟)'자를 빼고 그냥 '차산관(借山館)'으로 쓰기도 했다.

40세(1902년)부터 약 8년간 그는 다섯번에 걸쳐 서안(西安), 북경(北京), 상해(上海), 남창(南昌), 계림(桂林), 광주(廣州) 등지를 여행했는데 이를 '5출5귀(五出五歸)'라 한다. 1902년 처음으로 서안에 갔을 때 그의 그림 실력을 인정받아 시인 번번산(樊樊山)으로부터 청나라 조정의 벼슬자리를 제안받았지만 거절하며 이렇게 말했다.

나는 세상 물정도 모르는 사람인데 궁중에 들어가서 벼슬을 받으라니 될 법이나 하겠소? 나는 별다른 생각이 없고 그저 이 두 손으로 그림이나 그리고 도장이나 새겨서 한 2,3천 냥 모아 집으로 돌아가 한평생 먹고 살 수만 있다면 대만족이지요.

제백석 초상

이후 북경에 가서도 계속 벼슬을 권유받았으나 모두 사양했다. 그는 평생을 세속적인 명예나 재산에 초연한 삶을 살았다. 이 다섯번의 여행에서 그는 많은 예술가들을 만나 시야를 넓힐 수 있었다. 특히 43세(1905년)에 계림 여행에서 팔대산인(八大山人), 서위(徐渭), 김농(金農) 등의 그림을 보고 그대로 임모(臨摸)해서 화풍의 변화를 꾀했다. 그는 지금까지 그려오던 공필화를 탈피하여 사의화(寫意畵) 쪽으로 가닥을 잡은 것이다. 사의화란 남종화(南宗畵) 계열의 그림으로, 사물의 형태에 얽매이지 않고 작가의 뜻을 그린다는 화풍이다. 말하자면 '형사(形似)'가 아닌 '신사(神似)'를 표방하는 그림을 말한다. 그는 후일 『제백석자술(齊白石自述)』에서 이렇게 말했다.

내가 젊었을 때 호심원(胡沁園, 심원은 호자탁胡自倬의 호) 선생에게 배운 것은 공필화였는데 서안(西安)에서 돌아온 후에는 공필화로는 사물의 미묘한 기틀을 펼쳐낼 수 없었기 때문에 대사의화(大寫意畵)를 그렸다. 그린 물건은 일상생활에서 늘 보는 것이 많았는데, 늘 보지 못한 것은 종잡을 수 없이 아득하여 비록 잘 그렸다 하더라도 모두 실제와 맞지 않았다. (…) 나는 실물을 그릴 때 조금도 '같음'을 추구하려는 마음이 없었다. 같음을 추구하지 않는 가운데 같음을 얻어야만 신운(神韻)을 표현할 수 있는 것이다.

진사증을 만난 후 화풍이 바뀌다: 쇠년변법

다섯번째 여행에서 돌아온 후 7,8년간은 고향에서 칩거하다가 55세(1917년) 되던 해 5월에 혼자 북경으로 가게 된다. 당시 중국은 1916년 원세개(袁世凱, 위안스카이)가 죽고 군벌(軍閥)들이 분할 통치하면서 극도의 정치적 혼란을 겪던 시기여서 제백석의 고향도 도적이 창궐하는 등 분위기가 살벌했다. 이때 시인 번번산으로부터 연락이 왔다. 북경에 와서 그림을 팔면 그런대로 생활할 수 있으리라는 전갈이었다.

북경에서 그는 법원사(法源寺) 경내에 머물며 유리창(琉璃廠, 서울의 인사동 같은 골동품 상점가) 근처의 남지포(南紙鋪)에 가게를 내고 그림과 인장을 내걸었다. 이때 만난 사람이 저명한 화가 진사증(陳師曾, 천스쩡)이었다. 그는 제백석의 전각을 보고 법원사로 찾아와서 격려해주었다. 그

자리에서 제백석이 그림을 보여주며 평을 해달라고 하니 그는 시를 한
수 지어주었다.

일찍이 새긴 도장 보고 그대를 알았는데

지금 다시 그림 보니 도장 글씨와 같구려

(…)

자기 그림을 그리면 고인(古人)과 합치되니

고개 숙여 다른 무리 따를 필요 있으랴

囊于刻印知齊君 今復見畵如箋文

(…)

畵吾自畵自合古 何必低首求同群

진사증은 세속에 잘 보이려 하지 말고 자신만의 풍격을 추구하라고
충고한 것이다. 그렇잖아도 자신의 공필화에 만족하지 않고 있었던 제
백석은 당시 북경 화단의 영수였던 진사증의 충고에 고무되어 과감하게
화풍을 바꾸기 시작했다. 그는 이렇게 말했다.

내가 그림을 그린 지 수십 년이 되지만 내 마음에 들지 않았다. 지금
부터 (화풍을) 크게 변화시키기로 결정했으니 다른 사람이 알아주기
를 바라지 않는다. 내가 북경에서 굶어 죽더라도 그대들은 가련히 여
기지 말라.

이것이 이른바 '쇠년변법(衰年變法, 노년에 화풍을 변화시키다)'인데, 제백석은 자기보다 열세 살 아래인 진사증과 뜻이 맞아 친밀한 교유를 하게된다. 그는 진사증을 두고 "그대가 없으면 나는 발전하지 못하고 내가 없으면 그대도 퇴보한다"고 말할 정도로 우정이 두터웠다. 그래서 사람들은 두 사람의 관계를 "진사증이 없으면 제백석이 없고 제백석이 없으면 진사증이 없다"고 평하기도 했다. 실로 제백석이 중국의 피카소로 불리게 될 정도로 훌륭한 작품을 남긴 데에는 진사증의 역할이 컸던 것이다.

　제백석은 1917년 5월에 북경에 갔다가 고향 사정이 좋아졌다는 소식을 받고 10월에 귀향했지만 병란이 일어나고 여전히 도둑떼가 창궐하자 가족들의 권유로 1919년(57세) 3월에 다시 북경으로 가서 정착한다. 이때 그의 아내는 집안을 돌봐야 하겠다며 고향에 남았는데 그해 추석 무렵에 아내가 호보주(胡寶珠)라는 18세의 측실(側室, 첩)을 데리고 북경에 왔다. 혼자 지낼 남편을 위하여 어린 신부감을 골라 온 것이다. 그는 북경에 정착한 후 새로운 화풍의 그림을 그리기 시작했다. 그 당시의 상황을 이렇게 말했다.

　나는 당시 냉일(冷逸)한 팔대산인(『중국 인문 기행』 1권 80면 이하 참조)의 그림을 본받고 있었는데, 북경 사람들은 그런 그림을 별로 좋아하지 않아서 진사증 외에는 내 그림을 알아주는 사람이 없었다. 내 작품은 부채 그림 하나에 은화 2원으로 당시의 일반 화가들에 비해 절반 가격이었으나 찾는 이가 거의 없어 생활이 무척 힘들었다.

이런 가운데에서도 그는 세속에 영합하지 않고 묵묵히 '자기 그림'을 그렸다. 이듬해 (1920년)부터는 진사증의 도움을 받아 본격적으로 화풍을 변화시켜 드디어 '홍화묵엽 (紅花墨葉)'풍의 작품을 창작하기 시작했다. 이제 공필화로부터 완전히 탈피하여 화조화 (花鳥畵)의 새로운 경지를 개척한 것이다. 당시 화단의 대가인 임서(林紓, 린수)는 그의 부채 그림을 보고 '남오북제 (南吳北齊)'라 하여 그를 민국 (民國) 이래 최고의 화가인 오창석(吳昌碩)에 비겼다. 오창석이 남쪽 상해에서 주로 활동했고 제백석은 북경에서 활동했기 때문에 이렇게 말한 것이다. 그리고 이 무렵 화단의 영수인 서비홍(徐悲鴻, 쉬베

「여지와 사마귀(荔枝螳螂圖)」 1948, 종이에 채색, 96.7×36cm, 중국 호남성박물관. 꽃은 붉은 색으로, 잎은 먹의 농담으로 표현한 이른바 홍화묵엽(紅花墨葉)풍의 그림이다.

이홍)과도 친교를 맺었다.

1922년(60세)에는 일본에서 열리는 제2회 중일 회화 연합전에 진사증이 초청받아 참가하면서 제백석의 그림도 함께 가져가 전시했는데 그의 그림이 일본에서 매우 좋은 평가를 받았다. 이후 중국에서 그의 그림값이 치솟았고 일약 유명 인사가 되었다. 이러한 명성에 힘입어 1927년(65세) 그는 북경예술전문학교의 강사로 초빙되기도 했다.

서비홍이 제백석의 새우 그림을 알아주다

1928년 북평예술학원 원장에 취임하여 중국화의 혁신을 모색하던 서비홍은 이듬해 제백석의 집을 방문하여 예술학원 교수직을 제안했으나 거절당했다. 며칠 후 다시 찾아가 요청했지만 또 거절당했다. 제백석은 이렇게 말했다.

"나는 정식 학교 교육을 받지 못했을 뿐 아니라 소학생도 가르쳐본 적이 없는데 어떻게 대학생을 가르칠 수 있겠소?"

이에 서비홍은 "교실에서 다만 학생들에게 그림 그리는 시범만 보여주시면 됩니다"라고 설득했으나 역시 거절당했지만 포기하지 않고 세 번째 방문에서 겨우 허락을 받았다. 서비홍의 높은 안목으로 제백석의 예술적 재능을 평가했기 때문에 있을 수 있는 일이었다.(서비홍에 관해서는 『중국 인문 기행』 2권 443면 이하 참조)

또 이런 일도 있었다. 언제인지는 분명하지 않지만 두 사람의 제1회 합동 전시회가 열렸을 때 일부 인사들은 목공 출신의 제백석을 탐탁지 않게 여겼다. 전시장을 둘러본 서비홍은 제백석의 그림 「하취(蝦趣, 새우)」를 보고 훌륭한 작품이라 생각하여 관리인을 불러 그 그림을 사람들 눈에 잘 띄는 중앙으로 옮기게 하고 그림값 8원을 80원으로 고쳐 쓰도록 지시했다. 그러고는 「하취」의 가격표 밑에 '서비홍이 매긴 가격'이라 써놓았다. 그때 전시된 서비홍의 그림 「분마(奔馬, 달리는 말)」의 표시 가격은 70원이었다. 서비홍의 「분마」와 제백석의 「하취」는 두 화가의 대표작이다.

제백석은 인물, 산수, 화조 등 모든 그림에 능했지만 그가 가장 즐겨 그렸고 사람들의 사랑을 받은 그림은 화조(花鳥)와 초충(草蟲), 수족 4종(水族四種)을 그린 것이다. 수족 4종은 새우, 개구리, 물고기, 게를 말하는데 이중에서도 그의 새

「하취(蝦趣, 새우)」 1948, 종이에 먹, 99×34cm, 중국 호남성박물관. 새우의 머리와 눈에는 짙은 먹을, 몸통에는 옅은 먹을 사용하여 물속에서 움직이는 모습을 생생하게 그려냈다.

우 그림이 가장 유명하다.

그의 트레이드마크처럼 되어 있는 새우 그림은 하루아침에 이루어진 것이 아니었다. 그는 젊은 시절부터 새우를 그렸는데 40세 무렵에는 서위(徐渭) (『중국 인문 기행』 2권 175면 이하 참조), 정판교(鄭板橋) 등 명·청 시대 화가들의 새우 그림을 임모(臨摹)하며 60세 전후에 상당한 경지에 이르렀다. 그러나 그는 이에 만족하지 않았다. 그는 살아 있는 새우를 어항에 넣어 책상 위에 두고 새우의 움직임을 반복하여 면밀하게 관찰했다. 그 결과 새우의 습성과 특징을 파악하고 이를 마치 살아 있는 새우처럼 생동감 있게 그렸다.

그는 먹의 농담(濃淡)을 이용하여 새우의 형태를 그렸는데 머리와 눈에는 짙은 먹을 사용하고 몸통에는 옅은 먹을 사용하여 새우의 투명감을 살렸으며, 특히 허리를 구부리고 앞으로 나아가는 동작과 허리를 펴고 헤엄치는 모습 등을 생생하게 그려내어 '종이 위의 새우가 물속에서 헤엄치는 새우와 같다'는 찬사를 받았다.

독창적인 전각예술을 완성하다

제백석은 젊었을 때 그림과 함께 글씨와 전각(篆刻)에도 관심을 가져 이 방면에서도 일가를 이루었다. 특히 그의 인각(印刻)은 그림 못지않게 독특한 창의성으로 칭송받고 있다. 그는 『제백석자술』에서 자신의 전각의 특징을 이렇게 말했다.

전각 4점 「직심거사(直心居士)」(위 왼쪽), 「하수전인(夏壽田印)」(위 오른쪽), 「초간투활(草間偸活)」(아래 왼쪽), 「망우려(忘憂廬)」(아래 오른쪽), 중국 호남성박물관. 제백석은 전각에서도 그림 못지않은 독창적인 예술 경지를 열어 보였다. 그는 '글씨를 쓸 때 붓으로 한 번 그으면 다시 덧칠을 하지 않듯이 인장을 새길 때도 칼이 한 번 지나간 데에는 결코 칼을 되돌리지 않는다'고 했다.

나는 도장을 새길 때 글씨를 쓰는 것과 같이 한다. 글씨를 쓸 때 붓으로 한 번 그으면 다시 덧칠을 하지 않듯이 인장을 새길 때에도 칼이 한 번 지나간 데에는 결코 칼을 되돌리지 않는다. 나의 각법(刻法)은 종과 횡으로 한 칼씩 두 방향으로만 새긴다. 일반인들이 새길 때, 한 번 칼질을 하고 한 번 칼을 되돌림으로써 종과 횡으로 각각 한 번 칼질을 하고 한 번 되돌리게 되어 네 방향으로 칼을 대는 것과는 다르다. 전법

(篆法)이 고아(高雅)한가 그러지 않은가, 도법(刀法)이 건전한가 그러지 않은가는 도장을 새길 줄 아는 사람이 보면 분명히 알 수 있다.

또 일반적으로 전각을 하는 사람들은 돌에 글자를 써놓고 정성스럽게 칼질을 하여 새겨나가는데 이렇게 하면 그는 "글자가 사람을 주재하게 되어(字主宰人)" 전각의 정신이 없어진다고 했다.

그는 32세경에 처음 전각을 시작한 이래 각고의 노력을 기울여 끊임없이 변화를 추구한 결과 60세 이후에 그림에서의 '쇠년변법'과 궤를 같이하는 독창적인 풍격의 틀을 만들었고 80세가 되어서야 솔직하고 웅건한 전각예술을 완성하여 이 분야의 최고봉에 이르렀다.

그가 전각에서 자기만의 개성적이고 독창적인 경지를 개척한 데에는 젊은 시절에 목각(木刻)을 하면서 운도법(運刀法)을 익히고, 또 사승(師承) 관계의 굴레에서 비교적 자유로웠던 점이 그 배경이 되었을 것으로 보인다. 실로 그는 그림과 함께 중국의 전각예술에도 중대한 영향을 미쳤다.

그의 예술을 '시(詩)·서(書)·화(畵)·인(印) 사절(四絶)'이라 일컫는 데에서도 알 수 있듯이 그는 서법(書法)과 시에서도 일가를 이룬 것으로 평가된다. 어떤 평자가 "그가 그린 마른 연꽃의 긴 줄기와 새우 수염은 글씨를 쓸 때의 필법과 일치한다"고 말한 바대로 그가 그림에서 성취한 것이 글씨에서도 구현되고 있음을 알 수 있다. 그의 시는 내용면에서 음풍농월을 일삼지 않았으며 형식면에서 격률(格律)에 얽매이지 않았다는 평가를 받는다.

제백석이 모택동에게 선물한 그림 「매(鷹)」와 전서 대련 상담시 제백석기념관에 전시된 작품이
다. 전서 대련은 '바다는 용의 세계(海爲龍世界) 구름은 학의 고향(雲是鶴之鄕)'이라는 뜻이다.

만년에도 창작 열정을 보이다

1949년 신중국이 성립되었을 때 그의 나이는 87세였다. 그는 75세 때
무속인의 말에 따라 나이를 두 살 올렸는데 이후 그의 기록은 올린 나이
로 나와 있다. 이 글에서는 원래의 나이로 표기한다. 새 시대와 함께 제
백석의 예술도 새로운 시대를 열었다. 그는 같은 호남성 출신인 모택동
에게 감사의 편지를 보내고 또 인장(印章) 두 개를 선물했다. 이해에 중앙
미술학원 명예교수로 추대되었다. 1950년에는 모택동에게 79세에 그린

「매(鷹)」와 75세에 쓴 전서(篆書) 대련을 선물했다. 대련은 이렇다.

海爲龍世界 (해위용세계)　바다는 용의 세계
雲是鶴之鄕 (운시학지향)　구름은 학의 고향

　이 매 그림과 전서 대련은 그 원본이 지금 상담현의 제백석기념관에 전시되어 있다. 그리고 이해에 한국전쟁이 일어나 중공군이 개입했을 때 북경에서 열린 '항미원조(抗美援朝)를 위한 자선 서화 전람회'에 작품을 출품했다. '항미원조'란 미국에 저항하고 조선을 돕는다는 뜻이다.

　1952년(90세)에는 북경 유리창의 유명한 화방(畵房)인 영보재(榮寶齋)에서 그의 화집을 수인법(水印法)으로 복제했다. '수인법'이란 수성 안료를 쓰는 목판화 기법을 이용하여 회화 작품을 만들 때 수공업적으로 찍어내는 방법인데, 중국만이 보유하고 있는 독특한 기법으로 이렇게 해서 만든 수인화(水印畵)는 원본과 거의 같다. 지금도 북경 유리창에 있는 영보재에 가면 제백석 그림의 수인화를 구입할 수 있다. 1953년에 중국화연구회 주석이 되었고 91세의 고령에도 이 한 해 동안 600여 폭의 그림을 그렸다. 1954년에는 호남성에서 그를 전국인민대표대회의 대표로 뽑아주었다. 1956년(94세)에 세계평화이사회가 주는 국제평화상을 수상했다. 같은 해에 출간한 『제백석작품선집』의 서문에 그는 이렇게 썼다.

　나는 어렸을 때 가난하여 목동과 목공 일을 하며 한 끼도 배불리 먹지 못했지만 문예(文藝)를 몹시 좋아하여 80여 년을 해오다 이제

100세에 가까웠다. 그린 그림이 수천 폭이요, 시가 수천 수, 새긴 인장 역시 천여 방이 된다. 국내외 사람들이 다투어 제백석의 그림을 언급하는데 나는 도대체 무슨 취할 것이 있는지 모르겠다. 인장과 시는 알아주는 자가 드물다. 나는 알아주는 자가 정말 아는지 모르겠고, 모르는 자 중에도 알아줄 수 있는 자가 있을지 모르겠다. 장차 천하 후세에 물어보려 한다.

이러한 서술과는 달리 그가 그린 그림이 3만여 폭이고 시가 3천여 수, 인각(印刻)이 3천여 방이 된다고 한다. 이렇게 신중국 성립 후 생의 마지막 8년을 화려하게 보낸 그는 1957년 9월 16일 마지막 숨을 거두었다. 향년 95세. 그의 유언에 따라 평소 사용하던 인장 두 개와 20여 년 사용한 붉은 칠을 한 지팡이를 함께 관에 넣었다. 1963년에는 '세계 10대 문화 거장' 중의 한 사람으로 선정되었다.

제백석이 버린 그림, 모택동이 소장하다

1949년에 제백석이 모택동에게 인장 두 개를 선물했다는 사실을 앞에서 언급한 바 있는데 후에 모택동은 이에 대한 답례로 중남해(中南海, 중국 최고 지도부의 근무지)로 그를 초청했다. 이 자리에는 곽말약(郭沫若, 궈모러)도 배석했다. 술이 한 순배 돌고 난 후 모택동이 다시 술잔을 들고 제백석에게 말했다.

"조금 전에 백노(白老, 제백석을 가리킴)에게 권한 술은 그대가 나를 위해 인장을 만들어준 데에 감사한 것이고, 이번 술잔은 그대가 나를 위해 그림을 그려준 데에 감사하는 것입니다."

제백석은 어안이 벙벙했다. 그가 모택동에게 그림을 그려준 일이 없었기 때문이다. 이에 모택동은 비서에게 그림을 가져오게 했다. 아름답게 표구된 이 그림은 오얏나무를 그린 것인데 나무 위에는 털이 보송보송한 새들이 앉아 있고 나무 밑에는 늙은 황소 한 마리가 서 있었다.

그림을 본 제백석은 깜짝 놀랐다. 이 그림은 마음에 들지 않아서 폐기한 것으로 인장을 보낼 때 포장지로 사용한 것이었다. 제백석은 그림을 회수하고 대신 다른 그림을 그려주겠다고 했으나 모택동은 이 그림도 좋으니 그럴 필요가 없다고 했다. 다급해진 제백석이 그림을 빼앗으려 하자 이번에는 곽말약이 막고 나섰다.

"이 그림은 당신이 나를 위하여 그려 보내준 것입니다. 그림 위에 내 이름이 표시되어 있습니다."

제백석은 도무지 이해할 수가 없었다. 곽말약이 말을 이었다.

"나무 위에 새 다섯 마리를 그렸는데 '나무 위의 다섯 마리 새〔樹上五鳥〕'가 내 이름이 아니고 무엇이겠습니까?"

원래 곽말약의 이름은 개정(開貞)이었고 호가 상무(尚武)인데 '尚武'는 '樹上五鳥'의 '上五'와 중국어 음(shàngwǔ, 상우)이 같기 때문에 곽말약이 이렇게 말한 것이다. 이 말을 들은 모택동이 "잠깐" 하고 나섰다.

"여기 그린 나무가 무슨 나무지요?"

"오얏나무입니다."

"오얏나무를 무성(茂盛)하게 그렸습니까?"

"무성하게 그렸습니다."

"그렇다면 이것이 내 이름이 아니고 무엇이겠습니까?"

모택동이 말한 근거는 이렇다. 1947년 국민당과의 결전을 위해서 연안(延安)을 떠나면서 사람들에게 "떠나는 자는 승리를 얻을 수 있다(離開者得勝也)"라 말했는데 이로 말미암아 그를 이득승(李得勝)이라 부르게 되었다. '離'와 '李'의 중국어 음(lí, 리)이 같은 데에서 나온 발상이다. 제백석이 그린 오얏나무가 '李'이고 '得勝'의 '勝'과 '茂盛'의 '盛'의 음(shēng, 성)이 같기 때문에 무성한 오얏나무를 그린 그림이 자신의 별명 이득승을 가리킨다고 말한 것이다.

이제야 마음이 조금 누그러진 제백석이 "두 분의 말씀을 들으니 보잘것없는 제 그림도 약간의 의미를 지닌 듯합니다"라 말하고 그림에 몇 자를 써달라고 요청했다. 모택동이 먼저 붓을 들었다.

丹青意造本無法 (단청의조본무법)
　　그림은 뜻으로 그린 것, 본래 법도가 없네

이 구절은 소동파(蘇東坡)의 유명한 시 「석창서취묵당(石蒼舒醉墨堂)」에 나오는 "내 글씨는 뜻으로 쓴 것, 본래 법도가 없어(我書意造本無法)/점과 획은 손 가는 대로, 추구함을 번거롭게 여기네(點畵信手煩推求)"의 앞 구절에서 '아서(我書)'를 '단청(丹青)'으로 바꾼 것이다. 이어서 곽말약이 붓을 잡았다.

畵聖胸中常有詩 (화성흉중상유시)
화성의 가슴속엔 언제나 시가 있네

이는 육유(陸游)의 시「호산심매(湖山尋梅)」의 한 구절인 "이 늙은이 가슴속엔 언제나 시가 있네(此老胸中常有詩)"에서 '차노(此老)'를 '화성(畵聖)'으로 바꾼 것이다.

결국 이 그림은 제백석이 가지고 갔다고 하는데 그후의 행방에 대해서는 알 수 없다. 당대 최고의 지식인 세 명이 모여 그림 한 폭을 두고 벌인 최고의 '지적(知的) 게임'이라 할 만하다. 이런 지적 유희가 가능했던 것은, 유구한 문화전통이 있었기 때문이고 또 한자가 가지고 있는 특유의 성격에 힘입은 바 크다고 하겠다.

제백석기념관

어제에 이어 오늘도 비가 그치지 않았다. 어제와 같은 폭우는 아니었지만 여전히 비가 내리고 있었다. 애초의 계획은 제백석기념관과 함께 상담시 상담현 백석포향(白石鋪鄕) 행자오(杏子塢)에 있는 제백석고거(齊白石故居)도 둘러볼 예정이었으나 폭우 때문에 시골길이 끊어졌다는 소식을 듣고 기념관만 관람하기로 했다. 기념관은 1993년에 개관했으나 장소가 협소하고 전시물이 불충분하다는 지적이 있어 2004년에 확장,

제백석기념관 건물 정면의 '제백석기념관'이라는 글씨는 저명한 서예가 사맹해(沙孟海)가 쓴 것이다.

중건하여 오늘에 이르고 있다.

건물 정면의 '제백석기념관(齊白石紀念館)'이라는 글씨는 저명한 서예가 사맹해(沙孟海, 사멍하이)가 쓴 것이다. 기념관에 들어서면 탁자 앞에 앉아 기다란 붓을 들고 있는 제백석상이 우리를 맞는다. 내부는 제백석의 생애와 예술세계를 시간의 순차에 따라 7개 부분으로 나누고 각 부분은 또 몇 개의 조(組)로 나누어 전시하고 있다. 곳곳에 시기별로 그의 저술인『제백석자술』의 해당 부분을 발췌하여 걸어놓고 그 시기의 그림과 글씨, 사진 등을 다양하게 전시하고 있다.

제1부분은 1조 '촌동(村童) 목동(牧童) 학동(學童)', 2조 '목장(木匠) 조장(雕匠) 화장(畵匠)'의 제목이 말해주듯 그의 어린 시절로부터 26세까지 다루고 제2부분은 이른바 '5출5귀(五出五歸)'를 다루고 있으며 제3부

분의 주제는 '쇠년변법'이다. 그리고 이 부분에서 서비홍과 찍은 사진을 볼 수 있으며, 여기에 '백석서실(白石書室)'의 모형도 만들어놓았다. 제4부분에는 유명한 새우 그림이 걸려 있고, 노년의 그림 그리는 모습, 부인과 어린 아들, 고향집의 사진들이 전시되어 있다.

제5부분에는 대문 위에 종이가 붙은 조형물이 만들어져 있는데 종이에 다음과 같은 글귀가 쓰여 있다.

불길한 일이라 생각되어 관가(官家)에는 그림을 팔지 않음. 중외(中外)의 관장(官長)으로 백석의 그림을 구입하고자 하는 자는 대리인을 보내면 되지 직접 올 필요가 없습니다. 예로부터 관리는 백성의 집에 들어오지 않는 법, 관리가 백성의 집에 들어오면 주인에게 이롭지 못합니다.

이것은 1940년(78세) 정월에 제백석이 직접 써서 대문에 붙인 일종의 공고문이다. 1937년 중일전쟁에서 패한 중국은 관리들의 부패와 일제에 아부하는 무리들로 극도의 혼란을 겪고 있었는데, 제백석의 명성을 아는 부패한 관리들이 찾아와서 그림을 요구하자 이를 거절하기 위하여 대문에 써 붙인 것이다.

제백석은 1932년에도 대문에 자물쇠를 걸고 일본인들의 그림 요구를 거절한 바 있다. 1932년은 일본이 청나라의 마지막 황제인 부의(溥儀, 푸이)를 내세워 만주국 건국을 선언한 해이다. 1940년의 공고문에도 불구하고 그림을 사겠다고 찾아오는 사람들이 많아져서 1943년에는 대문에

'그림 팔지 않음(停止賣畵)'이라는 문구를 크게 써 붙이기도 했다. 그림을 팔지 않는다는 소식을 들은 고향의 친구들이 그의 생계를 걱정하는 편지를 보내오자 그는 다음과 같은 시구로 답했다.

나이 많아 죽지 않고 도적 되는 것 부끄럽지
장안에서 굶어 죽은 귀신 되어도 추하지 않다네

壽高不死羞爲賊 不醜長安作餓饕

이 시 구절을 제5부분의 큰 제목으로 삼았다.

제6부분의 큰 제목은 '노년에 성세를 만나 나라에 보답하려는 마음 천리를 달린다(暮年逢盛世 報國志千里)'이다. 제목이 말해주는 바와 같이 그는 신중국의 성립과 함께 예술 활동의 새로운 동력을 얻어 1953년 한 해에만 91세의 고령에도 불구하고 600여 폭의 그림을 그렸다. 1950년 모택동에게 선물했다는 매 그림과 전서 대련의 원본(79면 사진)이 제6부분에 전시되어 있다. 또 앞에서 언급한 바의 모택동 초청 모임에서 곽말약과 함께 그림을 논하는 장면, 주은래(周恩來, 저우언라이)와 대화하는 장면을 그린 그림들이 걸려 있다. 그리고 국제평화상 상장도 전시되어 있다.

제7부분에는 1956년에 출간된 『제백석작품선집』의 서문 전문이 동판에 새겨져 전시되고, 지팡이 짚고 있는 제백석, 그림 그리는 제백석 등 노년의 사진들도 함께 전시되고 있었다.

같음과 같지 않음의 사이에서

기념관에서는 안내를 맡은 젊은 여성이 처음부터 우리에게 해설을 해주고 있었는데, 장황하고 요령이 없어 지루하기만 했다. 그래서 나는 나대로 이것저것 둘러보고 있었는데 안내원의 해설을 듣고 있던 우리 일행이 급히 나를 찾았다. 가보니 안내원이, 바구니에 담긴 비파 열매를 그린 그림 앞에서 '묘한 그림'이라 하기에, 왜 묘한 그림인지 물으니 그림에 쓰인 화제(畵題)를 가리키기만 하고 대답을 못 했다는 것이다. 안내원이 화제를 해독하지 못해서 나를 찾은 것이었다. 화제의 내용은 이렇다.

그림을 그림에 있어서 '같음'과 '같지 않음'의 사이에 있는 것이 묘하다. 너무 같으면 시속에 아첨하는 것이 되고, 같지 않으면 세상을 속이는 것이다.(作畵在似與不似之間爲妙 太似爲媚俗 不似爲欺世)

이 말은 제백석의 예술적 특징을 집약적으로 표현한 것이다. 이 화제 중에 '묘(妙)'자가 있어서 안내원이 '묘한 그림'이라 말한 듯한데 비록 해서(楷書)로 쓰진 않았지만 이 정도의 한문을 해독할 줄 모르는 안내원의 자격이 의심스러웠다. 실제로 그림을 보니 비파를 사실적으로 그리지 않았고 그렇다고 비파가 아닌 것도 아니어서 그야말로 '같음'과 '같지 않음'의 중간에 있는 그림이었다.

제백석은 말하기를 "대필묵(大筆墨)으로 그린 그림은 형사(形似)를 얻기 어렵고, 세필묵(細筆墨)으로 그린 그림은 전신(傳神)을 얻기 어렵다"라

한 바 있는데 '형사'란 대상과 '같게' 그리는 것이고 '전신'이란 대상과 꼭 '같지는 않지만' 작가의 정신을 나타내는 것이다. 그는 세필묵으로 그리는 사실적인 공필화(工筆畵)로 출발하여 끊임없이 변화를 추구한 끝에 대필묵으로 그리는 사의화(寫意畵)의 경지에 도달했지만, 사의화를 그리더라도 대상의 사실성을 결코 무시해서는 안 된다는 것이 그

제백석 그림의 화제를 설명하고 있는 송재소 교수 제백석기념관의 안내원이 비파 열매를 그린 그림의 화제를 해독하지 못하자 송재소 교수가 나서서 화제를 해독하여 자세히 설명하고 있다.

의 예술 정신이라 할 수 있다. 그의 새우 그림만 해도 실제의 새우와 꼭 같지 않지만, 보는 사람으로 하여금 소름이 끼칠 정도로 새우의 생동감을 나타내고 있다.

이밖에도 기념관에는 목공시절의 목공예 작품들과 칼, 끌 등 각종 도구들을 전시하는 별도의 전시실이 있고 전각 작품도 함께 전시하고 있었다.

서울의 제백석 전시회

2017년 7월 31일부터 10월 8일까지 서울 예술의전당에서 제백석 전시회가 열렸다. 한중수교 25주년을 기념해서 개최된 전시회의 부제(副題)는 '목장(木匠)에서 거장(巨匠)까지'다. 전시회에는 회화, 전각, 서예 등 총 72건 141점이 전시되었다. 회화작품은 대부분 호남성박물관 소장품이고 전각 등은 상담현의 제백석기념관 소장품이다. 비록 그의 중요한 작품들이 빠지기는 했지만 제백석의 예술세계를 살피는 데에는 무리가 없었다.

한편 2018년 12월 5일부터 2019년 2월 17일까지 서울 예술의전당에서 다시 제백석 전시회가 열렸는데 주제는 '같고도 다른 치바이스와의 대화'였다. 여기에는 중국미술관이 소장하고 있는 제백석의 작품 45건 81점이 새롭게 전시되었다. 또한 팔대산인 주탑(朱耷)과 오창석의 작품, 현대화가 오작인(吳作人, 우쭤런), 이곡(李斛, 리후), 장계명(張桂銘, 장구이밍), 근상의(靳尙誼, 진상이)가 그린 제백석 초상화도 함께 전시되었다. 이채를 띠는 것은 중국미술관 관장 오위산(吳爲山, 우웨이산)의 조각 작품이다. 그는 새로운 기법으로 창작한 여러 모습의 제백석 상(像)을 선보였는데 이를 '사의 조각(寫意彫刻)'으로 부를 만하다. 오위산은 남경대학살기념관 앞의 조각상들을 창작한 조각가이다.(『중국 인문 기행』 1권 395면 참조)

여성 혁명가
추근의 신혼집

———
부친을 따라 호남성 상담으로
추근의 신혼집, 주주고거
'여자는 영웅이 아니라고 함부로 말하기에'

　여전히 비가 내리는 가운데 우리는 다음 행선지인 주주시(株洲市, 주저우시)의 추근고거(秋瑾故居)로 향했다. 그런데 가는 길이 만만치 않은 모양이다. 만만치 않다기보다 가이드가 처음 가보는 곳이라 했다. 우리가 장사 공항에 내렸을 때 가이드의 첫 멘트는, 장사에 오는 승객의 95퍼센트는 장가계(張家界, 장자제)로 가는 승객이라 했다. 한국인에게 특히 인기가 있는 장가계를 가기 위해서는 항공편으로 장사에 와서 다시 버스를 타고 장가계로 가기 때문이다. 그래서 장가계를 가지 않고 호남성의 구석구석을 찾아다니는 우리 단체와 같은 관광객은 가이드가 기피하는 대상이라 했다. 우리 가이드는 25년 경력을 가진 54세의 친구였는데 아마 다른 가이드가 기피하기 때문에 고참인 자기가 나선 듯했다.

　가이드는 미리 추근고거 관리소에 연락을 해서 가는 길을 알아놓았다. 도중에 점심 먹을 식당도 추근고거 기념관 관장이 지정해주었다고 했다. 시골구석이라 도로 사정이 좋지 않았고 게다가 비까지 와서 가는 길이 순탄치 않았다. 가이드가 식당 주인과 계속 휴대폰으로 연락을 하며 겨우 식당에 도착했다. 주위에 아무것도 없는 숲속의 외딴 식당이었다. 구랑산장원(九郎山莊園)이란 이름의 식당인데 음식 맛이 꽤 좋았고 종업원들도 친절했다. 모두들 장사 시내의 호화 식당보다 음식 맛이 더 좋다고 했다. 점심식사를 마치고 추근고거로 향하는데 식당 주인이 승용차를 몰며 앞에서 우리를 인도해주는 친절을 베풀었다. 아마 너무 외진 곳이어서 내비게이션만으로는 가기 어렵다고 생각한 모양이다. 한참을 가다가 제법 큰길이 나왔을 때 식당 주인은 우리와 헤어졌다.

부친을 따라 호남성 상담으로

추근(秋瑾, 1875~1907)은 청나라 말의 걸출한 여성 혁명가이며 여성해방 운동가였다. 추근의 생애와 활동에 대해서는 『중국 인문 기행』 제2권에서 자세히 다루었으므로 여기서는 추근이 이곳으로 오게 된 내력과 관련하여 간략하게 서술하기로 한다.

추근은 조부의 임지인 복건성 하문(廈門, 샤먼)에서 태어나 15세(1890년) 때 조부를 따라 고향인 절강성 소흥(紹興, 사오싱)으로 와서 지내다가 19세(1894년) 때 부친이 호남성 상담(湘潭)의 관리로 임명되자 함께 가서 살았다. 이곳에서 그녀는 21세(1896년) 때 지방 토호(土豪)인 왕씨 집안의 왕정균(王廷鈞)과 내키지 않는 결혼을 하게 된다. 왕정균은 추근보다 두

살 연하였다고 한다. 그러나 처음부터 가치관이 달랐던 남편과 화합하지 못하고 29세(1904년)에 어린 남매를 두고 단신으로 일본 유학길에 오른다. 1906년에 귀국한 그녀는 반청(反淸) 혁명운동을 하다가 그 이듬해에 체포되어 소흥에서 처형되었다. 향년 32세.

추근이 주로 활동했던 곳은 절강성 소흥이어서 그녀와 관련된 유적은 소흥에 많다. 그녀가 살았던 소흥의 옛집에는 추근기념관이 개설되어 있다. 그녀가 이곳 호남성 상담시에 살았던 기간은 7,8년 정도인데 현재 '추근고거'로 불리는 장소가 세 곳이 있다. 쌍봉 추근고거(雙峰秋瑾故居), 상담 추근고거(湘潭秋瑾故居), 주주 추근고거(株洲秋瑾故居)가 그것으로, 모두 시댁 건물이다. 이중 상담 추근고거는 남편이 의원당포(義源當鋪)라는 큰 전당포를 운영하던 곳으로 추근은 주로 이곳에 거주하면서 쌍봉과 주주에 있는 집을 왕래했던 것으로 보인다. 이 세 곳의 건물은 모두 낡은 채로 방치되다가, 중국 근현대사에서 차지하는 추근의 위치가 너무도 중요하기 때문에 최근에는 복원작업이 진행된다고 한다. 쌍봉 추근고거는 2003년에 현정부(縣政府)로부터 '이동할 수 없는 문물'로 지정받았다.

추근의 신혼집, 주주고거

우리가 지금 찾아가고 있는 곳은 주주 추근고거이다. 이곳이 세 곳 중 가장 먼저 복원되었다. 주주(株洲)는 그 당시에는 상담시에 속해 있

'괴정' 편액이 걸린 추근고거 입구 '괴정(槐庭)'이라 쓰인 편액은 추근의 친필이다. 왕씨 집안에서 주로 피서를 위한 여름 별장으로 지은 거대한 저택인데, 추근 부부에게 결혼선물로 주었던 것이다.

었지만 지금은 독립된 시이다. 주주고거는 엄청난 재력가인 왕씨 집안에서 주로 피서를 위한 여름 별장으로 지은 거대한 저택인데, 추근의 결혼 1년 전인 1895년에 완공한 이 저택을 추근 부부에게 결혼선물로 주었던 것이다. 공사 기간이 5년이었다고 하니 건물의 규모를 짐작할 만하다. 이 건물은 추근이 처형되고 얼마 후 남편마저 사망하자 빈집으로 남아 있다가 1940년에 아들 왕원덕(王沅德)이 신군중학(新群中學)에 기증하여 교사로 사용되었고 해방 후에는 한때 관공서로도 이용되었다. 그후 문화대혁명 때 파괴된 채로 방치된 것을 3년간의 공사 끝에 2015년 7월 15일, 추근 사망 108주년 기념일을 기하여 일반인에게 개방했다.

우리가 이곳을 찾은 날은 2017년 7월 1일인데 마침 중국공산당 성립

97주년 기념일이었다. 가이드의 말로는 최근 주주고거를 개방하지 않고 있는데 이날이 공산당 성립 기념일이어서 특별히 공개한 것이라고 했다. 관람객이 많지 않아서 문을 닫은 것인지 모르지만 하마터면 여기까지 와서 추근고거를 보지 못할 뻔했다.

추근 시대에서는 이 건물을 대충별서(大冲別墅)라 불렀고 사람들은 왕가대옥(王家大屋)으로 불렀다고 한다. '별서'는 별장이란 뜻이다. 새로 복원된 건물의 건축면적이 4,500평방미터이고 방이 86개나 되는데 원래의 규모에는 미치지 못한다고 하니 상당히 큰 건물이었음에 틀림없다.

경내에 들어서면 잔디밭에 세워진 팻말이 눈에 띈다.

踩時花濺淚 踏後草揪心(채시화천루 답후초추심)

밟을 땐 꽃이 눈물을 뿌리고
밟은 후엔 풀잎이 마음을 졸인다

'잔디밭에 들어가지 마시오'를 이렇게 시적으로 표현한 것이다. 특히 "꽃이 눈물을 뿌린다"는 말은 저 유명한 두보의 시 「춘망(春望)」에 나오는 "시절에 느껴서 꽃을 봐도 눈물이 난다(感時花濺淚)"에서 따온 말이어서 팻말의 문구가 더욱 예사롭게 보이지 않는다.

건물 정면에 '괴정(槐庭)'이라 쓴 편액이 걸려 있는데 추근의 친필이라고 한다. 경내에 회화나무[槐]가 있어서 붙인 이름이겠지만, 생각건대 그녀가 회화나무를 심고 그곳을 '선비가 공부하는 곳'으로 삼으려 한 듯

'대부제' 편액이 걸린 추근고거 추근고거의 주 건물이다. '대부제(大夫第)'는 '대부의 집'이란 뜻이고 글씨는 추근의 남편 왕정균의 친필이다.

하다.(이 책 33면 '소상괴시瀟湘槐市' 설명 참조) 그후로 후대인들은 이 건물을 괴정으로 불렀다. 괴정의 주 건물에는 추근의 남편 왕정균이 썼다고 하는 '대부제(大夫第)'라는 편액이 걸려 있다. 편액 밑 양쪽에는 다음과 같은 대련이 나란히 걸려 있다.

　　　恩被後代(은피후대)　　은혜가 후대에 미치고
　　　澤蔭槐庭(택음괴정)　　은택이 괴정을 비호한다

이밖에도 괴정에는 추근 부부의 침실, 추근 침실, 추근이 무술을 연마했던 습무실(習武室) 등이 있는데 습무실에는 여러 가지 무기가 진열되

추근서실 서실 정면의 벽에 청나라 말기의 개혁가 강유위(康有爲)가 쓴 대련 족자가 걸려 있다.

어 있었다. 추근 서실도 따로 만들어놓았다. 서실 정면 벽에 1898년 무술변법운동(戊戌變法運動)을 주동한 청나라 말기의 개혁가 강유위(康有爲, 1858~1927)가 쓴 대련 족자가 걸려 있다.

> 文字窺三極 (문자규삼극)　　문자로 삼극을 엿보고
> 湖山擁百城 (호산옹·백성)　　호수와 산이 백 개의 성처럼 둘러싸고 있다

이 글은 청나라 말 '사한림(四翰林)'의 한 사람인 주원수(朱元樹)가 쓴 대련 "도종문자규삼극 가근호산옹백성(道從文字窺三極 家近湖山擁百城)" 중에서 절취한 것이다. 상련(上聯)에서 '삼극(三極)'은 천(天)·지(地)·인

(人)을 말하는데 이 서실에서 독서를 하며 하늘과 땅과 사람의 이치를 탐구한다는 뜻이다. 하련(下聯)은 괴정의 위치를 말한 듯하다. 강유위의 글씨가 이곳에 있는 것은 그리 놀랄 일이 아니다. 추근이 상담에 거주하던 시절에 강유위는 무능하고 부패한 청조(淸朝)를 개혁하기 위해 급진적인 변법운동을 벌이고 있었다. 특히 강유위와 함께 변법운동을 주도한 담사동(譚嗣同, 1865~1898)의 집이 이곳과 멀지 않은 유양(瀏陽)에 있었다. 남달리 애국심이 강했던 추근은 평소 이들의 글을 즐겨 읽었으며 결혼 후에는 유양에 있는 담사동의 부인 이윤(李閏)과 서로 왕래하면서 친교를 맺었다고 한다. 추근이 이윤을 통해서 담사동으로 하여금 강유위에게 부탁하도록 해서 이 글을 받았을 가능성이 있다.

'여자는 영웅이 아니라고 함부로 말하기에'

이곳 주주 추근고거의 하이라이트는 '추근 생평 사적 진열관'이다. 봉건관료 집안의 규수로 태어나 반청 여성해방운동에 앞장서 활동하다가 30여 년의 짧은 생을 불꽃처럼 살다간 여성 혁명가 추근의 일생과 업적을 6개 부분으로 나누어 전시하고 있다. 1,000여 점의 사진과 10여 점의 실물 그리고 다양한 도표와 지도를 곁들여 소흥의 추근기념관 못지않게 충실히 꾸며져 있다. 진열관의 전체 표제는 '만운여자불영웅(漫云女子 不英雄)'으로 '여자는 영웅이 아니라고 함부로 말하다'는 뜻인데 추근의 시 구절이다. 이 시는 그녀가 일본으로 가는 배안에서 석정(石井)이라는

추근상 '추근 평생 사적 진열관'에 있다.

일본인이 시를 한 수 써주면서 화답을 요청하자 즉석에서 쓴 7언 율시이다. 그 첫 구절은 이렇다.

　　여자는 영웅 아니라 함부로 말하기에
　　바람 타고 혼자서 만리길 동으로 가네

　　漫云女子不英雄 萬里乘風獨向東

　추근의 일생은 '여자는 영웅이 아니다'라는 일반적 인식을 뒤집어엎기 위한 투쟁으로 점철되었고 실제로 여자도 영웅이 될 수 있다는 것을 몸소 보여주었다. 그래서 이 구절을 기념관을 대표하는 표제로 삼은 것이라 생각된다. 그녀는 「만강홍(滿江紅)」이란 사(詞)에서도 자신의 마음가짐이 남성 못지않게 굳세다고 말한 바 있다.

몸은 남자의 반열에 들 수 없지만
마음은 남자보다 더욱 굳세다오

身不得男兒列 心却比男兒烈

봉건적 속박으로부터 여성을 해방시키는 것이 자신의 임무라 여긴 추근은 종종 남장을 하기도 하고 칼을 차고 말을 타기도 했는데 이는 당시로서는 혁명적인 행동이었다.

진열관의 제1부분의 주제는 '추가유녀초장성(秋家有女初長成)'으로 '추씨 집안에 딸이 있어 막 장성했다'는 뜻인데, 저 유명한 백거이(白居易)의 걸작 『장한가(長恨歌)』에 나오는 '양가유녀초장성(楊家有女初長成)'에서 '양(楊)'자를 '추(秋)'자로만 바꾼 것이다. 이 부분에서는 추근의 성장기의 모습을 보여주고 있다. 제2부분의 주제는 '신재괴정우천하(身在槐庭憂天下)' 즉 '몸은 괴정에 있으나 천하를 근심하다'라는 뜻으로 이곳 상담에서의 생활상을 전시하고 있다. 제3부분의 주제는 '지신동해협춘뢰(只身東海挾春雷)'로, '단신으로 동해에서 봄 우레를 품고 있다'라는 뜻이다. 이 말은 추근이 쓴 시 「황해 배 안에서 일본인이 시를 요구했으며 아울러 러일전쟁 지도를 보고(黃海舟中日人索句幷見日俄戰爭地圖)」의 수련

(首聯, 첫 구와 둘째 구)인 다음 구절에서 따온 것이다.

> 만리길 바람 타고 갔다가 또 오면서
> 단신으로 동해에서 봄 우레를 품고 있네

萬里乘風去復來　只身東海挾春雷

추근은 1904년 일본에 갔다가 1905년에 일시 귀국하고 그해 6월에 다시 일본으로 간 후 같은 해 12월에 영구 귀국했는데 이 시는 1905년 6월 또는 12월에 쓴 것으로 보인다. "갔다가 또 온다"는 표현은 이를 말한 것이다. 이렇게 중국과 일본을 왕래하면서 그녀는 가슴에 "봄 우레"를 품고 있다고 했다. 이것은 봄날의 우레처럼 세상을 놀라게 할 만한 큰 뜻을 품고 있다는 말로 이 부분에서는 일본에서의 혁명활동의 이모저모를 보여준다. 제4부분의 주제는 '규장원이환오구(閨裝願爾換吳鉤)'인데 이것도 추근의 시에서 따온 말이다.

> 시국이 이처럼 심하게 위태로우니
> 원컨대 그대의 여자 옷, 무기와 바꾸기를

時局如斯危已甚　閨裝願爾換吳鉤

이 시의 제목은 「서기진에게(柬徐寄塵)」이다. 서기진은 서자화(徐自華,

쉬쯔화)로 '기진'은 그녀의 자(字)이다. 서자화는 명문 출신의 여류시인으로 여러 가지로 추근을 도운 인물이다. 추근이 『중국여보(中國女報)』를 창간할 때 많은 자금을 희사했고 추근이 죽은 후에 그녀의 시신을 몰래 반출하여 추근의 유언대로 항주의 서호(西湖) 가에 묻어주기도 했다. 또한 '추사(秋社)'를 결성하여 추근 기념사업을 펼쳤다. 위의 시에서 추근은 서자화에게 여성의 복장을 무기와 교환해서 혁명대열에 참가하라고 권고하고 있다.

추근의 남장 모습

제5부분의 주제는 '반장십만두로혈(拚將十萬頭顱血)'로 앞에서 인용한 시「황해 배 안에서……」의 미련(尾聯)의 한 구절이다.

십만 명 머리의 피를 흩뿌려
모름지기 이 천지를 힘써 만회하리라

拚將十萬頭顱血 須把乾坤力挽回

추근의 비장한 결의가 나타난 구절이다. 이 제5부분에는 일본에서 귀국 후 반청 혁명운동과 여성해방운동을 적극적으로 펼친 시기의 자료를 전시하고 있다. 마지막 제6부분은 '천추만대주협명(千秋萬代鑄俠名)'을 주제로 삼았다. '천추만대에까지 협객의 이름을 전한다'는 뜻이다. 추근은 자신의 호를 감호여협(鑑湖女俠)으로 지어 스스로 여자 협객으로 자처하기도 했다.

기념관에는 이밖에도 추근이 일본에서 남장을 하고 지팡이를 짚고 있는 사진을 비롯하여 다양한 사진들, 추근이 창간한 『중국여보』, 추근의 친필 등도 전시되어 있다. 또 여기에는 추근의 묘소가 아홉 번 옮겨져 최종적으로 항주 서호의 서령교(西泠橋) 근처에 안장되기까지의 이동 경로를 표시한 지도가 '추근구천노선도(秋瑾九遷路線圖)'란 제목으로 걸려 있다.

모택동 사상의 요람,
호남제일사범학교

청년 모택동의 사상을 배태시키다
'인민의 선생이 되려면 먼저 인민의 학생이 되라'
글자 없는 책을 읽다
'육체는 지식을 싣고 도덕이 깃드는 곳'

주주시의 추근고거를 나와서 우리는 장사 시내의 호남제일사범학원 (湖南第一師範學院)으로 향했다. 여전히 비가 내리고 있어 가는 길이 순탄치 않았다. 도로 곳곳이 침수되어 통행을 막아놓고 있었기 때문에 우회하여 돌아가느라 시간이 더 걸렸다. 장사 시내를 흐르는 상강 물이 범람하기 직전이어서 강둑에 모래주머니를 수백 수천 개 쌓아놓은 것이 보였다.

가이드가 현지 책임자와 통화한 결과 오후 4시 30분에 문을 닫는데 5시까지 가면 입장시켜주겠다는 통고를 받았다. 우리는 가까스로 4시 50분에 도착할 수 있었다.

호남제일사범학교 전경 중국혁명사의 중요한 인물인 모택동, 채화삼, 하숙형 등을 배출한 학교다. 건물 상단의 삼각형으로 된 부분에 모택동의 글씨 '제일사범(第一師範)'이 새겨져 있다. 이 건물은 현재 전국중점문물보호 단위로 지정되어 있다.

청년 모택동의 사상을 배태시키다

제일사범학원의 전신은 송나라의 이학가(理學家) 장식(張栻, 이 책 22면 참조)이 1161년에 창설한 성남서원(城南書院)인데 1903년에 이곳에 호남 사범관(湖南師範館)을 설립하여 '천년학부(千年學府) 백년사범(百年師範)' 으로 불리게 되었다. 1910년에 불탄 것을 1912년에 현대식으로 다시 지 어 호남 공립 제일사범학교로 개칭되었고 1938년에 '문석대화(文夕大火)' (자세한 내용은 이 책 290~91면 참조)로 소실된 것을 1968년에 원형대로 복구 하고 2008년에 호남제일사범학원으로 승격되어 오늘에 이르고 있다. 이

호남제일사범학교 측면   이 건물은 1912년에 신축할 당시 일본 청산사범학교의 건축양식과 독일, 그리스의 건축 풍격을 두루 참조하여 지은 것으로 당시로는 매우 이채로운 건물이었다.

곳의 제일사범 건물은 현재 전국중점문물보호단위로 지정되어 있다.

호남제일사범이 지방의 일개 사범학교임에도 불구하고 이렇듯 중시되는 이유는 중국 혁명사에서 중요한 인물들이 이곳에서 활동했기 때문이다. 모택동과 함께 신민학회(新民學會)를 창립한 채화삼(蔡和森)을 비롯하여 하숙형(何叔衡, 허수형), 전한(田漢, 톈한) 등이 이 학교 출신이며 이들에게 혁명사상을 고취한 서특립(徐特立, 쉬터리), 양창제(楊昌濟, 양창지), 여금희(黎錦熙, 리진시) 등이 이 학교의 교사였다.

그러나 누구보다 이 학교를 유명하게 만든 인물은 모택동이다. 그는 1912년(19세)부터 1918년까지 이 학교를 다녔으며 졸업 후 1920년에서 1922년까지 이 학교 부속 소학교의 주사(主事) 겸 사범부(師範部) 국문교

모택동과 제일사범 기념관 옛 호남제일사범학교 건물 전체가 '모택동과 제일사범 기념관'으로 사용되고 있다.

원(國文敎員)으로 재직했다.

이 기간에 모택동이 이룬 업적은 우선 신민학회의 창설을 들 수 있다. '중국과 세계를 개조한다'는 기치를 내걸고 1918년에 결성된 신민학회는 1921년 총회에서 중국을 개조하기 위해 러시아 방식을 채택하기로 공식 결의했다. 1919년에는 5·4운동에 호응하여 호남학생연합회를 결성했으며 1920년에 러시아연구회를 만들어 본격적으로 맑스 사상을 연구했다. 같은 해 11월에는 하숙형 등과 장사공산주의소조(長沙共産主義小組)를 결성하고 이어서 사회주의청년단을 성립시켰다. 1921년(28세)에 중국공산당 최초의 성급(省級) 지부인 중공호남지부의 서기가 되었는데 이 기구는 이듬해 중공상구위원회(中共湘區委員會)로 개편되었다. 이 위원회는 중국공산당의 비밀 아지트인데 이곳을 거점으로 그는 맑스 사상을 전파하고 반제반봉건 투쟁을 전개했다.

이렇게 볼 때 호남제일사범은 청년 모택동의 사상을 배태시키고 성숙하게 한 요람이었다. 모택동이 해방 후 어느 회고담에서 "나는 정식 대학에 진학한 적이 없고 외국 유학도 한 적이 없다. 나의 지식과 나의 학문은 제일사범학교에서 기초가 마련되었다"라 말한 것을 보아도 이 학교가 모택동의 사상 형성에 깊은 영향을 미쳤음을 알 수 있다

'인민의 선생이 되려면 먼저 인민의 학생이 되라'

지금의 제일사범 건물은 1910년에 불타고 1912년에 신축했다가 1938년에 또 불타고 1968년에 다시 복원한 것이다. 이 건물은 1912년에 신축할 당시 일본 청산사범학교(靑山師範學校)의 건축양식과 독일, 그리스의 건축 풍격을 두루 참조하여 지은 것으로 당시로는 매우 이채로운 건물이었다. 건물 상단의 삼각형으로 된 부분에 모택동의 글씨 '제일사범(第一師範)'이 새겨져 있다. 이 건물 전체가 현재 '모택동과 제일사범 기념관'으로 사용되고 있다. 원래는 1963년에 세워진 '모주석진열실'이 1969년에 '모택동 동지 청년시기 혁명활동 진열관'으로 개명되었다가 이를 확장하여 2003년에 '호남제일사범 청년 모택동 기념관'으로 개명했고 2013년에 다시 중수, 확장하여 현재의 명칭으로 바꾸었다.

2012년에 왔을 때는 건물 앞에 '장사보위전(長沙保衛戰)'이란 대형 항

모택동 글씨 '요주인민적선생(要做人民的先生) 선주인민적학생(先做人民的學生)' 인민의 선생이 되려면 먼저 인민의 학생이 되라는 뜻. 1950년 모택동이 은사 서특립과 함께 모교를 방문했을 때 써준 것으로 이후 제일사범의 교훈이 되었다.

일 TV극을 촬영하고 있다는 표지판과 함께 '불편을 드려 양해를 바란다'는 안내문도 보였다. 그리고 우리 일행이 도착하자 한국어를 할 줄 아는 중국 여학생이 나와서 안내를 했었다. 2015년에 왔을 때도 중국 여학생이 한국어로 안내를 했었는데 이번에는 시간에 쫓겨서 안내원을 찾을 겨를이 없었다. 1인당 15원의 입장료를 받는다.

건물 안으로 들어서면 복도 왼쪽 벽에 모택동 글씨가 새겨져 있다.

　　　要做人民的先生 (요주인민적선생)　　인민의 선생이 되려면
　　　先做人民的學生 (선주인민적학생)　　먼저 인민의 학생이 되라

이 문구는 1950년 12월에 은사인 서특립과 함께 모교를 방문한 모택

서특립 글씨 '실사구시(實事求是) 부자이위시(不自以爲是)' 실제의 사실에서 옳은 것을 찾고 스스로 자기를 옳다고 여기지 말라는 뜻. 서특립은 모택동이 제일 존경했던 은사로 재학 시절 모택동에게 깊은 영향을 미쳤다.

동이 써준 제사(題詞)인데 이후 제일사범의 교훈이 되었고 지금도 교내 곳곳에 새겨져 있다. 복도 오른쪽에는 서특립의 글씨가 새겨져 있다.

實事求是 (실사구시)　　　실제의 사실에서 옳은 것을 찾고

不自以爲是 (부자이위시)　스스로 자기를 옳다고 여기지 말라

걸출한 교육가인 서특립은 모택동이 제일 존경했던 은사로 재학시절 모택동에게 깊은 영향을 미쳤다. 모택동은 1937년 서특립의 60세 생일에 연안에서 그에게 다음과 같은 서신을 보냈다.

당신은 나의 20년 전 선생이었고 현재도 여전히 나의 선생이며 장

래에도 반드시 나의 선생일 것이다.

제일사범학원에서는 모택동의 제사(題詞)를 '교훈'으로, 서특립의 제
사를 '교풍'으로 정했다. 모택동과 서특립이 제일사범을 대표하는 근대
의 인물이기 때문에 두 사람의 글씨를 복도 양쪽 벽에 새겨둔 것이다.

복도를 지나면 대예당(大禮堂) 즉 대강당이 나온다. 모택동이 제일사
범에서 활동하던 시기에 학생과 대중을 상대로 강연을 하고 시사를 토
론하던 장소이다. 강당의 뒷벽에 한 폭의 유화가 걸려 있는데, 1922년
5월 5일 맑스 탄생 104주년을 기념하여 장사(長沙) 맑스 연구회가 주최
한 기념 강연회에서 모택동이 연설하는 모습을 그린 것이다. 그림 속 모
택동의 강연 모습 뒤에 맑스의 초상화가 보인다.

더 나아가면 모택동이 수업을 받던 '제8반 교실'이 나온다. 원형대로
보존된 이 교실의 모택동이 앉던 책상 위에 '모택동의 좌석(毛澤東的座
位)'이란 팻말이 놓여 있다. 모두들 여기에 앉아 사진 찍기에 여념이 없
었다. 교탁 왼쪽 벽에는 1918년 제8반 학생들의 졸업기념 단체 사진이
걸려 있다. 제8반 교실을 둘러보는데 관리인이 와서 빨리 나가라고 한
다. 시간이 지났다며 각 전시실의 문을 잠그기 시작했다.

우리는 더이상 관람을 하지 못하고 쫓겨나서 정원에 있는 동상군(銅像
群)을 보는 것으로 만족해야 했다. 기념관 건물은 '원림식단위(園林式單
位)'란 편액이 가리키는 바와 같이 정원이 딸린 큰 저택의 구도로 지어졌
다. 말하자면 중국의 전통적인 사합원(四合院, 중국의 전통적인 건축 양식으로
가운데에 있는 마당을 담장과 건물이 사각형으로 둘러싼 형태) 주택을 확대하고

제일사범 교실의 모택동 좌석 모택동이 수업받던 '제8반 교실'에 그가 사용하던 의자와 책상이 원형대로 보존되어 있고, 책상 위에 '모택동의 좌석(毛澤東的座位)'이란 팻말이 놓여 있다.

정원을 추가한 형태이다. 그래서 정원엔 갖가지 수목과 화초가 잘 가꾸어져 있는데 중앙에는 눈길을 끄는 동상들이 세워져 있다.

　제일사범의 선생들과 학생들 10여 명의 일상의 모습을 조각으로 재현했는데, 그중 한 부분에는 중앙에 여금희와 양창제의 좌상이 놓여 있고 왼쪽에는 모택동의 입상이, 오른쪽에는 채화삼 등의 입상이 놓여 있었다. 이중 양창제는 서특립과 함께 모택동이 가장 존경하고 따랐던 은사이다. 모택동은 1920년 양창제의 딸 양개혜(楊開慧, 양카이후이)와 결혼했다. 이들 조각상 옆에는 바위에 이런 글귀가 새겨져 있다.

제일사범 교사와 학생들 조각상 중앙에 제일사범 교사인 여금희와 양창제의 좌상이 놓이고, 왼쪽에는 모택동의 입상이, 오른쪽에는 채화삼 등의 입상이 놓여 있다.

名師薰陶 (명사훈도)   이름난 스승이 덕의(德義)로 교화하고
益友砥礪 (익우지려)   유익한 벗들이 학문을 갈고 닦네

또 교내에는 다음과 같은 모택동의 글귀가 그의 글씨로 돌에 새겨져 있다.

好好學習 (호호학습)   열심히 공부하면
天天向上 (천천향상)   날마다 향상한다

모택동 글씨 '호호학습(好好學習) 천천향상(天天向上)' 열심히 공부하면 날마다 향상한다는 뜻.

시간이 촉박하여 보지 못했지만 기념관에는 '제8반 침실'이 보존되어
있다. 학생들의 기숙사인 셈인데 모택동이 사용하던 침대가 그대로 보
존되어 있다. 모택동은 여기서 동료들과 밤마다 '와담회(臥談會)'를 열어
시사문제를 토론하며 꿈을 키웠다. 또한 모택동은 같은 방 동료들에게
'삼불담(三不談)'을 제안한 것으로 알려져 있다. 삼불담이란 '세 가지를
말하지 않는다'는 것으로 기숙사 안에서는 '금전'과 '가정의 사소한 일'
과 '남녀문제'에 관해 얘기하지 말자고 제안한 것이다.

글자 없는 책을 읽다

또 기념관의 한 곳에는 '독무자지서(讀無字之書)'란 팻말이 걸린 방이 있었다. 이것은 '글자 없는 책을 읽다'는 뜻으로 모택동이 매우 강조한 사항 중의 하나이다. 그는 두 종류의 책이 있다고 했는데 하나는 '글자 있는 책'이고 또 하나는 '글자 없는 책'이다. 그는 학창시절에 중국의 고전은 물론 다윈의 『진화론』을 비롯한 서양의 서적들을 광범위하게 읽었다. 그는 이들 '글자 있는 책'을 읽는 것을 중시했지만 또한 '글자 없는 책'도 읽어야 한다고 말했다. 그가 말하는 '글자 없는 책'이란 사회현실이다. 책을 통해서 얻는 지식도 중요하지만 사회현실로부터 얻는 지식도 중요하다는 것이 그의 지론이다. 그는 사회와 자연이 곧 학교이고 사회와 자연 속의 모든 것이 '글자 없는 책'이라 말했다.

제일사범에 재학하던 1917년에 그는 여름방학을 이용하여 동료 소자승(蕭子昇, 샤오즈성)과 함께 장사, 영향(寧鄕), 익양(益陽)을 비롯한 5개 현의 농촌을 다니면서 '글자 없는 책'을 읽었는데 그때의 행정(行程)이 천리(千里)에 달했다고 한다. 1918년 여름에도 채화삼과 함께 약 반달 동안 근처의 농촌을 답사했다. 이는 '실천이 인식의 기초'라는 그의 확고한 신념에 근거한 것으로 이후 모택동의 혁명활동에 일관된 노선으로 작용했다.

'육체는 지식을 싣고 도덕이 깃드는 곳'

기념관 뒤편에 우물이 하나 있다. 학창시절에 모택동은 아침 일찍 일어나 여기서 냉수욕을 했다고 한다. 그는 체력 단련을 매우 중시하여 "육체는 지식을 싣고 도덕이 깃드는 곳이다"라 말한 바 있는데 이는 지(智)·덕(德)·체(體) 삼자의 변증법적 관계를 설파한 것이다. 냉수욕은 이러한 이론에 근거한 그의 독특한 체력단련법으로 1년 내내 하루도 빠짐없이 계속했다. 그는 이외에도 풍욕(風浴), 우욕(雨浴), 일광욕(日光浴) 등을 즐겼다고 하니 이렇게 단련한 체력을 기반으로 하여 만년에 이르기까지 수영을 할 수 있었을 것이다. 그는 1956년 63세의 나이에 수영으로 장강

제일사범 우물 학창시절 모택동이 아침 일찍 일어나 여기서 냉수욕을 했다고 한다. 냉수욕은 그가 중시했던 체력 단련법의 하나이다.

(長江, 양쯔강)을 횡단한 이래 1966년(73세)까지 40회나 장강을 횡단했다고 한다. 이러한 체력이 거대한 중국대륙을 이끌 수 있는 원동력이 되었을 것이다.

우물 뒤 언덕으로 올라가면 교학루(敎學樓)라 쓰인 건물이 보이는데 이것이 현재 제일사범학원의 본관 건물이다. 건물 앞에 청년 모택동의 동상이 서 있고 건물 외벽에 이 학교의 교훈이 모택동의 글씨로

교학루 호남제일사범학원의 본관 건물이다. 앞에 청년 모택동 동상이 있고, 건물 전면에 이 학교의 교훈(要做人民的先生 先做人民的學生, 인민의 선생이 되려면 먼저 인민의 학생이 되라)이 모택동 글씨로 새겨져 있다.

새겨져 있다. 그리고 좀 높은 곳에 정자가 하나 있는데 멀리 악록서원이 보이는 이곳에 청년 모택동이 자주 올랐다고 한다.

모택동은 1936년 미국의 한 기자에게 "나의 정치사상은 이 시기(제일사범 시기 — 인용자)에 형성되기 시작했고 나는 또한 그곳에서 사회 행동의 초보 경험을 얻었다"라 말한 바 있다. 이로 보면 호남제일사범은 모택동 사상 형성의 모태가 되었던 곳이고 이것은 곧 중국 현대사에서 매우 중요한 위치를 점한다는 말이기도 하다.

중국공산당의
비밀 아지트
청수당

노련한 가이드와 친절한 관리인

제일사범학교를 후닥닥 둘러보고 나니 오후 5시 30분이었다. 오늘 일
정이 끝난 것 같았는데 가이드가 서둘러 다음 행선지인 청수당(淸水塘)
으로 향했다. 중국의 유적지들은 대부분 오후 5시면 문을 닫는데 갈 수
있겠느냐고 물었더니 미리 전화로 양해를 구했다고 말했다. 사연을 재
구성하면 이렇다.

"한국에서 역사학회 교수들이 왔는데 시간이 늦더라도 입장시켜줄
수 없겠습니까?"

"오늘은 늦었으니 내일 오세요."

"한국 교수들은 오늘 저녁 북경으로 가야 합니다. 연구를 위해서 필요
하니 꼭 좀 관람할 수 있게 해주십시오. 전화하는 저도 북경대학 역사학

과 교수입니다."

"사정이 그러하시다면 수위실에 열쇠를 맡겨놓을 테니 들어가십시오. 안내 팸플릿 30부도 함께 맡기겠습니다."

이렇게 23년 경력의 노련한 가이드의 기지(機智) 덕분에 우리는 가까스로 입장할 수 있었다. 폭우로 길이 막혀 예정했던 여러 행선지를 건너뛰어야 하는 우리를 위한 가이드의 배려였다. 가이드도 가이드지만 편의를 봐준 관리인도 중국에서는 보기 드물게 친절하다는 생각이 들었다. 이런 일이 중국에서는 절대 있을 수 없다는 것을 나는 잘 알고 있었다. 대부분의 유적지는 5시가 되면 칼같이 문을 닫아버린다. 전에는 4시 30분부터 관람객을 몰아내기 일쑤였다. 다행히 여름철이라 6시경인데도 날이 어둡지 않아 우리는 여유 있게 청수당을 둘러볼 수 있었다.

중국공산당 초기의 주요 거점

청수당은 1921년 10월에 결성된 중국공산당 호남지부의 비밀 아지트였다. 당시 장사시 교외의 한적한 농가였던 이 집에서 모택동은 부인 양개혜와 1921년 10월부터 1923년 4월까지 함께 살았다. 1920년에 결혼한 두 사람은 이곳에서 신혼살림을 한 셈이다. 모택동의 두 아들 안영(岸英)과 안청(岸靑)이 이곳에서 탄생했는데 장남 안영은 1950년 6·25전쟁에 참전했다가 전사했다. 양개혜는 결혼 후 중국공산당에 가입하여 여러 방면으로 모택동을 돕는 한편 활발한 혁명활동을 벌이다가 1930년 장개

청수당 장사시 교외에 있는 중국공산당 호남지부의 비밀 아지트로, 모택동과 중국공산당 초기 활동의 중요한 거점이었다. 이 집에서 모택동은 부인 양개혜와 1921년 10월부터 1923년 4월까지 함께 살았다.

석(蔣介石, 장제스)의 국민당군에 체포되어 처형되었다. 향년 29세.

청수당은 집 앞에 맑은 물이 고인 연못이 있어서 붙여진 명칭이다. 집 안으로 들어가면 모택동과 양개혜의 침실이 있고 벽에 젊은 모택동의 사진 및 두 아들과 함께 찍은 양개혜의 사진이 나란히 걸려 있다. 또 회의실과 객방(客房)이 그대로 보존되어 있다. 객방은 유소기(劉少奇, 류사오치), 이입삼(李立三, 리리싼) 등 혁명동지들이 왔을 때 묵었던 방이다. 이 집엔 '상진희노부인와실(向振熙老夫人臥室)'도 있는데 상진희는 양개혜의 어머니로 이곳에 거주하면서 외손자를 돌보고 집안일을 도운 인물이다.

청수당 앞에는 '중공 상구위원회 구지 및 모택동·양개혜 고거(中共湘區委員會舊址暨毛澤東楊開慧故居)'란 표지석이 있다. 이곳은 전국중점문물

서호루 2004년 10월에 개업한 중국 최대의 식당으로 축구장 8개에 해당하는 넓이다.

보호단위 즉 국가급 문화재로 지정되어 있다. 모택동과 중국공산당 초기 활동의 중요한 거점이었기 때문이다.

저녁식사는 서호루(西湖樓)에서 했다. 서호루는 진영지(秦靈芝, 친링즈) 여사가 2004년 10월에 개업한 중국 최대의 식당으로 면적이 88무(畝), 축구장 8개에 해당하는 넓이다. 우리가 투숙한 호텔이 세계 최대의 단

서호루 앞의 주귀상 호남성의 명주인 주귀주(酒鬼酒)를 홍보하는 주귀상으로, 주귀주 술병을 짊어지고 있다.

일 건물임에 비해서 서호루는 크고 작은 여러 개의 건물들이 모여 있는 복합 건물이다. 건물의 풍격은 황궁을 모방하여 입구에 들어서면 마치 성문을 통과한 듯한 기분이 난다. 이 식당은 주방에서 일하는 요리사가 220명이고 동시에 5,000명을 수용할 수 있어 '찬음계(餐飲界)의 항공모함'으로 불린다.

중국공산당
창건을 선도한
신민학회

신민학회는 어떤 조직인가
신민학회의 중심인물 채화삼
신민학회의 옛터, 채화삼고거

장사 시내에 있는 신민학회(新民學會)의 옛터는 기행 2일째의 행선지 중 하나였지만 폭우로 인해 도로 곳곳이 통제되는 바람에 이번에는 부득이 포기할 수밖에 없었다. 예전에 다녀온 기억을 더듬어 신민학회와 그 옛터를 소개한다.

신민학회는 어떤 조직인가

신민학회는 1918년 4월 14일 모택동, 채화삼(蔡和森), 하숙형(何叔衡), 소자승(蕭子升) 등 13인이 결성한 진보적 혁명단체이다. 1911년의 신해혁명으로 청조(淸朝)는 무너졌지만 곧이어 원세개(袁世凱)의 등장으로 2차 혁명에 실패했고 1916년 원세계가 죽은 후에는 북경 정부를 장악하려는 군벌(軍閥)들 사이의 혼전으로 정국이 극도로 어지러운 상황이었다. 이러한 상황에서 진독수(陳獨秀, 천두슈), 호적(胡適, 후스) 등 진보적 지식인들이 잡지『신청년(新靑年)』을 창간하여 신문화운동을 펼치면서 과거를 반성하고 대중을 계몽함으로써 새로운 중국의 앞날을 모색해나갔다. 이에 힘입어 1919년에는 대규모 민중 시위인 5·4운동이 발발했다.

이러한 사회 분위기 속에서 호남성의 젊은 지식인들이 모여 신민학회를 결성한 것이다. 신민학회가 초기에 내건 강령은 '학술을 혁신하고(革新學術)' '품행을 닦고(砥礪品行)' '인심과 풍속을 개량한다(改良人心風俗)'는 것으로 소박한 '바르게 살기 운동'의 성격을 띠었다. 이들의 행동 강령이라 할 회칙 제4조에 '거짓되지 않고, 나태하지 않고, 낭비하지 않고, 도박을 하지 않고, 기생을 가까이하지 않는다'라 명시한 것을 보아도 처음에는 개인적 수양을 통한 풍속의 교화를 시도한 것으로 보인다.

그러다가 1919년의 5·4운동을 거치면서 혁명단체로 변모하여 1921년 1월에는 신민학회 신년대회를 열어 3일에 걸친 치열한 토론 끝에 학회 방침을 '중국과 세계를 개조한다(改造中國與世界)'로 바꾸었다. 여기에는 채화삼을 비롯한 프랑스 유학파의 영향이 컸다. 신민학회는 모택동의 적극적인 장려로 학회가 존속한 3년 동안 회원의 40퍼센트가 프랑스, 러시아 등지에서 유학했는데 해외의 선진사상을 배울 필요가 있다고 판단한 것이다. 이들의 유학을 '근공검학(勤工儉學)'이라 부른다. '일하면서 배운다'는 말로 고학(苦學)한다는 뜻이다. 이 근공검학 운동의 영향으로 후에 정치와 학술 방면에서 중국을 이끌 많은 인재가 배출되었다.

제일 먼저 유학을 떠난 사람이 채화삼이다. 그는 1919년 12월 25일에 모친 갈건호(葛健豪, 거젠하오), 누이동생 채창(蔡暢, 차이창), 후에 그의 부인이 되는 상경여(向警予, 샹징위)와 함께 프랑스 유학길에 올랐다. 그는 프랑스에서 '근공검학'하면서 '굶주린 듯 목마른 듯' 백여 종의 맑스주의와 러시아혁명 관계 서적을 탐독한 끝에 맑스주의로 중국을 개조해야 한다는 결론을 내렸다. 1920년 그는 프랑스 몽타르지(Montargis, 蒙達尼)에서 유학생 총회를 열어 '중국과 세계를 개조한다'는 방침을 확정하고 모택동에게 편지를 보내어, 중국은 러

채화삼 프랑스에 유학한 맑스주의자로 신민학회의 중심인물이었고, 중국공산당 당명(黨名)을 지었을 뿐만 아니라 당의 성격, 지도사상, 투쟁목표 등을 제시하여 초기 공산당의 지도노선을 확립한 이론가였다.

시아 10월혁명의 노선을 따라야 하며 그러기 위해서 혁명정당을 창설해야 한다고 역설했는데 모택동은 이에 전적으로 찬동한다는 회답을 보냈다. 그가 말한 '혁명정당'은 중국공산당이다. 지금도 신민학회를 '공산당 창건의 선도자(建黨先聲)'라 부르는 근거가 여기에 있다.

학회의 방침을 '중국과 세계를 개조한다'라 정한 신민학회는 본격적으로 맑스주의 노선에 입각하여 반제, 반봉건, 항일, 반군벌 운동을 전개하다가 1920년 호남 공산주의 소조(小組)에 병합되었고 1921년 7월 중국공산당이 창건되자 자동 해산되었다. 해산 당시 78명의 회원 중 초기 공산당에 가입한 사람이 30여 명이었다. 그만큼 신민학회는 중국공산당

창건에 중요한 토대가 되었다.

신민학회의 중심인물 채화삼

신민학회는 모택동이 간사를 맡아 이끌어갔지만 모택동 못지않게 중요한 인물이 채화삼이었다. 신민학회가 결성된 곳도 채화삼의 집이었다. 그의 집은 모택동, 장곤제(張昆弟, 장쿤디), 나학찬(羅學瓚, 뤄쉐짠) 등 당시 호남제일사범학교의 젊은 학생들이 수시로 드나들며 시국에 대하여 열띤 토론을 벌인 아지트였다.

채화삼은 프랑스에서 맑스 사상을 심도 있게 학습한 후 신민학회의 노선에 대한 이론적 근거를 제시했다. 모택동을 맑스주의자로 이끈 인물도 채화삼이다. 그는 1921년 12월에 귀국한 후 중국공산당에 가입하여 당내 제일의 이론가·선전가로 활동했다. 그는 제2,3,4,5,6차 당의 중앙집행위원이 되었고 제5,6차 중앙정치국 상무위원으로 선출되었다. 후에 모택동을 중앙정치국원으로 적극 추천한 인물도 그였다. 그는 '중국공산당' 당명(黨名)을 지었을 뿐만 아니라 당의 성격, 지도사상, 조직원칙, 투쟁목표 등을 제시하여 초기 공산당의 지도노선을 확립했다. 그는 '타도 국제제국주의' 구호를 내건 최초의 인물이기도 했다. 당시만 해도 '제국주의'는 낯선 용어였다. 비교적 진보적 지식인이었던 호적도 제국주의를 '해외기담(海外奇談)'으로 치부할 때인데 그는 이미 제국주의의 본질을 꿰뚫고 있었던 것이다. 등소평(鄧小平, 덩샤오핑)도 후에 "채화

'신민학회구지' 패방　장사 시내 신민로의 채화삼고거로 들어가는 도로 입구에 세워져 있다.

삼 동지는 우리 당 초기의 탁월한 영도자의 한 사람이었다. 그는 중국혁명에 중대한 공헌을 하여 중국 인민이 영원히 기억할 것이다"라 말한 바 있다.

　채화삼 일가는 모두가 혁명가였다. 어머니 갈건호는 채화삼의 호남제일사범 시절에 가난한 살림에도 불구하고 집에 드나들던 아들 친구들을 따뜻하게 보살펴 후에 '여중호걸(女中豪傑)' '혁명의 어머니'란 칭호를 받았고, 누이동생 채창과 그 남편 이부춘(李富春, 리푸춘)은 프랑스에서 '근공검학'한 후 중국공산당 창건과 발전에 크게 기여했다. 이부춘은 공산당 창건 당원으로 활동했고 신중국 성립 후에는 사회주의 경제건설의 토대를 마련했으며 채창 또한 공산당 중앙위원에 오를 만큼 활동적이었다. 이밖에도 주은래의 비서를 지낸 생질녀 유앙(劉昻, 류앙)도 있다.

채화삼의 부인 상경여 또한 채화삼 못지않은 무산계급 혁명가요 여성해방운동의 영도자였다. 프랑스 유학시절에 눈부신 활약을 했으며 귀국 후에도 공산당 창건에 중요한 역할을 했다. 후일 모택동으로부터 "공산당 창건의 유일한 여성 당원"이라 칭송받았다. 그러나 불행하게도 내부 고발자에 의해 1928년에 처형되었다. 당년 33세. 채화삼은 그녀가 처형된 후 쓴 「상경여동지전」에서 "위대한 경여, 용감한 경여, 당신은 죽지 않았다, 당신은 영원히 죽지 않았다, 당신은 채화삼 개인의 애인이 아니고 중국 무산계급의 영원한 애인이다"라고 애도했다.

채화삼 또한 부인이 죽은 지 3년 후인 1931년 반동분자의 밀고로 국민당 요원에 의해 홍콩에서 체포되고 광주로 이송된 후 36세의 나이에 처형되었다. 국민당은 벽에 그의 사지를 못 박고 칼로 가슴을 도려내어 처형했다고 한다. 이는 그가 공산당에서 그만큼 비중 있는 인물이라는 반증이기도 하다. 그가 젊은 나이에 처형되지 않았더라면 아마 중국공산당에서 모택동에 버금가는 지도자가 되었을 것이다.

신민학회의 옛터, 채화삼고거

장사 시내 신민로(新民路)의 채화삼고거로 들어가는 도로 입구에는 커다란 패방(牌坊)이 세워졌는데 위에는 가로로 '신민학회구지(新民學會舊址, 신민학회 옛터)'라 쓰여 있고 양쪽 기둥에는 '신민학회건당선성(新民學

채화삼고거 채화삼은 이곳에서 어머니, 누나, 여동생 등과 살았다. 신민학회가 이곳에서 결성되었고, 모택동 등 당시 호남제일사범학교 학생들이 수시로 드나들며 시국에 대해 열띤 토론을 벌인 아지트였다.

會建黨先聲, 당 창건의 선도자 신민학회)'·'모채기려유방천재(毛蔡寄廬流芳千載, 모택동과 채화삼이 살던 곳, 그 명성 천년을 전해온다)'라는 문구가 쓰여 있다.

채화삼고거 입구에 등소평이 쓴 '채화삼고거(蔡和森故居)'와 진운(陳雲, 천윈)이 쓴 '신민학회성립구지(新民學會成立舊址)'가 각각 목판에 새겨 걸려 있다. 등소평과 진운이 1985년에 이곳을 방문하고 휘호를 남긴 것이다. 이 집은 1917년에 채화삼이 고향 쌍봉(雙峯)을 떠나 장사로 유학하자 어머니가 쌍봉으로부터 이곳으로 와서 세 들어 살던 곳이다. 이 지역의 명칭은 유가대자(劉家臺子)로 유씨 집안의 묘소가 있는 교외의 한적한 장소이다. 후에 주가대자(周家臺子)로 불린 것으로 보아 묘소의 주인을 유씨로 알았다가 나중에 주씨로 확인한 듯하다. 이 집은 묘소를 지키는 사람이 거주하던 농가로 무덤이 있는 황량한 교외여서 일반인이 거주하기를 꺼리는 곳인데 임대 가격이 싸기 때문에 여기로 이주한 것으로 보인다.

안으로 들어가면 신민학회 창설 현장이 보존되어 있는데 탁자와 의자 몇 개만 있는 소박한 방이다. 그 옆에 있는 모친과 여동생 채창의 침실에는 두 사람의 사진이 걸려 있고 채화삼의 침실도 보인다. 그리고 주방과 농기구

진열실 벽에 게시된 신민학회의 주요 인물들의 사진과 이력

들을 두는 헛간이 있다. 앞마당의 채소밭에는 '구지채지(舊址菜地, 옛터의 채소밭)'란 표지판에 '모택동, 채화삼 등이 일찍이 이곳에 채소를 심었다'는 안내문이 쓰여 있다. 채화삼은 이곳에서 모친과 여동생, 누나 그리고 생질녀와 함께 살았다. 항전기간에 훼손된 것을 1972년에 복원했고 1986년의 중수를 거쳐 2005년에 전면적으로 확장, 중수하여 오늘에 이르고 있다.

진열실에는 '당 창건의 선도자(建黨先聲)'라는 제목 아래 신민학회를

창설한 13인의 부조상이 조각되어 있고, 모택동, 채화삼, 소자승 등 신민학회의 주요 인사 7인의 사진과 이력이 게시되어 있으며 중국공산당에 가입한 신민학회 회원 38인의 명단도 게시되어 있다. 또 '동지들을 집합하여 신민학회를 결성하다(集合同志 新民結社)' '인심과 풍속의 개량으로부터 중국과 세계의 개조에 이르다(從改良人心風俗 到改造中國與世界)'라는 문구 밑에 당시의 각종 문건과 사진이 전시되어 있다.

소산 마을의
모택동 생가

기행 3일째 우리는 상담시 소산(韶山, 샤오산)에 있는 모택동 생가로 향했다. 소산은 호남성의 성도인 장사에서 남서쪽으로 130킬로미터쯤 떨어진 곳에 있는 작은 마을이다. 무섭게 내리던 비가 그쳐 햇빛이 눈부신 맑은 날씨다. 호텔에서 소산까지 버스로 1시간 30분 정도 소요되었다. 모택동에 대해서는 『중국 인문 기행』 1권과 2권에서 부분적으로 여러 번 다루었고 또 너무나 유명한 인물이기 때문에 새삼 설명을 덧붙일 필요가 없다. 여기서는 그의 이력만을 간단히 소개하기로 한다.

모택동의 이력

모택동(1893~1976)은 소산의 한 평범한 농민 가정에서 출생했다. 유

모택동 생가(모택동고거) 전경　모택동의 증조부 때부터 살기 시작한 소산 마을의 평범한 농가이다.

년시절을 이곳 소산에서 보내다가 1914년(21세)부터 1918년까지 장사의 호남제일사범학교에서 수학하고 1918년에는 채화삼 등과 신민학회를 결성하여 이후 맑스주의 노선을 걷게 된다. 1921년(28세)에 창당된 중국공산당에 가입했고 1923년에는 당중앙집행위원으로 선임되었다. 1924년 제1차 국공합작이 성립된 후에는 국민당 내에서도 일정한 역할을 했다.

1927년(34세) 국공합작이 결렬되고 나서 그는 "정권은 총부리로부터 취득할 수 있다"는 유명한 말을 남기고 무장투쟁의 길로 접어든다. 1928년에는 몇몇 논문을 발표하여 '국민당 통치가 비교적 덜 미치는 농촌에서부터 무장투쟁을 전개함으로써 도시를 포위하고 종국적으로는 전국적 정권을 탈취한다'는 모택동 노선의 이론적 기초를 마련했다.

1933년에 중공 중앙정치국원에 선임되어 당의 핵심 요원으로 활동했다.

1934년(41세) 대장정(大長征)에 참가했다. 장정 도중 귀주성 준의(遵義, 쭌이)에서 개최된 중앙 정치국 확대회의에서 모택동은 왕명(王明, 왕밍)을 중심으로 한 '좌경' 모험주의 세력을 비판하고 중국공산당의 독자적 맑스·레닌주의 노선을 천명하여 공산당의 실질적 지도자가 된다. 1935년 10월, 10개월에 걸친 15,000킬로미터의 대장정을 끝내고 섬서성(陝西省, 산시성) 연안(延安, 옌안)에 도착한 후 그는 항일 민족통일전선 구축에 힘써 1937년에는 국민당 장개석과의 제2차 국공합작을 성사시켰다. 한편 이해에 「실천론(實踐論)」과 「모순론(矛盾論)」을 발표하여 당내에 아직도 남아 있는 교조주의적 모험주의를 비판하고 이듬해에는 맑스주의를 중국화하는 지도원칙을 제시했다. 1943년에 중공 중앙정치국 주석에 선임되었고 1945년 제7차 전국대표대회에서 모택동 사상이 공산당의 지도사상으로 확정되었다. 1946년 제2차 국공합작이 결렬된 후에 시작된 국공내전에서 승리함으로써 1949년(56세) 10월 1일 중화인민공화국이 건국되었다.

모택동의 과오

이후 그는 토지개혁을 단행하고 '삼반운동(三反運動)' '오반운동(五反運動)'을 전개하는 등의 혁신 정책을 펼쳤다. 그러나 만년에 그는 돌이킬 수 없는 두 가지 실책을 저질렀으니, 하나는 대약진운동과 인민공사 설치였고 다른 하나는 문화대혁명이었다. 1958년(65세)에 시작된 대약진 운동은 참담한 실패로 끝났는데 운동이 계속된 3년 동안 전국의 아사자(餓死者)가 2천만 명에 달했고 일부 지방에선 사람이 사람을 잡아먹는 일까지 벌어졌다고 한다. 이에 대한 책임을 지고 유소기(劉少奇)에게 정권을 넘기고 물러났으나 1966년(73세)에 벌인 문화대혁명은 10년간 중국 전역을 광란의 도가니로 몰아넣었다. 그가 문화대혁명을 일으킨 애초의 의도가 비록 순수했다 하더라도 이후 진행과정에서 일어난 각종 참상에 대한 책임은 그의 몫일 수밖에 없다. 결국 사인방(四人幇)과 홍위병의 미친 듯한 난동을 수습하지 못하고 그는 1976년 9일 9일 북경에서 서거했다. 향년 83세.

만년의 과오에도 불구하고 그는 여전히 중국 국민들의 숭배 대상이다. 아직도 천안문 광장에는 그의 초상화가 걸려 있고 중국인들은 성지 순례 하듯이 모택동고거를 참배한다. 또 운전기사들이 운전석 앞 창문에 조그마한 모택동의 사진을 매달아놓은 것을 종종 볼 수 있는데 이는 모택동을 수호신으로 여긴 것이다. 그는 이제 신(神)의 반열에 올랐다는 느낌이 든다. 그가 중국을 통치하는 동안 공(功)도 있었고 과(過)도 있었지만 오늘날 중국을 세계 제2의 경제대국으로 발전시킨 토대를 마련한 사실은 분명하다. 현재 중국의 눈부신 발전을 견인한 장본인은 등소평이지만 모택동이 다져놓은 기초가 없었다면 미국과 힘겨루기를 할 만큼 성장할 수 있었을까?

모택동 동상광장

호텔에서 타고 온 전용버스가 모택동 생가 공동 주차장에 주차한 후 셔틀버스로 갈아타고 먼저 간 곳이 모택동 동상광장(銅像廣場)이다. 이 광장은 모택동 탄생 100주년인 1993년에 조성되었고 2008년에 확장하여 오늘에 이르고 있다.

광장은 주변 조경 등이 매우 잘 꾸며져 있다. 모택동 동상까지 가는 보행로는 폭이 12.26미터인데 이는 모택동의 생일인 12월 26일을 나타내고, 길이 183미터의 보행로는 모택동의 신장 1.83미터를 나타낸다고 한다. 보행로 양쪽에는 수십 개의 바위에 모택동이 지은 시사(詩詞)가 그의 필체로 새겨져 있다. 마지막으로 모택동 동상 앞의, 중국 지도를 닮은 바위에 '중국이 낳은 모택동(中國出了個毛澤東)'이란 글귀가 새겨져 있다.

높이 4.1미터의 화강암 기대(基臺) 위에 높이 6미터의 동상이 서 있다. 기대와 동상의 높이를 합하면 10.1미터가 되는데 이것은 중국의 건국절인 10월 1일을 나타낸다고 한다. 중산복(中山服) 차림의 동상 왼쪽 가슴에는 '주석증(主席證)'이 달려 있고 두 손으로 문서를 잡고 있다. 모택동의 동상은 우리가 흔히 보는 넉넉하고 중후한 모습으로 귤자주에서 본 모습과는 달랐다. 정면에는 1992년에 강택민(江澤民, 장쩌민) 주석이 쓴 '모택동동지(毛澤東同志)' 다섯 글자가 새겨져 있다.

이 광장은 언제나 전국 각지에서 온 참배객들로 붐볐다. 주로 단체로 온 이들은 관리사무소에서 화환을 구입하여 헌화하는 의식을 치른다. 그래서 동상 주위에는 수많은 화환이 놓여 있다. 화환에는 '모택동 주

모택동 글씨로 새겨진 그의 사(詞) 「심원춘·장사(沁園春長沙)」.

중국출료개모택동(中國出了個毛澤東) 중국이 낳은 모택동.

모택동동상광장의 모택동상과 참배객　4.1미터의 화강암 기대(基臺) 위에 높이 6미터의 모택동 동상이 서 있고, 기대 정면에 강택민 주석이 쓴 '모택동동지' 다섯 글자가 새겨져 있다. 동상 주위에는 수많은 화환과 참배객들이 빼곡히 들어서 있다.

석을 마음 깊이 추모한다(深切緬懷毛澤東主席)' 등의 글귀를 쓴 리본이 달려 있다. 이들이 헌화를 하고 나서 기념사진을 촬영하는 통에 동상 앞에서 사진을 찍으려면 한참을 기다려야 했다. 중산복 차림을 한 70세가 넘어 보이는 노부부가 개별적으로 와서 헌화하는 모습도 보였다. 2015년에 왔을 때는 가이드가 우리도 헌화를 해야 한다고 말했지만 내가 그러지 않아도 된다고 말렸던 기억이 난다. 아마 이곳에 처음 와보는 가이드가 분위기에 휩쓸려 헌화를 해야 한다고 판단한 듯한데 그만큼 거룩한 장소로 인식한 것이다.

이날도 광장 주변에는 옛날 홍군(紅軍) 복장을 단체로 주문해서 입고 행군하는 사람들도 있었고 어린 학생들이 단체로 와서 줄지어 행진하는 모습도 보였다. 우리가 간 날이 마침 일요일이어서 광장에는 많은 사람들로 붐볐기 때문에 우리는 중간에 인원 점검을 해야만 했다. 아니나 다를까 한 명이 없었다. 황상민 교수가 길을 잃은 것이다. 워낙 넓은 광장인데다가 사람들이 많기 때문에 자칫하면 일행을 놓치기 쉽다. 휴대폰으로 연락을 해서 가까스로 찾았지만 참으로 아찔한 순간이었다.

모택동기념관

이번 여행에는 관람하지 않았지만 근처에 모택동기념관이 있다. 기념관은 1964년에 개관한 이래 2003년의 확장공사를 거쳐 오늘에 이르고 있다. 건축 면적이 6,000여 평방미터에 달하는데 모택동의 유물, 유관 문물, 자료, 사진 등 수만 점의 물품을 전시하여 모택동에 관한 모든 것을 보여주고 있다. 1990년에는 중남해(中南海)에 있던 모택동의 유품 5,000여 점을 이곳으로 이관하여 함께 전시하고 있다. 그뿐만 아니라 지금도 그에 관한 자료를 수집하고 연구를 계속하고 있어 모택동의 일생과 사상을 연구하는 중요한 기구로 자리 잡고 있다.

기념관은 총 12개의 전시실로 구성되어 있는데, 등소평이 쓴 '소산 모

소산모택동기념관 면적이 6천여 평방미터에 달하고 전시물이 많아 자세히 보려면 몇 시간은 족히 걸린다.

택동기념관(韶山毛澤東記念館)' 편액이 걸린 대문을 들어서면 한백옥(漢白玉)으로 만든 모택동 좌상이 보인다. 중산복 위에 스프링코트를 걸쳐 입은 모습으로 높이 2.67미터, 무게 3톤이다. 좌우엔 그의 시 「도소산(到韶山, 소산에 도착하여)」과 「장정(長征)」이 새겨져 있다. 이중 「도소산」을 읽어본다.

> 떠난 후 꿈속에서 지난 세월 어렴풋이 한스러웠었지
> 삼십이 년 전 그때의 고향 땅
>
> 붉은 깃발 아래 농민은 창을 들고 일어났는데

시커먼 마수는 두목의 채찍을 높이 들었지만

장한 뜻 무수히 희생된 대가로
천지가 새롭게 바뀔 수 있었네

즐겁게 바라보네, 벼와 콩 천 겹으로 물결치는 들판에
가득한 영웅들이 저녁연기 속에 돌아오는 걸

別夢依稀呪逝川　故園三十二年前
紅旗卷起農奴戟　黑手高懸霸主鞭
爲有犧牲多壯志　敢敎日月換新天
喜看稻菽千重浪　遍地英雄下夕煙

　모택동 연표에 의하면 그는 1959년 6월 25일 소산에 와서 28일까지 머
물렀다고 하는데 이때 쓴 작품으로 보인다. 1959년 6월이면 대약진운동
과 인민공사가 거의 실패한 정책임이 드러난 판국인데, 이 시의 마지막
연에서 그는 풍요로운 농촌을 묘사하고 있다. 아직도 그는 자신의 과오
를 인정하지 않은 것인지, 아니면 인정하고 싶지 않은 것인지 모를 일이
다. 바로 며칠 후인 7월 2일에 개최된 여산회의(廬山會議)에서 그는 팽덕
회(彭德懷, 펑더화이)로부터 인민공사 실패에 대한 거센 비판을 받았다.
　기념관에는 모택동의 소년시절, 혁명활동 시기, 신중국 성립 후 만년
에 이르기까지의 다양한 사진들이 파란만장한 중국 현대사를 증언하고

있었다. 유물관에는 중남해에서 쓰던 책상과 의자, 군복, 잠옷, 안경, 벼루, 수영복, 곽말약으로부터 받은 손목시계, 사용하던 그릇 등 수많은 유물들이 전시되어 그의 체취를 느끼게 한다. 학창시절에 읽었던『시경』『논어』등의 책들도 볼 수 있다. 또 모택동의 친필 편지와 역사적인 문서들도 풍부하게 전시되어 있다. 그러나 기념관이 워낙 넓고 전시물이 많기 때문에 자세히 보려면 서너 시간은 족히 걸릴 것 같아서 주마간산식으로 둘러보고 나왔다

모택동고거

이제 모택동고거이다. 2012년 10월 25일에 왔을 때는 평일인데도 사람들이 너무 많아 관람하지 못했다. 입장하려는 사람들의 대열이 수십 미터나 늘어서 있었다. 가이드에게 물어보니 적어도 1시간 30분은 기다려야 들어갈 수 있을 것이라 해서 우리는 포기하고 말았다. 그날은 동상 광장에도 참배객들로 붐벼 그야말로 인산인해를 이루었다. 2015년 10월 10일에 왔을 땐 약 10분 기다려서 입장할 수 있었다. 그런데 이번에는 쉽게 들어갔다.

입장객은 입구의 검색대를 통과해야 하는데 마치 비행기 타기 전에 받는 보안검색처럼 온몸을 수색하고 가방도 맡기고 들어가야 했다. 심지어 생수병도 가지고 들어갈 수가 없었다. 이 와중에 우리 일행 중 여성 한 분이 가지고 들어가던 손가방을 빼앗겼다. 그 안에 여권, 신분증과 돈

모택동고거 모택동의 생가로, 등소평이 쓴 '모택동동지고거'라는 편액이 걸려 있다. 전형적인 남방의 농가로 모택동이 이 집에서 탄생하여 유소년시절을 보냈다. 이 집 전체 모습은 133면 사진 참조.

이 들어 있다며 어쩔 줄 몰라 했다. 나중에 돌려받기는 했지만, 아무리 모 주석의 생가라 해도 검색이 너무 심하다는 생각이 들었다.

　이 집은 전형적인 남방의 농가로 1878년 그의 증조부가 현 건물의 동 쪽 일부를 매입했는데 서쪽 일부는 다른 집안이 살고 있었다. 1888년에 모택동의 조부가 아들 내외(모택동의 부모)와 함께 이곳에 와 거주했고 이 후 점차 건물을 개축 확장하여 1918년에 현재와 같은 구조가 갖추어졌 다. 1918년경에 모씨(毛氏) 집안의 경제적 상황이 가장 좋았던 것으로 보 아 아마 이때 서쪽 부분도 매입한 듯하다. 모택동은 이 집에서 탄생하여 유소년시절을 보냈다.

1919년과 1920년에 모친과 부친이 연이어 사망하고 1927년 그가 혁명활동을 위해 동생들과 함께 이곳을 떠난 후 비어 있는 집을 인근의 농민이 거주했다고 한다. 1929년에는 국민당 정부가 이 집을 몰수하여 농민에게 임대했다. 그러는 동안 건물 일부가 파손되기도 하고 가구들도 유실되었는데 신중국 성립 이후 대대적인 수리를 거쳐 1918년 당시의 원상태를 회복했다.

대문 위에 '모택동동지고거'라 쓴 편액이 걸려 있는데 1983년 등소평이 쓴 것이다. 안으로 들어가면 당옥(堂屋)이다. 당옥은 양쪽 집안이 공동으로 사용하던 방으로 손님을 접대하는 장소이다. 일종의 응접실인 셈으로 여기에 있는 둥근 식탁과 의자는 원래의 물건이라고 한다. 당옥 뒤에 있는 퇴당옥(退堂屋)에는 큰 솥과 물통 등이 놓여 있는데 세수와 세탁을 하던 곳이다. 이밖에 주방과 잡물간(雜物間)이 있다.

횡옥(橫屋)은 가족들의 식당이다. 1925년 고향에 돌아와 농민운동을 전개할 때 이곳에서 각종 회의를 열었으며, 1927년 1월 호남 농민운동을 시찰하기 위해 다시 고향 집에 들렀다가 1월 9일 횡옥에서 식사를 하고 떠날 때 향친들이 "언제 다시 돌아오느냐?"고 물으니 그는 이렇게 답했다.

"제국주의와 봉건주의를 타도하는 데에는 수십 년이 걸릴 것입니다. 앞으로 30년 혁명을 해서 반동파를 타도하지 못하고 혁명을 성공시키지 못하면 나 모윤지(毛潤之, 모택동의 자字)는 소산에 돌아오지 않을 것입니다."

모택동 일가가 경작하는 논에 새겨진 '중국몽(中國夢)'

    이 말을 남기고 떠난 그는 과연 1959년 6월 25일 큰 뜻을 이루고 금의
환향했다. 떠난 지 32년 만이었다.

    모택동 부모의 침실에는 부모의 사진이 걸려 있고 모택동 침실에는
모택동과 모친과 두 동생이 함께 찍은 사진이 걸려 있다. 이곳이 소년 모
택동이 혁명의 꿈을 키우며 공부하던 방이다. 또 그의 동생 모택민(毛澤
民, 마오쩌민)과 모택담(毛澤覃, 마오쩌탄)의 침실이 있다. 모택민은 형에게
교육을 받아 1922년 중국공산당에 가입하고 주로 당의 재정 부문에서
활약하다가 1943년 47세에 신강성(新疆省, 신장성)의 실력자 성세재(盛世
才, 성스차이)에게 피살되었고, 모택담 역시 1923년 중국공산당에 가입한

이래 무장투쟁을 하다가 1935년 국민당과의 전투에서 총탄에 맞아 29세의 젊은 나이에 사망했다.

방앗간에는 방아, 맷돌, 풀무 등 농기구가 있고, 외양간도 보존되어 있다. 집 뒤에는 모택동 일가가 경작하던 논이 있는데 벼가 파랗게 자라고 있었다. 지금 이 논에는 진초록색 바탕에 연초록색으로 '중국몽(中國夢)' 세 글자를 새겨놓았다. 벼의 색깔을 어떻게 조작했는지 모를 일이다. '중국몽'이란 글자에서 시진핑(習近平) 주석의 강한 체취를 느낄 수 있었다.

적수동의
모택동 별장

모택동 생가를 관람한 후 다시 셔틀버스를 타고 약 3킬로미터 떨어진
적수동(滴水洞, 디수이둥)으로 향했다. 적수동 주차장에서 내려 전동차를
타고 모택동 별장으로 가는데 산길이라 폭우에 도로가 유실되어 돌아서
가야만 했다. 이틀 동안 실로 엄청난 양의 비가 쏟아진 것이다.

별장에 머문 '11일'

적수동은 삼면이 산으로 둘러싸인 약 3킬로미터의 계곡으로 수목이
울창하고 경치가 좋아 호남의 명승지로 이름난 곳이다. 모택동의 조부
가 일찍이 여기 거주한 적이 있고 또 조부와 증조부모의 무덤도 이곳에
있다. 1932년부터 1949년 봄까지 국민당 정부가 특수부대를 파견하여

적수동 경구 입구 적수동은 삼면이 산으로 둘러싸인 약 3킬로미터의 계곡으로 수목이 울창하고 경치가 좋아 호남의 명승지로 이름난 곳이다. 이곳에 모택동 별장이 있어 더욱 유명해졌다.

이 무덤을 파헤치려 했으나 그곳 주민들의 노력으로 화를 면했다고 한다. 국민당은 필요에 의해서 또는 어쩔 수 없어서 공산당과 두 차례 국공합작을 했지만 장개석이 얼마나 모택동을 증오했는지 알 수 있는 대목이다.

적수동이 더욱 유명해진 것은 이곳에 있는 모택동 별장 때문이다. 모택동은 1959년 6월, 32년 만에 고향에 돌아와 적수동 입구에 있는 저수지에서 수영을 한 다음 수행원에게 '은퇴 후 여기에 조그마한 초당을 지어 노년을 보내고 싶다'는 요지의 말을 남겼는데 이 뜻을 받들어 1960년에 착공하여 1962년에 별장을 완공했다. 건물은 모택동이 거주하는 1호루에 이어 중앙의 지도자들이 휴양할 수 있는 2호루, 경비원 등이 거주하는 3호루로 구성되어 있다. 1970년에는 1호루에 방공동(防空洞)과 방

적수동 모택동 별장 1962년 완공한 이곳에 모택동이 머문 기간은 11일이다. 이 건물은 모택동이 거주하는 1호루, 중앙의 지도자들이 휴양하는 2호루, 경비원 등이 거주하는 3호루로 구성되어 있다.

진실(防震室)을 신축했는데 방공동에는 작전지휘실이 있고 방진실은 강력한 지진과 원자폭탄으로부터도 안전하다고 한다.

이렇게 조성된 별장에서 죽기 전까지 그가 머문 기간은 1966년 6월 17일부터 28일까지 단 11일뿐이다. 이때의 적수동 방문은 당시 철저한 비밀에 부쳐졌다고 한다. 그가 왜 이곳에 왔는지 그리고 이곳에서 무슨 일을 했는지는 여전히 알려지지 않고 있다. 그러나 전후에 일어난 일련의 사건들을 종합해보면 그 의문이 풀린다. 이보다 앞선 5월에 열린 중앙정치국 확대회의에서는 '5·16 통지'라 불리는 '중국공산당 중앙위원회 통지'가 발표되었는데 이것이 문화대혁명의 강령적인 문건이다. 그리고 그가 '11일간' 적수동에 머문 이후인 8월 8일에 개최된 8차 11중전회(中全會, 중앙위원회 전체회의)에서 '무산계급 문화대혁명에 관한 결정문'이 통과되었다. 이렇게 보면 '11일' 동안 그가 적수동 별장에서 구상한 것이 무엇인지 짐작할 수 있다. 그는 여기서 문화대혁명에 대한 최종적인 구상을 가다듬은 것이다. 이 시기에 썼거나 적수동을 떠나 북경에 돌아간 후에 쓴 것으로 보이는 시「유소사(有所思, 생각한 바가 있어)」가 이를 암시하고 있다.

북경에 분명히 일이 벌어지는 때
남쪽에 내려와서 꽃가지를 밟는다

푸른 솔은 노하여 하늘에 뻗쳐 있고
썩은 잎은 어지러이 푸른 물에 떠가네

한바탕 바람과 우레가 세계를 놀라게 하리니
길 가득 꽃과 잎이 깃발 향해 달려가리

난간에 기대어 쓸쓸한 빗소리 들으니
조국의 인민들 생각한 바 있도다

正是神都有事時　又來南國踏芳枝
青松怒向蒼天發　敗葉紛隨碧水馳
一陣風雷驚世界　滿街紅綠走旌旗
憑欄靜聽瀟瀟雨　故國人民有所思

적수동 별장 1호루   모택동이 머물던 1호루는 방공동(防空洞)과 방진실(防震室)도 갖추고 있어 지진과 원자폭탄으로부터도 안전하다고 한다.

　'북경에서 분명히 일이 벌어지고 있다'는 것은 유소기 등의 수정주의 노선이 한창이라는 뜻이다. '푸른 솔이 노했다'는 것은 모택동 자신이 수정주의 노선에 대하여 분노하고 있다는 뜻이고 '썩은 잎'은 수정주의자들을 가리킨다. '세계를 놀라게 할' '한바탕 바람과 우레'는 문화대혁명을 암시한다. '조국의 인민들 생각한 바 있다'는 것은 조국의 인민들을 대표하는 자신이 문화대혁명을 생각하고 있다는 뜻을 나타낸 것이다.

　1호루에 들어가면 모택동이 수영하는 동영상을 볼 수 있고 회의실과 모 주석 판공실이 보존되어 있다. 판공실에는 그가 쓰던 책상 위에 스탠드, 벼루 등이 놓여 있다. 침실 안의 침대는 크고 넓다. 모택동은 침대에 누워서 책을 읽는 습관이 있기 때문에 머리 쪽은 약간 높고 다리 쪽은 낮게, 옆에 책을 쌓아둘 수 있도록 침대 폭을 넓게 만든 것이다. 화장실에는 양변기와 욕조가 비치되어 있다. 식당에 영사기가 있는 걸 보면 식사하면서 영상물을 보았던 듯하다. 이밖에 강청(江靑, 장칭, 여성 예술가이자 정치가로 모택동의 부인)의 침실과 화장실도 있는데 정작 강청은 이곳에 온 적이 없다고 한다.

오락실도 마련되어 있는데 탁구대가 눈에 띈다. 그는 평소에 수영과 함께 탁구를 즐겼다고 한다. 그래서 그런지 중국의 탁구는 오늘날 세계 최강의 지위에 올라 있을 뿐만 아니라 중국 현대사에서 상징적인 의미를 지닌다. 1971년 4월 미국의 탁구단이 중국을 방문하여 친선경기를 한 것이 계기가 되어 1972년 2월 리처드 닉슨 대통령이 북경에서 모택동과 정상회담을 열었고 이것이 현대사의 중요한 전환점이 되어 1979년 중미수교를 이끌어내는 단초가 되었다. 이것이 이른바 '핑퐁외교'다.

모가반점 사장 탕서인

적수동 관람을 마친 후 다시 전동차를 타고 셔틀버스 주차장으로 갔다. 모택동 동상광장과 모택동고거와 적수동을 한 덩어리로 묶어서 관람하도록 되어 있었기 때문에 이 세 곳을 관람하려면 주차장에서부터 셔틀버스를 이용해야만 했다. 우리는 근처의 소산반점(韶山飯店)쪽에서 점심을 먹었다.

모가반점 이곳의 대표 메뉴는 모택동이 좋아하는 홍소육, 생선구이 등 이른바 '주석채보(주석 메뉴)이다. 1987년 개업한 모가반점은 현재 전국에 300여 개의 분점을 둔 대기업으로 성장했다.

2015년에는 모택동고거를 관람하고 모가반점(毛家飯店)에서 식사를 했는데, 초라해 보이는 노파 한 분이 우리 일행에게 다가와서 중국어로 뭐라 뭐라 말하며 모택동 기념 배지를 하나씩 나누어 주었다. 장사꾼인 줄 알았는데 가이드의 말에 의하면 이 식당 주인이 한국인의 방문을 환영하여 기념으로 주는 것이라 했다. 이 초라한 노파가 그 유명한 탕서인(湯瑞仁, 탕루이런, 1930년생)인 줄을 그때는 몰랐다.

탕서인은 집안이 가난하여 5세 때부터 노래를 불러주고 밥을 구걸하는 생활을 하다가 14세 때 모개청(毛凱淸, 마오카이칭)과 결혼했다. 결혼이라기보다 '입' 하나를 줄이기 위해 어린 그녀를 시집보낸 것이다. 결혼 후에도 가난을 벗어나지 못하다가 1984년(54세)에 녹두죽 장사를 시작

했는데 이 녹두죽이 인기를
얻어 장사를 시작한 지 3년 만
에 상당한 자금을 마련하여
1987년에 식당을 개업했다.
이것이 모가반점이다. 남편이
모씨(毛氏)이기 때문에 이렇
게 상호를 정한 것이다.

탕서인은 모택동과의 잊
을 수 없는 추억을 간직하고
있었다. 남편 모개청의 선조
가 모택동 집안과 이웃해서
살았기 때문에 양가는 전부
터 왕래가 있었던 터였는데,

탕서인(모가반점 주인) 가족과 함께한 모택동

1959년 6월 25일 모택동이 고향을 떠난 지 32만에 돌아와서 탕서인의 집
을 방문한 것이다. 모택동이 누구인가? 태양과 같은 모택동이 초라한 자
기 집을 방문하여 담소를 나눈 그 일을 그녀는 평생 잊지 못했다. 지금도
모가반점에는 모택동이 그녀의 가족과 함께 찍은 그때의 사진이 걸려
있다. 사진에는 모택동이 등받이 없는 나무 의자에 앉아 담배를 물고 있
고, 30세의 탕서인이 세 살 된 아들 모명군(毛命軍)을 안고 서 있다. 나머
지는 남편과 시어머니와 시누이로 보인다. 모두들 환하게 웃고 있는 모
습이다.

1987년에 문을 연 모가반점의 간판 메뉴는 모택동이 좋아하는 홍소육

(紅燒肉), 생선구이 등 이른바 '주석채보(主席菜譜, 주석 메뉴)'이다. 모택동과의 이런 인연 때문인지 모가반점은 날로 번창하여 현재 전국에 300여 개의 분점을 거느린 대기업으로 성장했다. 1999년에는 소산 모가반점 발전 유한공사(韶山毛家飯店發展有限公司)가 설립되었고 2009년에는 중국 치명상표(中國馳名商標)를 획득했다. 중국치명상표란 2003년에 도입된 제도로 모든 공산품에 국가가 품질을 보증한다는 표시다.

그녀는 호남성 공상연합회(工商聯合會) 집행위원, 소산시 정협(政協, 정치협상회의) 상임위원, 모택동기념원 총고문 등 수십 개의 직함을 가지고 전국적인 유명인사가 되었다. 그녀는 또한 자신의 가난했던 시절을 떠올리며 거액을 희사하여 활발한 사회사업을 벌이고 있다고 한다. 이런 그녀가 우리 한국인들에게 친절을 베풀었는데도 우리가 알아보지 못했으니 미안할 따름이다.

여기서 잠깐 2012년에 왔을 때의 기억이 떠오른다. 그때 우리는 너무나 많은 참배객 때문에 모택동 생가에 들어가지 못하고 돌아섰다. 이와 같은 모택동 열기를 직접 목격한 다산연구소 박석무 이사장은 돌아오는 버스 안에서 감탄을 연발하며 이렇게 말했다.

"사람이 죽으면 이쯤은 되어야지."

이 말을 들은 고려대 모 교수가 못 참겠다는 듯 마이크를 잡았다.

"여러분은 모택동이 6·25전쟁 때 북한을 도와 우리를 침공한 사실을 기억해야 합니다. 그때 우리는 얼마나 많은 피해를 입었습니까. 훗날 우리는 모택동을 찬양하는 자들을 친일파처럼 대할 날이 올 것입니다."

이 말에 버스 안은 쥐 죽은 듯 고요해졌다.

수정주의자로
몰린 사회주의자
유소기

모택동의 과오를 지적한 유소기

다음 행선지는 영향시(寧鄕市, 닝샹시)의 유소기고리(劉少奇故里, 유소기 고향)이다. 유소기(류사오치, 1898~1969)는 중국 현대사에서 대단히 중요한 인물이다. 그는 이곳에서 태어나 유소년시절을 보낸 후 1921년(23세) 러시아 모스크바에서 유학하던 중 중국공산당에 가입하고 이듬해에 귀국하여 본격적인 활동을 개시했다. 1927년(29세)에 중국공산당 제5차 전국대표회의에서 중앙위원에 당선되고 1934년에는 장정(長征)에 참가하여 모택동과 함께 고난의 길을 걸으며 반국민당 투쟁과 항일운동을 펼쳤다.

1949년 중화인민공화국이 탄생한 후에는 중앙인민정부의 부주석으로 모택동과 쌍두마차가 되어 새 중국의 정치, 경제, 문화, 교육, 외교의 기본정책을 마련했다. 1954년(56세) 전국인민대표대회 상무위원장에 피선되고 1956년 제8차 전국인민대표대회에서 이른바 당의 '팔대노선(八大路線)'을 발표했다. 팔대노선 중에서 가장 중요한 것은 국내의 주요 모순에 대한 그의 견해였다. 사회주의의 기본 틀이 완성된 당시의 주요 모순은 더이상 노동자계급과 자본가계급 간의 계급투쟁이 아니라는 것이 그의 견해였다. 그는, 선진 공업국 건설에 대한 인민의 요구와 현실적으로 낙후한 농업국과의 모순이 당면한 주요모순이라 판단했다. 이 모순을 해결하기 위해서 그는 인민의 물질적·문화적 요구에 부응하여 생산력 발전을 통한 대규모의 경제건설을 주장했다. 즉 사회주의적 공업화를 실현하려는 것이 그의 목표였는데 매우 실용적이고 현실적인 목표였다.

1959년 4월에 개최된 전국인민대표대회에서 그는 모택동을 제치고 중화인민공화국 주석 겸 국방위원회 주석이라는 최고의 지위에 올랐다. 이때는 모택동이 주도한 대약진운동이 참담한 실패로 판명된 시기여서 모택동은 당 안팎의 거센 비판을 받고 있었다. 이때부터 두 사람 사이에 틈이 벌어지기 시작하여 1962년의 이른바 '칠천인대회(七千人大會)'에서 그 갈등이 절정에 달했다. 중앙과 지방의 5급 이상 간부 7,118명이 참석한 이 중공 중앙확대회의에서 유소기는 대약진운동의 실패를 '3분 천재, 7분 인화(三分天災 七分人禍)' 즉 30퍼센트는 가뭄 등 천재지변에 의한 것이고 70퍼센트는 사람이 만든 재앙이라고 단정함으로써 모택동의 과오를 지적했다. 결국 모택동은 자아비판을 하기에 이르렀고 이것이 1966년부터 시작된 문화대혁명의 도화선이 된 셈이다.(문화대혁명은

유소기(오른쪽)와 모택동 유소기는 모택동과 함께 고난의 길을 함께했지만 중화인민공화국 성립 이후 국내의 주요 모순에 대한 견해 차이로 둘은 갈라서게 된다.

후에 걷잡을 수 없이 확산되었지만 애초에는 유소기를 제거하는 것이 주목표였다.)

모택동과의 이념 갈등

모택동과 유소기가 갈라서게 된 이유를 두 가지 측면에서 고찰한 견해가 있다. 하나는 사회주의 기본노선의 차이다. 문화대혁명은 '사회주의하에서의 계급투쟁'을 표방하고 시작되었는데, 공산주의에 이르는 긴 기간 동안 사회주의사회에도 계급은 존재하고 따라서 계급투쟁은 지속되어야 한다는 것이 모택동의 생각이다. 문화대혁명 기간인 1967년에 그는 알바니아 군사 사절단에게 "사회주의 건설은 한 번, 두 번, 세 번, 또는 네 번의 문화혁명으로써는 완수할 수 없다. 아마 여러 차례의 문화혁명이 앞으로도 필요할 것이다"라 말한 바 있다. 계급투쟁을 위한 문화혁명이 계속 일어나야 한다는 말이다. 1956년 당시 계급투쟁이 더이상 국내의 주요모순이 아니라고 말한 유소기와 이념적 노선을 달리한 것이다.

두 사람이 갈라서게 된 또 하나의 이유는 패권경쟁에 있다는 견해도 있다. 1959년 이후 권력의 이선으로 물러나고 1962년에 자아비판까지 한 모택동이 권좌를 되찾기 위해서 문화대혁명을 일으켰다는 것이다. 두 사람은 성격이 달랐다. 유소기가 이론적인 학자형이라면 모택동은 야심적인 혁명가형이다. 이런 에피소드가 전한다. 모택동이 호남성을 시찰할 때 현수막에 '두 주석이 고향을 방문한 것을 환영합니다'라 쓰인 글귀를 보고 매우 불쾌하게 여겼다고 한다. 모택동 주석과 유소기 주석이 모두 호남성 출신이라 당연한 말인데도 그가 이를 언짢게 여긴 데에서 모택동 성격의 일면을 엿볼 수 있다. 하늘에는 두 개의 태양이 있을 수 없다고 생각한 것일까?

문화대혁명이 일어나기 전 모택동은 유소기를 '형좌실우(形左實右)' 즉 '모양은 좌파이지만 실속은 우파'라 비판한 바 있다. 사회주의를 완성하기 위해서는 끊임없이 계급투쟁을 해야 하는데 이를 외면하는 유소기 일파를 그는 수정주의자, 주자파(走資派)로 규정했다. 이들을 견제할 필요가 있지만 견제할 방법이 마땅치 않았다. 당시 실질적인 권력을 유소기 일파가 잡고 있었기 때문이다. 이런 때에는 혁명이 유일한 방법일 것이다. 대규모 민중을 동원한 문화대혁명은 이렇게 해서 일어났다.

문화대혁명 기간 중 모택동이 유소기 개인을 겨냥해서 제거하라는 지시를 내렸는지는 알 수 없지만 광기에 휩싸인 홍위병들은 '타도 유소기'를 외치며 그를 궁지에 몰아넣었다. 유소기의 대표 저작인「공산당원의 수양을 논함(論共産黨員的修養)」을 비꼬아 '수양은 바로 수정주의를 양육하는 것이다(修養就是養修)'라고 비판하기도 했다. 결국 유소기는 개처럼 끌려다니며 구타를 당한 끝에 1969년 11월 12일 하남성 개봉(開封, 카이펑)의 한 감옥에서 비참하게 일생을 마쳤다. 그의 부인 왕광미(王光美, 왕광메이) 역시 1967년 투옥되었다가 12년 만인 1978년에 석방되었다. 이렇게 된 데에는 모택동보다 '사인방'의 음해가 작용했을 것으로 짐작된다. 유소기는, 문화대혁명 때 그와 함께 숙청되었다가 오뚜기처럼 살아남아 화려하게 부활한 등소평에 의하여 1980년에 명예가 회복되었다.

'홍삼각'의 한 꼭짓점 유소기 옛집

유소기고리, 모택동고리, 팽덕회고리는 지리적 위치가 삼각형을 이룬다고 해서 이를 '홍삼각(紅三角)'이라 부른다. 이 세 곳은 불과 수십 킬로미터 거리에 있는데 중국공산당을 이끈 세 명의 영도자가 이 홍삼각에서 탄생한 것이다. '홍(紅)'은 공산당을 상징하는 색깔이다. 우리는 홍삼각의 두 꼭짓점에 해당하는 모택동고리와 유소기고리를 참관한 셈인데

유소기고거 문화대혁명 때 파괴되었다가 1980년 유소기의 복권과 함께 복원되었다.

나머지 한 꼭짓점인 팽덕회고리는 시간 관계로 가보지 못했다.

유소기고리는 현재 '화명루 경구(花明樓景區)' 안에 있는데, 여기에 유소기고거를 비롯한 여러 기념적인 구조물들이 들어서 있다. 이곳의 행정 명칭이 영향시 화명루진(花明樓鎮, 화밍러우진)이다. 우리는 시간이 촉박하여 유소기고거만을 보기로 했다. 고거는 화명루 경구 제일 안쪽에 있어서 버스에서 내려 전동차를 타고 울창한 숲속 길을 한참 가서야 나타났다. 이 집은 문화대혁명 때 대부분 파괴되고 집 안의 집기들도 흩어져 없어졌다가 1980년 유소기의 복권과 함께 복원되어 적어도 1961년 당시의 모습을 회복했다. 집 앞에 연못이 있고 대문에는 1982년에 등소

유소기기념관 '국가1급 박물관'으로 지정되었고 새로운 전시 기법을 도입한 것으로 유명하다.

평이 '유소기동지고거(劉少奇同志故居)'라 쓴 편액이 달려 있다. 1988년에 전국중점문물보호단위로 지정되었다.

집 안에는 당옥(堂屋), 횡당옥(橫堂屋), 유소기 거실 등이 있으며 집에서 술을 빚어 저장하던 주방(酒房), 농기구들을 보관하던 잡옥(雜屋)이 있고 돼지우리도 있다. 잡옥에는 베틀, 디딜방아 등이 전시되어 있다. 그리고 당시 사용하던 종이우산과 나막신, 가죽신 등도 진열되어 있다.

유소기기념관에 새겨진 그의 꿈

이번에는 가지 못했지만 2012년과 2015년에 갔던 기억을 되살려 고거 이외의 몇 곳을 소개한다. '유소기고리(劉少奇故里)'라 쓰인 문루(門樓)를 들어서면 거대한 유소기 동상이 보인다. 동상은 1988년 유소기 탄생 90주년을 기념하여 유소기기념관과 함께 건립되었다. 동상은 기단을 합하여 높이가 7.1미터인데 이는 중국공산당 창건일 7월 1일과 유소기의 향년 71세를 상징한다고 한다. 기단에는 강택민(江澤民)

유소기 동상 기단에는 강택민 주석이 쓴 '유소기동지' 다섯 글자가 새겨져 있다.

이 쓴 '유소기동지(劉少奇同志)' 다섯 글자가 새겨져 있다.

동상에서 앞으로 나아가면 우측에 유소기기념관(162면 사진)과 유소기문물관이 있다. 기념관 정문 위의 '유소기동지기념관(劉少奇同志紀念館)' 편액 역시 등소평이 1987년에 쓴 것이다. 기념관을 들어서면 유소기 소상이 있는데 그 밑에 새겨진 유소기의 다음과 같은 글귀가 눈길을 끈다.

"내가 죽은 후 엥겔스처럼 나의 유골을 큰 바다에 뿌려달라. 큰 바다는 오대양과 접해 있으니 나는 전세계가 공산주의를 실현하는 것을 보려고 한다."

이처럼 그는 철저한 사회주의자였음에도 불구하고 수정주의자로 몰려 죽었으니 이를 운명이라 해야 할까?

8개의 전람실로 구성된 기념관에는 유소기의 일생과 업적이 사진, 도표, 밀납 인형, 영상물 등을 통해 잘 정리되어 전시되고 있었다. 기념관은 유소기와 관련된 800여 점의 문물자료를 보유하고 있다고 한다. 이 기념관은 천편일율적인 전시 방식을 지양하고 새로운 전시 기법을 도입한 것으로 유명하여 '국가 1급 박물관'으로 지정되어 있다. 문물관에는 그의 부인이자 평생의 혁명동지였던 왕광미의 평생 업적이 전시되어 있었다.

화명루와 일엽호

동상 앞쪽 좌측에 5층으로 된 33미터 높이의 화명루가 있다. 화명루는 1998년 유소기 탄생 100주년에 즈음해서 세운 건물로 다음과 같은 이야기가 전한다. 옛날 어떤 학자가 이곳에 조그마한 집을 짓고 두 아들에게 글을 가르쳤는데 매년 봄이면 주위에 버드나무가 짙고 꽃이 만발하여 마치 남송(南宋)의 시인 육유(陸游)의 「유산서촌(遊山西村, 산 서쪽 마을에 노닐며)」의 한 구절인

산이 겹겹 물도 겹겹 길이 없나 싶더니
버들 짙고 꽃 밝은 곳에 또 하나 마을 있네

山重水複疑無路 柳暗**花明**又一村

164

를 연상케 해서 집 이름을 '화명루(花明樓)'로 지었다는 것이다. 원래는 조그마한 집이었지만 이곳의 지명을 '화명루진(花明樓鎭)'으로 이름하게 된 근거가 되는 상징적인 건물이다. 신축된 건물 안에는 영향십경(寧鄕十景)과 이 고장에서 출토된 청동기, 호남의 문화명인과 청년 유소기의 소상 등이 전시되고 있다.

화명루 1998년 유소기 탄생 100주년에 세운 건물로 이곳의 지명을 '화명루진'으로 정한 근거가 된다.

화명루 앞에 일엽호(一葉湖)가 있는데 이름이 특이하다. 이것은 청나라 때 이른바 '양주팔괴(揚州八怪)'의 한 사람인 정판교(鄭板橋)가 포괄(包括)에게 풍죽(風竹) 한 폭을 그려주면서 쓴 제화시(題畵詩)에서 따온 명칭이다.

관아에 누워 대 흔들리는 소리 듣노라니
백성들 고통 속에 신음하는 소리 이 아닌가

우리야 지방의 말단 관리이지만
가지 하나 잎새 하나 모두에 관심 두네

衙齋臥聽蕭蕭竹 疑是民間疾苦聲

些小吾曹州縣吏 一枝**一葉**總關情

　정판교가 산동성 탄현(灘縣)의 현령으로 있을 때의 작품으로, 대나무
가 바람에 스치는 소리를 고통받는 백성들의 신음소리 같다고 했다. 그
만큼 백성을 사랑하는 마음이 깊은 것이다. 그래서 '가지 하나 잎새 하나
모두에 관심을 둔다'고 말함으로써 크고 작은 백성들의 모든 생활을 염
려하고 있다는 심경을 토로한 시이다. 유소기를 기념하기 위해서 조성
된 이곳의 연못에 정판교의 시 구절에서 따온 '일엽(一葉)'이란 이름을
붙인 것은 유소기도 정판교와 마찬가지로 국민들의 생활 향상을 위해
일생을 바쳤다는 것을 나타내기 위한 것이다. 후세인들이 유소기를 얼
마나 숭배하는지를 알 만하다.

　일엽호 근처에 수양정(修養亭)을 건립한 데에서도 후세인들의 유소기
에 대한 존경심을 엿볼 수 있다. 수양정은 앞에서 언급한 유소기의 저작
「공산당원의 수양을 논함」을 기리기 위해서 저작물의 '수양' 두 글자를
정자 이름으로 하여 세운 것이다. 문화대혁명 때 이 저작물이 혹독한 비
판을 받은 사실을 떠올리면 금석지감이 없지 않다.

　이밖에도 1만 개의 '덕(德)'자를 새긴 만덕정(萬德鼎), 구룡주(九龍柱),
회념정(懷念亭) 등의 건조물이 있어서 중국 현대사에서 유소기가 차지하
는 비중이 어떠한지를 짐작할 수 있었다.

166

유소기고리 관람을 마치고 우리는 다시 악록서원으로 갔다. 첫째 날 폭우로 인해 악록서원을 가지 못했던 사람들의 강력한 요구가 있었기 때문이다. 다른 곳을 가지 못하더라도 악록서원만은 꼭 가봐야 한다고 해서 다시 간 것이다. 첫째 날 우리 일행 중 일부가 빗속을 뚫고 악록서 원에 다녀오는 동안 나머지 사람들은 버스 안에서 2시간을 기다려야 했 는데 명지대 김한상 교수가 악록서원에 가지 못한 것을 가장 안타까워 했다고 한다. 원래는 김 교수도 따라나서려고 했는데, 나를 비롯한 선발 대가 출발한 직후 갑자기 빗물이 범람해서 도저히 갈 수 없었다고 한다. 버스 안에서 김 교수가 "내가 이번 여행에 참가한 것은 악록서원을 보기 위함이었다"고 울먹이며 말했다는 얘기를 전해 들었다. 다시 간 덕분에 동양철학을 전공한 김 교수로부터 주자와 장식에 관해서 유익한 현장 강의를 들을 수 있었다.

모택동이 칭찬한 식당 화궁전

악록서원을 다시 둘러보고 저녁식사를 하기 위해 장사 시내 화궁전(火宮殿) 식당으로 가는 길이 그야말로 장난이 아니었다. 이틀 동안 내린 폭우로 시내 도로 곳곳이 침수되어 통제하는 바람에 평소 같으면 20분 거리를 2시간 넘게 걸려 도착했다. 게다가 저녁 퇴근 시간이 겹쳐 이렇 게 늦어진 것이다.

화궁전은 장사의 대표적인 음식점이다. 원래는 명나라 때 화신(火

화궁전 식당 장사의 유명한 식당으로 1958년 모택동이 이곳에 들러 식사하고 음식 맛이 좋다고 칭찬하여 널리 알려졌다.

神) 축융(祝融)을 모시는 사당이었는데 이후 흥폐를 거듭하다가 1956년 그 자리에 국영음식점이 들어섰다. 이 음식점을 유명하게 만든 것은 1958년 모택동이 호남성을 시찰하러 32년 만에 고향에 돌아왔을 때 이곳에 들러 식사를 하고 음식 맛이 좋다고 칭찬한 일이다. 그는 특히 화궁전의 취두부(臭豆腐)를 칭찬하면서 "화궁전의 취두부는 맡으면 냄새가 나고 먹으면 향기가 난다(火宮殿的臭豆腐 聞起來臭 吃起來香)"는 글을 써주었다. 이로부터 유명세를 타기 시작하여 날로 번창했다. 그후 화궁전은 모택동 동상을 세우고 그 기단에 이 글을 새겨놓았다.

화궁전은 증가하는 고객을 수용하기 위하여 여러 차례 확장을 거듭하

168

다가 2001년에 시정부의 지원을 받아 대대적인 확장공사를 하여 화신묘(火神廟), 재신묘(財神廟), 고희대(古戱臺), 고패방(古牌坊) 등을 복원하여 원래의 모습을 회복했다. 그리고 현재 춘절(春節), 5·1절, 국경절, 중추절에 전통적인 화신묘회(火神廟會)를 거행한다고 한다. 이 화신묘회는 '국가급 비물질문화유산'으로 지정되어 있다.

화궁전에서는 300여 종의 요리를 만들고 있는데 특별요리는 모택동을 기념하기 위한 주석연(主席宴), 청나라 때 호남성 출신의 걸출한 지도자 증국번(曾國藩)·좌종당(左宗棠)을 기념하는 증부연(曾府宴)·좌공연(左公宴)을 비롯하여 특수연(特首宴), 문인연(文人宴) 등이 있다고 한다. 화궁전 일대는 크고 작은 식당과 상점이 빽빽하게 들어서 있어 장사 시내에서 가장 번화하고 화려한 거리로 꼽힌다. 화궁전은 현재 본점 이외에 장사 시내에 네 개의 분점을 거느리는 큰 기업으로 발전했다.

천하의 누각
악양루

여행 4일째 행선지는 호남성 북단에 있는 악양루(岳陽樓) 풍경구이다. 오전 8시 15분에 호텔을 출발하여 10시 45분경 악양시에 진입하고 악양루에 도착한 것이 11시 5분이었다. 악양은 그 전에 파릉(巴陵), 파구(巴丘)로 불렸고 그후 수차례 이름이 바뀌었다가 최종적으로 민국 2년(1913년)에 정식 명칭이 악양으로 정해졌다.

악양루 변천사

악양루는 원래 군사용 건축물이었다. 적벽대전 후 삼국이 정립할 즈음에 오(吳)나라의 대장 주유(周瑜)가 이곳에서 병사한 후 노숙(魯肅)이 여기서 수군을 조련했다. 서쪽으로 촉(蜀)나라 관우(關羽)를 견제하고 북쪽으로 위(魏)나라 조조(曹操)의 침입을 방어할 수 있는 군사적 요충지인 이곳에 215년 대장 노숙은 성을 쌓고 누각을 세웠다. 이 누각은 수군을 훈련하고 검열하기 위한 열군루(閱軍樓)였는데 이것이 악양루의 효시였으니 지금으로부터 1800여 년 전의 일이다.

이후 점차 군사적 용도가 폐기되고 문인 학자들의 유람 승지로 변모했다. 동정호 가에 세워진 이곳의 경치가 뛰어났기 때문이다. 당나라 때 장열(張說, 667~731)이 716년 이곳으로 좌천되어 열군루를 확장, 중수한 이래 이백(李白), 백거이(白居易), 유우석(劉禹錫) 등 무수한 시인들이 여기에 와서 많은 시를 남겼다. 이백의 시 「하십이와 악양루에 오르다(與夏十二登岳陽樓)」가 '악양루'란 명칭을 처음으로 사용한 문헌이다. 시는 이렇다.

누각에서 악양 땅을 남김없이 관찰하니
장강은 아스라이 동정호는 광활하네

기러기는 이내 수심 끌고서 가버리고
산은 좋은 달을 머금어 보내주네

구름 속에 만나서 자리를 펴고
하늘 위에서 술잔을 주고받도다

취한 후 서늘한 바람이 일어

악양시 동정호 가의 악양루 풍경 오나라 대장 노숙이 군사적 요충지인 이곳에 215년 성을 쌓고 누각을 세운 것이 악양루의 효시이다. 수군을 훈련하고 검열하기 위한 군사용 건축물로 세워졌으나 이후 이곳 경치가 뛰어나 문인 학자들의 유람 승지로 변모했다.

춤추는 소매를 불어 날리네

樓觀岳陽盡　川迴洞庭開
雁引愁心去　山銜好月來
雲間逢下榻　天上接行杯
醉後涼風起　吹人舞袖回

　'하십이(夏十二)'는 하씨 집안의 6촌 이내의 친척 중 항렬이 12번째
인 사람을 말하는데 구체적으로 누구인지는 알려지지 않았다. 이 시는
759년 이백이 야랑(夜郎)으로 유배 가다가 도중에 사면되어 돌아오던 중
동정호에서 노닐며 쓴 작품이다. 제2연은 사면된 기쁨을 나타낸 것이고
제3연의 "구름 속" "하늘 위"는 악양루가 높다는 것을 표현한 말이다. 이
백의 호방한 시풍을 잘 보여주는 작품으로 평가된다.
　이렇게 당나라 때 이미 악양루는 유명해졌지만 천하에 그 이름을 널
리 알린 것은 북송 때 이곳으로 좌천된 등자경(滕子京, 990~1047)이 악양
루를 중수하고 범중엄(范仲淹, 989~1052)이 「악양루기(岳陽樓記)」를 쓴 이
후이다. 등자경의 이름은 등종량(滕宗諒)이고 자(字)가 자경인데 일반적
으로 등자경으로 통칭된다.
　원·명(元明) 시기에 자연재해와 화재, 병란 등으로 여러 차례 허물어
졌다 중건하기를 반복하다가 청 건륭 연간인 1740년과 1743년에 두 차
례의 대규모 중수를 거쳤는데 특히 1743년의 중수 때 화재로 소실된 범
중엄의 「악양루기」를 복원했다. 항일전쟁 기간에는 일제 침략군이 악양

루를 점령하고 중국인을 학살하는 장소로 삼으면서 누각은 거의 허물어졌다. 신중국 성립 후 정부가 오랜 기간 대대적으로 중건한 결과 1961년에 1차 중수를 거치고 1985년 5월 1일 현재의 규모를 갖추어 대외에 개방하기에 이르렀다. 악양루는 건립된 이래 전후 30여 차례의 중수를 거쳤다고 한다.

악양루 경관의 백미 '5조루관'

일반적으로 악양루에 진입하는 코스는 먼저 민본광장(民本廣場)에서 시작된다. 민본광장은 남북으로 길게 조성된 악양루 경구의 중간쯤에 위치해 있다. 광장에는 길이 41미터, 높이 4미터의 거대한 석조 구조물이 설치되어 있는데 명칭이 '정통인화도(政通人和圖)'이다. '정통인화'는 범중엄의 「악양루기」 첫 단락에 나오는 말이다.

송(宋)나라 인종(仁宗) 경력(慶曆) 4년(1044년) 봄에 등자경이 좌천되어 파릉군(巴陵郡, 지금의 악양)의 태수가 되었는데, 이듬해에 정치가 형통하고 사람들이 화합하여(政通人和) 없어졌던 제도가 다시 회복되었다. 이에 악양루를 중수하여 옛 규모보다 더 크게 늘리고, 당나라의 현인들과 지금 사람들의 시(詩)와 부(賦)를 그 위에 새기고 나에게 글을 지어 기록해달라고 부탁했다.

남대문 악양루 경구의 입구이다. 파릉(악양)의 뛰어난 경치라는 '파릉승상(巴陵勝狀)' 현판이 걸려 있고 양 기둥에 '동정호는 천하의 물, 악양루는 천하의 누각(洞庭天下水 岳陽天下樓)'이라는 대련이 새겨져 있다.

그러므로 '정통인화도'에는 등자경이 맡아 다스리던 기간의 평화롭고 번창한 시절의 모습을 재현하고 당시의 인문경관과 명승고적 등을 새겨놓았다. 그래서 '악양판 청명상하도(岳陽版清明上河圖)'로 일컬어진다. 「청명상하도」란 북송의 수도 개봉(開封)의 번화한 모습을 사실적으로 재현해놓은 그림이다.

악양루에 가기 위해서는 민본광장 북쪽의 남대문을 통해야 한다. 남대문에는 크게 '파릉승상(巴陵勝狀, 파릉의 뛰어난 경치)'이라 쓰인 횡액(橫額, 가로로 건 현판)이 걸려 있고 대문 양 기둥에는 다음과 같은 영련(楹聯, 기둥에 쓴 대련)이 새겨져 있다.

洞庭天下水 岳陽天下樓 (동정천하수 악양천하루)

誰爲天下士 飮酒樓上頭 (수위천하사 음주루상두)

동정호는 천하의 물, 악양루는 천하의 누각

그 누가 천하의 선비인가? 누에 올라 술을 마신다

　이 영련은 명나라 시인 위윤정(魏允貞, 1542～1606)의 시 「악양루」 제
1구와 제2구에서 따온 것이다. 동정호는 천하의 호수이고 악양루는 천
하의 누각인데 그렇다면 천하의 선비는 과연 누구일까? 아마 그는 스스
로 천하의 선비임을 자처하면서 누각에 올라 호연지기를 품고 술을 마
셨을 것이다. 이 영련은 청나라의 명필 장조(張照, 1691～1745)의 글씨다.

　남대문으로 들어가면 붉은 글씨로 '5조루관(五朝樓觀)'이라 쓰인 바위가 보인다. 5조루관이란 사면이 물로 둘러싸인 인공 섬 위에 당·송·원·명·청대 악양루의 축소 모형을 세워 놓은 것을 말한다. 모형은 전문가들이 각 시대에 그려진 악양루 그림을 참조하고 그 시대의 건축양식을 면밀히 검토했을 뿐만 아니라 모형의 비례, 건축 자재 등에 대해서도 오랜 기간의 토론을 거쳐서 제작되었다. 토론 과정에서 모형의 재질로 나무나 시멘트는 배제되고 비용이 많이 들더라도 내구성이 긴 동(銅)을 사용하기로 의견이 모아졌다.

이렇게 해서 2007년에 대외 개방한 '5조루관'은 전체적인 외관은 물론 창틀의 문양에 이르기까지 섬세하게 제작되어 21세기에 이룩한 악양루 경관의 백미라고 할 만하다. 여기에 더하여 각 시기 모형의 '악양루' 편액의 글씨에도 세심한 배려를 했다. 즉 당나라 때에는 안진경(顔眞卿), 송나라 때에는 미불(米芾), 원나라 때에는 조맹부(趙孟頫), 명나라 때에는 동기창(董其昌), 청나라 때에는 강희 황제의 글씨를 집자해서 만들었다.

범중엄과 등자경의 사당 쌍공사

여기서 좀더 나아가면 쌍공사(雙公祠)가 나온다. 쌍공사는 범중엄과 등자경을 기념하기 위하여 세운 사당인데 이 두 사람은 악양루를 천하에 알린 분이다. 범중엄은 자(字)가 희문(希文)으로 북송의 걸출한 사상가이며 청렴한 정치가이자 뛰어난 문학가였다. 그는 부패한 조정을 바로잡기 위해 과감한 개혁안을 제안하여 혁신정치에 앞장섰다. 한때는

당대   송대

원대

명대   청대

당·송·원·명·청대의 악양루 모형 각 시대의 악양루 그림을 참조하고 그 시대의 건축양식을 면밀히 검토하여 외관은 물론 창틀의 문양에 이르기까지 섬세하게 제작했다.

쌍공사 악양루를 천하에 알린 범중엄과 등자경을 기념하기 위하여 세운 사당이다.

부재상(副宰相) 급에 해당하는 참지정사(參知政事)의 지위에까지 올랐으나 강직한 직언으로 당시 재상을 비판하다가 1045년에 등주(鄧州)로 좌천되었다.

한편 범중엄과 같은 해에 과거에 급제하여 그와 뜻을 같이한 혁신파인물 등자경이 1044년에 파릉(巴陵)으로 좌천되었는데 그곳의 악양루를 중수하고 1046년 등주에 있는 친구 범중엄에게 기문(記文)을 부탁했다. 등자경은 "누각은 문자로 기록한 것이 없으면 오래가지 못하고 문자는 재능 있는 높은 사람의 손에서 나오지 않으면 드러나지 않는다"라 말하며 범중엄에게 기문을 부탁한 것이다. 이 기문을 요청할 때 등자경은 악양루의 연혁과 환경, 기후, 건축의 특징 등과 함께「동정만추도(洞庭晚

쌍공사의 범중엄과 등자경 좌상 등자경이 악양루를 중수하고 범중엄이 「악양루기」를 쓴 이후 악양루의 명성이 세상에 크게 알려졌다.

秋圖)」라는 그림을 보냈다. 그러므로 범중엄은 악양루에 직접 가보지 않고 관련 자료만을 바탕으로 「악양루기」를 쓴 것이다. 그럼에도 불구하고 「악양루기」가 천고의 명문으로 애송된 것은, 이 글이 악양루와 동정호의 사실적인 풍경 묘사보다는 악양루를 빌미로 한 작자의 의론(議論)에 중점이 두어졌기 때문이다.

쌍공사 입구 문에 범중엄의 제28대손 범경의(范敬宜)가 쓴 '쌍공사(雙公祠)' 편액이 걸려 있고 문 양쪽에는 북경대학의 용협도(龍協濤, 룽셰타오) 교수가 짓고 전 서예가협회 주석 심붕(沈鵬, 선펑)이 쓴 문련(門聯)이 걸려 있다. 안으로 들어가면 나란히 의자에 앉아 있는 범중엄과 등자경의 동상이 보인다. 동상 뒤에는 「동정만추도」가 동판에 새겨져 있다. 그리고 안에는 두 개의 전람실이 있는데 하나는 '악양천하루(岳陽天下樓)'실로 악양루의 연혁과 역대 명인들이 악양루를 읊은 시문들을 전시하고 있다. '쌍공우락정(雙公憂樂情)' 편액이 걸린 전람실에는 범중엄과 등자경의 일생 및 업적을 도표로 전시하고 있었다. 이밖에도 각종 문헌자료, 모형, 사진, 탁본 등을 전시하여 악양루의 역사, 건축문화, 악양루가 빚어낸 인문유산 등을 종합적으로 보여준다.

쌍공사 다음에는 긴 비랑(碑廊)이 이어진다. 이 비랑은 1984년 악양루를 중수할 때 조성된 것으로 처음엔 30미터의 규모에 64개의 비석을 비치했으나 1992년에 확장하여 현재는 200여 미터의 비랑에 139개의 비석을 비치하고 있다. 이중에서 모택동이 쓴 두보(杜甫)의 「등악양루(登岳陽樓)」시비, 우우임(于右任)의 「중수악양루(重修岳陽樓)」비, 축윤명(祝允明)·동기창(董其昌)의 「악양루기」비 등은 진귀한 글씨로 평가된다.

「악양루기」는 왜 두 개인가

악양루는 등왕각(滕王閣), 황학루(黃鶴樓), 봉래각(蓬萊閣)과 함께 중국 4대 누각의 반열에 드는 건물로 높이 20여 미터이고 3층으로 이루어져 있다. 3층 꼭대기 지붕은 마치 장군의 투구 모양을 한 특이한 구조물이다. 3층에 걸려 있는 '악양루(岳陽樓)' 현판은 1961년 1차 중수 때 곽말약(郭沫若)이 쓴 것이다. 청나라 이전의 현판은 누가 쓴 것인지 알 길이 없고 청나라 시기에 왕도(王濤)와 정춘해(程春海)의 현판이 있었다고 하나

악양루 중국 4대 누각의 반열에 드는 명루로, 215년에 세워져 수차례의 중수를 거쳐 오늘에 이르고 있다. 3층의 '악양루(岳陽樓)' 현판은 1961년 곽말약이 쓴 것이다. 이백, 두보, 백거이, 유우석 등 무수한 시인들이 여기에 올라 많은 시를 남겼다.

역시 없어졌고 민국 시기에 국민당의 호남성 주석 하건(何鍵, 허젠)이 쓴 현판이 남아 있었다고 한다. 하건은 공산당원을 무자비하게 학살한 인물이어서 1961년 당시 현지 인사들이 현판 교체를 강력히 주장했다. 그래서 모택동에게 청했으나 그는 사양하고 대신 역사학자인 곽말약이 현판의 글씨를 쓰게 된 것이다.

악양루에는 1층과 2층에 두 개의 「악양루기」가 걸려 있는데 여기에 얽힌 다음과 같은 이야기가 전한다. 1046년에 범중엄으로부터 「악양루기」를 받은 등자경은 당대 최고의 서예가 소자미(蘇子美)에게 글씨를 쓰게 하고 소송(邵竦)에게 전각(篆刻)을 하게 하여 악양루에 비치했다. 그러나 불행하게도 송나라 신종(神宗) 때 화재로 소실되고 말았다. 그후 청나라 건륭 5년(1740년)에 악주 현령(岳州縣令) 황응도(黃凝道)가 이를 복원하기로 계획하고 당대의 명필 장조(張照)의 글씨를 받으려 했다. 장조는 당시 조정의 형부상서(刑部尙書)로 콧대가 높아 그에게 좀처럼 글씨를 받기가 어려웠다. 이에 황응도는 교묘하게 그를 충동질하여 글씨를 받아내고 교지(交趾, 베트남 북부지역의 옛 이름)의 자단목(紫檀木)으로 12폭을 완성하여 악양루에 비치했다.

하지만 「악양루기」의 운명은 기구했다. 청나라 도광(道光) 연간(1821~1850)에 신임 현령 오씨(吳氏)가 무슨 이유에선지 장조의 글씨를 3년 동안 열심히 베껴 썼다. 그러나 자신의 실력으로는 똑같이 베낄 수 없음을 알고 글씨 잘 쓰는 젊은이를 고용하여 1년에 걸쳐 베껴 쓰게 했다. 이렇게 해서 완성된 글씨는 외견상 장조의 글씨와 거의 닮았다. 이에 12폭 목각 병풍을 만들고는 비바람 치는 어느 날 밤 몰래 원래의 것과 바꿔치기하고 2개월 후 병을 핑계로 사직하면서 모조품을 남겨두고 원래의 병풍을 배에 싣고 귀향했다. 그러나 가는 도중에 풍랑을 만나 배가 침몰하는 바람에 병풍도 동정호에 가라앉았다. 얼마 후 한 어부가 발견하여 집에 보관하고 있었는데 그 지방의 문학가이자 서예가인 오민수(吳敏樹)가 은 120냥을 주고 매입했다. 그는 일부 파손된 것을 정성껏 보수했다. 후에 악양루를 보수할 때 지방정부에서 작고한 오민수의 자손으로부터 은 120냥에 매입하여 악양루 2층에 전시했고, 모조품도 100여 년 동안 전시된 역사적 문물로 여겨 1층에 걸어놓았다. 이것이 두 개의 「악양루기」가 있게 된 연유이다.

천고의 명문 「악양루기」

천하의 명문으로 일컬어지는 범중엄의 「악양루기」를 살펴보기로 한다. 먼저 전문을 소개한다.

송(宋)나라 인종(仁宗) 경력(慶曆) 4년(1044년) 봄에 등자경(滕子京)이 좌천되어 파릉군(巴陵郡, 지금의 악양)의 태수가 되었는데, 이듬해에 정치가 형통하고 사람들이 화합하여 없어졌던 제도가 다시 회복되었다. 이에 악양루를 중수하여 옛 규모보다 더 크게 늘리고, 당나라의 현인들과 지금 사람들의 시(詩)와 부(賦)를 그 위에 새기고 나에게 글을 지어 기록해달라고 부탁했다.

내가 보니, 파릉의 빼어난 경치는 동정호 하나에 있다. 먼 산을 머금고 긴 강을 삼켜 호호탕탕 더 넓어 끝이 없는데, 아침 햇살과 저녁 그림자에 그 모습이 천만 가지로 변하니, 이는 악양루의 장관으로 옛 사람들의 글에 서술되어 있다.

그렇다면 북으로는 무협(巫峽, 양자강 삼협三峽의 하나)과 통하고 남으

악양루기 북송의 학자 범중엄이 지은 천하의 명문을 명필 장조의 글씨로 새겼다. 악양루 2층에 전시되어 있다.

로는 소상강(瀟湘江) 끝까지 이어져 유배된 사람이나 시인들이 이곳에 많이 모여들었으니 경치를 보는 감정이 어찌 다르지 않을 수 있겠는가?

장맛비가 쏟아져 여러 달 동안 개지 않고 음산한 바람이 세차게 불어 탁한 물결이 공중에 치솟고 해와 별이 빛을 숨기고 산악이 형체를 숨기면 장사꾼과 나그네도 다니지 않아 돛대가 기울고 삿대도 부러지며, 초저녁인데도 어둑어둑하여 호랑이가 울부짖고 원숭이가 울어댈 것이니, 이때에 이 누각에 오른다면 서울을 떠나 고향을 그리워하고, 참소를 근심하며 모함을 두려워하는 마음이 생겨 눈에 보이는 모든 것이 쓸쓸하여 감정이 격해서 슬퍼하는 자가 있을 것이다.

봄날이 화창하고 풍경이 아름다우며 파도가 일지 않아 위아래 하늘 빛이 한결같이 짙푸르고, 갈매기들이 날아와 모이고 비단 같은 물고 기가 헤엄을 치며, 강 언덕의 지초와 물가의 난초가 우거져 향기로운 데, 혹 긴 안개가 한 번 개이고 밝은 달이 천리에 비추어 물에 뜬 달빛 이 금빛으로 반짝이고 고요한 달그림자가 구슬이 잠긴 듯, 어부의 노 랫소리가 서로 화답하니 이 즐거움이 어찌 다함이 있겠는가. 이때에 이 누각에 오른다면 마음이 넓어지고 정신이 즐거워 (임금의) 은총과 (간신의) 모욕을 모두 잊고 술잔을 잡고 바람 앞에 설 것이니 그 기쁨 이 크게 넘실거릴 것이다.

아! 내가 일찍이 옛 어진 자의 마음을 살펴보니 이 두 부류의 사람 들과 달랐으니 이는 어째서인가? (옛 어진 자는) 외물 때문에 기뻐하 지 않고 자기 일신상의 일 때문에 슬퍼하지도 않는다. 조정의 높은 자 리에 있으면 그 백성을 걱정하고 멀리 강호에 살게 되면 그 임금을 걱 정했으니 이는 나아가도 걱정하고 물러나도 걱정한 것이다. 그러니 어느 때에 즐거워할 수 있겠는가? 반드시 말하기를 "천하 사람들이 걱정하기에 앞서 걱정하고 천하 사람들이 즐거워한 후에 즐거워하겠 다"라 하리라. 아! 이러한 사람들이 없었다면 내 누구와 더불어 함께 할 수 있으리오.

岳陽樓記

慶曆四年春 滕子京謫守巴陵郡 越明年 政通人和 百廢具興 乃重修
岳陽樓 增其舊制 刻唐賢今人詩賦于其上 屬予作文以記之 予觀夫巴

陵勝狀 在洞庭一湖 銜遠山 呑長江 浩浩蕩蕩 橫無際涯 朝暉夕陰 氣象
萬千 此則岳陽樓之大觀也 前人之述備矣 然則北通巫峽 南極瀟湘 遷
客騷人 多會于此 覽物之情 得無異乎 若夫霪雨霏霏 連月不開 陰風怒
號 濁浪排空 日星隱曜 山岳潛形 商旅不行 檣傾楫摧 薄暮冥冥 虎嘯猿
啼 登斯樓也 則有去國懷鄉 憂讒畏譏 滿目蕭然 感極而悲者矣 至若春
和景明 波瀾不驚 上下天光 一碧萬頃 沙鷗翔集 錦鱗游泳 岸芷汀蘭 郁
郁靑靑 而或長煙一空 皓月千里 浮光躍金 靜影沈璧 漁歌互答 此樂何
極 登斯樓也 則有心曠神怡 寵辱俱忘 把酒臨風 其喜洋洋者矣 嗟夫 予
嘗求古仁之心 或異二者之爲何哉 不以物喜 不以己悲 居廟堂之高 則
憂其民 處江湖之遠 則憂其君 是進亦憂 退亦憂 然則何時而樂耶 其必
曰 先天下之憂而憂 後天下之樂而樂歟 噫 微斯人 吾誰與歸

글의 첫머리에서 이 기문을 쓰게 된 연유를 간단히 기술하고 이어서
악양루 주변의 경치를 역시 소략하게 기술한 다음에 악양루에 올라 동
정호를 바라보는 '천객 소인(遷客騷人, 좌천된 사람과 시인)'이 느끼는 두 종
류의 감회를 묘사한다.

비 오고 파도치는 음산한 저녁 무렵에 이 누각에 오르는 천객 소인은
자신의 처지를 비관하여 슬퍼할 것이고, 물결이 잔잔한 따뜻한 봄날 달
밝은 밤에 이 누각에 오르는 천객 소인은 술잔을 기울이며 모든 것을 잊
고 기뻐할 것이라 했다. 즉 두 가지 자연 경물의 묘사로부터 이를 바라보
는 사람들의 슬픔과 기쁨이라는 두 가지 서로 다른 감회를 이끌어내고
있다. 이 부분은 「악양루기」의 풍경 묘사에서 가장 빛나는 대목이다. 한

문 원문으로 보면 4자구(四字句)를 연속적으로 구사하여 음악적이고도 시적인 서정성이 돋보이는 묘사이다. 그리고 분량으로도 전체의 절반가량을 차지하여 이 부분이 「악양루기」의 핵심인 것처럼 보이기도 한다. 그러나 이것은 다음 부분의 서술을 위한 준비에 불과하다.

아! 내가 옛 어진 사람들의 마음을 살펴보니 이 두 부류 사람들의 행위와 달랐으니 이는 어째서인가? (옛 어진 자는) 외물(外物) 때문에 기뻐하지도 않고 자기 일신상의 일 때문에 슬퍼하지도 않는다. 조정의 높은 자리에 있을 때는 백성들을 근심하고 먼 강호에 처할 때는 임금을 근심했으니 이는 나아가도 근심하고 물러나도 근심한 것이다. 그러니 어느 때에 즐거워할 수 있겠는가? 반드시 말하기를 "천하 사람들이 근심하기에 앞서 근심하고 천하 사람들이 즐거워한 뒤에 즐거워하겠다"라 하리라.

이 말은 기실 범중엄 자신의 인생관이지만 그것을 '옛 어진 사람'에 가탁해서 말하고 있다. 그렇게 함으로써 자신의 겸손함을 나타냄과 동시에 이 말에 무게를 더해준다. 환경과 개인적 득실에 따라 천객 소인이 슬퍼하고 기뻐하는 것은 인지상정이다. 그러나 '옛 어진 사람'은 이보다 더 높은 이상과 포부를 지니고 있다는 말이다. 이로써 그는 좌천되어 불우한 환경에 처한 친구 등자경을 격려하고 또 자신을 편달하고 있다. 그리고 "아! 이러한 사람이 없다면 내 누구와 더불어 함께할 수 있으리오"라는 말로 끝맺음으로써 '옛 어진 사람'의 지취(志趣)를 본받겠다는 의지를 분명히 밝혔다. "천하 사람들이 근심하기에 앞서 근심하고 천하 사람들이 즐거워한 뒤에 즐거워한다"는 말은 후대 수많은 정치가들의 좌우명이 되었다.

악양루의 대련

악양루에는 무수한 대련(對聯)이 걸려 있는데 몇 개만 소개한다. 우선 1층의 모조품 「악양루기」 옆 기둥에 있는 102자의 장련(長聯)이 눈에 띈다. 이 장련은 청나라 때 두서(竇墭)가 짓고 호남성 출신의 명필 하소기(何紹基)가 쓴 것이다.

한 누각의 무엇이 기특한가? 두보가 오언절창을 남겼고, 범중엄이 두 글자에 정성을 쏟았고, 등자경이 온갖 없어진 제도를 다 일으켰고, 여동빈(呂洞賓)이 세 번 방문하여 반드시 취했으니, (기특한 것이) 시인가, 선비인가, 관리인가, 신선인가? 이전의 고인들을 보지 못하니 나로 하여금 서글피 눈물흘리게 한다. (오른쪽 상련)

一樓何奇 杜少陵五言絶唱 范希文兩字關情 滕子京百廢具興 呂純陽三過必醉 詩耶 儒耶 吏耶 仙耶 前不見古人 使我愴然涕下

그대들은 보시라. 동정호는 남으로 소상강까지 펼쳐 있고, 양자강은 북으로 무협(巫峽)과 통하고, 파릉산(巴陵山) 서쪽에서 상쾌한 기운이 오고, 악주성(岳州城) 동쪽 땅은 험한 산이니, 고여 있는 것, 흐르는 것, 우뚝 솟은 것, 누르는 것, 이 가운데 참된 뜻이 있는데 묻노니 누가 이를 깨달을 수 있을까. (왼쪽 하련)

諸君試看 洞庭湖南極瀟湘 楊子江北通巫峽 巴陵山西來爽氣 岳州
城東道巖疆 瀦者 流者 峙者 鎭者 此中有眞意 問誰領會得來

상련의 '오언절창'은 두보의 시 「등악양루(登岳陽樓)」를 가리키고, '두 글자'는 범중엄의 「악양루기」에 나오는 '우(憂)' '낙(樂)'을 가리키고, '온갖 없어진 제도를 다 일으켰다'는 것 역시 「악양루기」에 나오는 구절이며, '여동빈이 세 번 방문하여 반드시 취했다'는 것은 악양루 옆에 있는 삼취정(三醉亭)의 고사를 가리킨다.

악양루 1층에는 장사 출신의 웅소목(熊少牧)이 짓고 역시 하소기가 쓴 이런 대련도 있다.

十五年勝地重游 雲外神仙應識我 (십오년승지중유 운외신선응식아)
八百里長天一覽 湖邊風月最宜秋 (팔백리장천일람 호변풍월최의추)

십오 년 만에 명승지를 다시 찾아오니 구름 밖 신선은 응당 나를 알아보리라

팔백 리 긴 하늘을 바라보니 호숫가의 바람과 달이 가을에 가장 어
울리네

두보와 맹호연의 절창

2층에 우여곡절을 겪은 장조의 글씨 「악양루기」가 12폭 목조 병풍으
로 전시되어 있고 3층 정면 중앙에는 모택동이 쓴 두보의 시「등악양루」
가 걸려 있다. 이 시판(詩板)은 1983년부터 2년여에 걸친 대규모 중수가
끝나고 나서 1985년 5월 1일에 원래 그곳에 있었던 여동빈의 소상을 삼
취정으로 옮기고 대신 설치한 것이다. 두보의 「등악양루」를 읽어본다.

동정호 있단 말 옛날에 들었건만
오늘에야 악양루에 오르게 됐네

오(吳)나라 초(楚)나라는 동남으로 갈라졌고
하늘과 땅은 밤낮으로 떠 있네

친한 벗에겐 소식 한 자 없고
늙고 병든 이 몸엔 외로운 배 한 척

관산(關山) 북쪽엔 아직도 오랑캐 말

모택동 친필로 새긴 두보의 「등악양루」 시판　악양루 3층에 전시되어 있다.

난간에 기대니 눈물 콧물 흐르네

昔聞洞庭水　今上岳陽樓
吳楚東南坼　乾坤日夜浮
親朋無一字　老病有孤舟
戎馬關山北　憑軒涕泗流

두보가 57세(768년) 때, 죽기 2년 전에 지은 작품이다. 극도의 가난 속
에서 겪는 개인적 불행을 국가의 불행에 연계시킴으로써 '큰 시인'의 면

모를 여실히 보여주는 시로 평가받는 그의 대표작 중의 하나이다. 제2연에서 동정호의 광활함을 단 열 글자로 압축한 솜씨도 놀랍다.

그런데 모택동의 시판에 대해서는 여러 가지로 논란이 많다. 우선 그가 이 시를 쓴 시기와 장소에 대하여 두 가지 설이 있다. 첫째는 1964년 호남 시찰을 마치고 북경으로 돌아가는 열차가 악양시를 지날 때 썼다는 설이고, 둘째는 그가 죽은 해인 1976년 봄 또는 여름에 써놓은 것을 사후에 발견했다는 설이다. 여러 가지 정황으로 보아서 두번째 설이 옳다는 것이 지배적이다.

또 하나의 논란은 틀리게 쓴 한 글자에 관한 것이다. 즉 제3연의 "노병유고주(老病有孤舟)"를 "노거유고주(老去有孤舟)"로, 원래의 '病'을 '去'로 쓴 것이다. 이에 대하여 의도적으로 그렇게 썼을 것이란 설과, 착각하여 잘못 썼을 것이란 설이 있다. 사실 '노병(老病)'이나 '노거(老去)'나 큰 뜻에서는 별 차이가 없다. 이렇게 큰 차이가 없는데도 굳이 의도적으로 글자를 바꾸었다고 생각되지는 않는다. 또 대시인 두보의 시 구절을 마음대로 바꾸어서도 안 되는 일이다. 그가 이 시를 쓴 시기가 1976년이라고 한다면 사망하기 직전이라 아마 정신이 맑지 못한 상태여서 착각할 수도 있었을 것이다. '노거(老去)'가 통상적으로 흔히 쓰는 용어이기 때문이다.

동정호와 악양루를 논할 때 빼놓을 수 없는 시가 또 있다. 맹호연(孟浩然)의 「동정호에서 장 승상에게 드리다(臨洞庭湖上張丞相)」란 시인데 두보의 「등악양루」와 쌍벽을 이루는 작품으로 평가된다.

팔월 달 호수 물이 언덕까지 넘실넘실
허공을 품고서 하늘과 뒤섞였네

물 기운은 운몽택(雲夢澤)을 쪄내고
물결은 악양성(岳陽城)을 흔든다

건너고 싶어도 배와 노 없고
일 없이 지내노라 성명(聖明)에 부끄럽네

낚싯대 드리운 자를 앉아서 보노라니
고기가 부러운 공연한 마음

八月湖水平　涵虛混太淸
氣蒸雲夢澤　波撼岳陽城
欲濟無舟楫　端居恥聖明
坐觀垂釣者　徒有羨魚情

　　제1연과 제2연은 광대한 동정호의 기상을 묘사한 것으로 특히 제2연
의 "물 기운은 운몽택을 쪄내고/물결은 악양성을 흔든다"는 표현은 두
보의 "오나라 초나라는 동남으로 갈라졌고/하늘과 땅은 밤낮으로 떠 있
네"(「등악양루」)와 우열을 가릴 수 없는 명구(名句)로 인구에 회자된다.
'운몽택'은 옛날 호남성과 호북성에 걸쳐 있었다는 거대한 호수인데 여

기서는 동정호를 가리킨다.

　'장 승상'은 당시 조정의 고위관직에 있던 장구령(張九齡)인데, 이 시에서 맹호연은 동정호를 빌려 장구령에게 벼슬을 구하고 있다. 동정호를 바라보는 맹호연은 배를 타고 건너고 싶지만 배가 없다. 동정호를 건너고 싶다는 것은 천하를 경륜할 포부를 펼치고 싶다는 것이고 배가 없다는 것은 자신의 포부를 실현할 벼슬이 없다는 말이다. '낚싯대 드리운 자'는 벼슬자리에 있는 사람을 가리킨다. 맹호연은 이 낚싯대 드리운 자를 앉아서 보고만 있다. 자신을 천거해준다면 자기도 낚싯대를 드리우고 고기를 잡을 수 있으련만 그러지 못하고 낚싯대 드리운 자가 잡은 고기를 부러워하고만 있다. 이렇게 이 시는 벼슬을 구하는 작품이지만 속마음을 겉으로 드러내지 않고 속되지 않게 표현하고 있다.

　원(元)나라 방회(方回)가 지은 『영규율수(瀛奎律髓)』에 당시 이 시가 악양루에 걸려 있었다고 쓰여 있는 걸 보면 악양루 안의 편액들이 세월에 따라 무수히 바뀌었음을 알 수 있다. 맹호연의 시가 지금도 악양루에 걸려 있으면 좋겠다는 생각이 든다.

악양루에서 바라본 동정호

　악양루 3층 모택동의 시판 옆 기둥에는 이백이 썼다고 하는 대련이 달려 있다.

水天一色 (수천일색)

風月無邊 (풍월무변)

물과 하늘이 온통 한 색깔이요

청풍명월 경치는 끝이 없도다

중국 전역의 이백 유적지에 '충이(虫二)'라 쓰인 글씨를 볼 수 있는데
이는 '풍월무변(風月無邊)'을 뜻한다. 즉 '풍월(風月)'이 가이없다(無邊)'라
했으니 '風'과 '月'에서 각각 가(邊, 가장자리, 외곽)를 없애면 '虫' '二'만
남게 되는 것이다. 한자만이 지니는 묘미의 하나이다.

악양루 3층에는 또 하나 눈에 띄는 대련이 있다.

四面湖山歸眼底 (사면호산귀안저)

萬家憂樂到心頭 (만가우락도심두)

사면의 호수와 산이 눈 아래 들어오고

만백성의 근심과 기쁨이 마음에 와닿네

1871년에 장사 출신 주립중(周立中)이 쓴 글씨인데 이 대련을 쓰게 된
경위가 방각(旁刻, 큰 글씨 옆에 작은 글씨로 새겨놓은 것)에 나와 있다. 즉 주
립중이 전에 악양루에 올랐을 때 파릉 현령 진대강(陳大綱)이 쓴 이 열네
글자를 보고 매우 좋아했는데 후에 다시 와보니 글씨가 없어져서 다시

썼다는 것이다. 그러므로 이 대련은 옛날 진대강이 지은 것을 주립중이 다시 쓴 것이다. 이로 보면 악양루의 대련들이 오랜 세월 동안 무수히 바뀌었음을 알 수 있다.

　악양루에서 바라보는 동정호는 옛사람들의 글에 묘사된 모습과는 달랐다. 범중엄은 「악양루기」에서 "내가 보니, 파릉의 빼어난 경치는 동정호 하나에 모여 있다. 먼 산을 머금고 긴 강을 삼켜 호호탕탕 더 넓어 끝이 없다"라 말했고 두보는 「등악양루」에서 동정호에 "하늘과 땅이 밤낮으로 떠 있다"고 했다. 하지만 지금 악양루에서 내려다보이는 동정호는 물이 맑지 않아서 '하늘과 땅이 떠 있을' 수 없다. 그러나 동정호는 동정호다. 일행 중의 최일성 씨는 말로만 듣던 동정호를 눈앞에서 보게 되었다며 감탄을 금치 못했다. 최일성 씨는 대기업의 해외법인장으로 오랫동안 일하다가 늘그막에 한시 특히 당시(唐詩)를 좋아하여 상당한 경지에 이른 분이다. 나도 언젠가 처음 이곳에 왔을 때 감격을 이기지 못해서 어설픈 시 한 수를 쓴 적이 있다.

岳陽樓下水波平　工部遺詩正有聲
涕泗當年時事暗　只今遊客樂天晴

악양이라 누각 아래 물결은 잔잔하고
공부(工部)가 남긴 시엔 소리가 있네

눈물 흘리던 당년엔 세상이 어두웠는데
지금은 맑은 하늘 아래 유람객들 즐기네

'공부(工部)'는 두보를 가리킨다. 두보가 공부원외랑(工部員外郞) 벼슬을 역임했기 때문에 그를 두공부(杜工部)라 부른다. '시에 소리가 있다'는 것은 '유성지시(有聲之詩)'로 시가 훌륭하다는 뜻이다. 마침 이곳에 왔을 때 유람객들이 호수에서 뱃놀이를 하고 있어서 마지막 구절에 언급했다.

선매정, 삼취정, 회보정

악양루 옆에 높이 7미터의 육각형 2층 건물인 선매정(仙梅亭)이 있다. 여기에 이런 이야기가 전한다. 1631년에 도종공(陶宗孔)이 악양루를 중수하다가 땅속에서 네모난 돌을 발견했는데 흙을 닦아내자 신기하게도 돌 표면에 잎이 없는 마른 가지에 24개의 꽃송이가 달린 매화나무가 나타났다. 이에 그는 악양루 옆에 이 돌을 비치하고 정자를 지어 선매당(仙梅堂)이라 이름했다.

그후 세월이 흘러 파릉 현령 웅무장(熊懋獎)이 1775년에 악양루를 중수할 당시 선매당은 허물어지고 비석도 없어졌다. 그는 선매당을 중수하고 사방으로 비석을 찾다가 어느 농가의 부엌에서 이 비석을 발견했다. 비석이 파손되어 옛 모습은 아니었지만 매화의 형태가 남아 있어서 그는 화공에게 정성껏 복원하게 하여 다시 세우고 중건한 선매당을 선매정이라 개명했다. 이후 유선정(留仙亭)으로 이름을 바꾸었다가 1880년에 선매정으로 명칭이 회복되었다. 지금 선매정의 비석에 웅무장이 지은 「선매정기」 밑에 매화 그림이 새겨져 있다.

악양루 북쪽엔 삼취정(三醉亭)이 있다. 높이 9미터의 2층 목조건물로 1775년 처음 건립되었을 때의 명칭은 망선각(望仙閣)이었고 후에 두모각(斗姆閣)으로 바뀌었다가 1867년에 삼취정으로 개명되었다. 수차례 흥폐를 거듭했는데 현 건물은 1997년에 중수한 것이다. 1층 벽의 병풍에 신선 여동빈(呂洞賓)의 와상이 그려져 있고 그의 시가 쓰여 있다.

아침엔 북해(北海)서 놀고 저녁에는 창오산(蒼梧山)
소매 속에 푸른 뱀, 담력이 크도다

악양루에서 세 번 취했으나 사람들은 몰라봐
시 읊으며 동정호를 날아서 건너가네

朝游北海暮蒼梧　袖裏靑蛇膽氣粗
三醉岳陽人不識　朗吟飛過洞庭湖

여동빈이 악양루에서 세 번
취했다는 것과 관련된 많은
이야기가 전하거니와 이 사실
을 기념하기 위하여 정자 이
름을 삼취정으로 정한 것이
다. 이렇게 악양루를 신선 여
동빈과 연관시킨 것은 신선들
이 드나들 만큼 악양루의 경
치가 좋다는 것을 나타내기
위함이다. 삼취정 이전에도
건물 이름을 '망선각' '두모
각'으로 정한 것도 같은 이유
에서이다. '두모(斗姥)'는 천지

두보를 그리워하는 정자 회보정

만물의 생성을 주관한다는 도교의 신선이다. 원래 악양루 3층에 있다가 1984년에 삼취정으로 옮겼던 여동빈의 소상은 2007년에 세워진 여선사 (呂仙祠)로 다시 이전되었다.

회보정(懷甫亭)은 문자 그대로 '두보를 그리워하는 정자'로 1962년 두보 탄생 1250주년을 기념하여 세운 건물이다. '회보정(懷甫亭)' 편액은 인민해방군 총사령관을 지낸 주덕(朱德, 주더)의 글씨인데 '회(懷)'자를 간자체 '怀'로 쓴 것이 눈에 거슬린다. 정자 안의 비석 전면에는 두보의 화상(畫像)과 시 「등악양루」를, 뒷면에는 두보의 평생 사적을 새겨놓았다. 기둥엔 시인이자 서예가인 오장촉(吳丈蜀, 우장수)이 짓고 쓴 다음과 같은 대련이 걸려 있는데 하련(下聯)의 뜻이 불분명하다.

舟系洞庭 世上瘡痍空有淚 (주계동정 세상창이공유루)
魂歸洛水 人間改換已無詩 (혼귀낙수 인간개환이무시)

동정호에 배를 매고, 세상의 상처에 눈물을 흘렸는데
혼이 낙수로 돌아가니, 세상이 바뀌어 이미 시가 없어졌네

소교 묘에서 두목의 시를 떠올리다

악양루에서 북쪽으로 좀더 가면 오(吳)나라 대장 주유(周瑜)의 부인인 소교 묘(小喬墓)가 나타난다. 이곳에 소교의 무덤이 있는 연유는 이렇다.

소교 묘 오나라 대장 주유의 부인 묘이다.

198년에 오나라 대장 손책(孫策)과 주유가 안휘성의 환성(皖城)을 격파하고 전리품으로 두 명의 절세미인을 얻었다. 이들은 자매간으로 언니의 이름은 교위(喬瑋), 동생은 교완(喬婉)이었는데 후대에 이들을 대교(大喬), 소교(小喬)라 불렀고 통칭하여 이교(二喬)라 했다. 손책은 자신이 대교를 차지하고 소교를 주유에게 보냈다. 이때 소교의 나이가 18세였다. 이후 소교는 12년 동안 주유와 행복하게 살다가 주유가 36세의 젊은 나이에 병사한 지 17년 후인 47세에 사망하고 이곳에 묻혔다는 것이다. 이곳은 주유의 군사령부가 있던 곳이기도 하다.

그러나 이곳 이외에 안휘성의 남릉(南陵)과 여강(廬江)에도 소교의 무덤이 있어서 서로 연고권을 주장하고 있는데 주유의 무덤이 있는 여강

소교 묘 앞에 설치된 소동파 사(詞) 조벽(가림막) 소동파의 「염노교·적벽회고(念奴嬌 赤壁懷古)」의 한 구절이 새겨져 있다.

이 가장 유력하다. 어쨌든 악양루 옆의 이 소교 묘도 여러 차례 중수를 거쳐 1993년에는 묘역을 깔끔하게 재정비하고 소동파의 「염노교·적벽회고(念奴嬌 赤壁懷古)」의 한 구절을 새긴 조벽(照壁)까지 만들어놓았다. 조벽은 밖에서 안이 들여다보이지 않도록 가린 벽(가림막)을 말한다. 이 작품은 동파가 황주 유배시절에 적벽대전의 현장을 직접 찾아가서 당시를 회고한 사(詞)로 조벽에 새겨진 구절은 이렇다.

멀리 당년의 공근(公瑾, 주유의 자字)을 생각해보니 소교가 막 시집갔을 때 영웅의 자태가 드러났었네(遙想公瑾當年 小喬初嫁了 雄姿英發)

소동파가 쓴 「적벽회고」의 주제는 소교가 아닌 주유이다. 적벽대전 당시 젊은 주유의 풍모를 묘사하기 위한 소도구로 소교를 잠깐 언급했을 뿐인데 이 구절을 소교 묘 앞에 크게 새겨놓은 것은 좀 어울리지 않는다는 느낌이 든다.

소교 묘를 보고 또 하나 생각나는 시는 만당(晚唐) 시인 두목(杜牧)의 「적벽」이다. 이 시에 이런 구절이 있다.

　　동풍이 주랑 편을 들어주지 않았다면
　　봄 깊은 동작대에 이교가 갇혔으리

　　東風不與周郎便　銅雀春深鎖二喬

적벽대전 당시 동풍이 불었기 때문에 화공(火攻)을 성공시켜 조조 군을 물리칠 수 있었는데, 만일 동풍이 불지 않았더라면 조조가 승리하여 대교와 소교를 동작대에 가두었을 것이란 말이다. 여기엔 다음과 같은 이야기가 전한다. 조조는 208년 80만 대군을 이끌고 남방 정벌에 나선다. 이에 긴장한 유비는 제갈량을 오나라에 보내어 연맹을 맺도록 요청했다. 유비와 손권이 연맹하여 공동으로 조조에 대항하자는 것이었다. 그러나 동맹을 위한 협상이 쉽지 않자 제갈량이 계책을 내었다. 그는 오나라의 도독(都督)인 주유에게 이렇게 말했다.

"저렇게 강한 조조 군대와 굳이 싸울 필요가 없습니다. 두 명의 여자를 조조에게 보내기만 한다면 그는 반드시 군사를 거두어 되돌아갈 것입니다.”

제갈량의 말을 들은 주유는 호기심이 동해서 물었다.

“두 여자는 누구입니까?”

“내가 전에 융중(隆中, 지금의 호북성 양양에 있는 지명)에 있을 때 들으니, 조조가 동작대라는 큰 누각을 짓고 천하의 미녀를 모아 향락을 즐기며 말하기를 ‘나의 첫번째 소원은 천하를 통일하여 황제가 되는 것이고 두 번째 소원은 강동의 이교(二喬)를 얻어 동작대에 두고 만년을 편안히 보내는 것이다’라 했다고 합니다. 지금 조조가 백만 대군을 이끌고 쳐들어온 데에는 필시 이 두 여자를 얻을 욕심이 없지 않을 것입니다. 그러니 대도독께서는 어찌하여 천금으로 두 여자를 사서 조조에게 보내지 않으십니까? 조조가 두 여자를 얻으면 반드시 군사를 돌릴 것이니 그렇게 되면 동오의 백성들은 전쟁의 참화를 입지 않을 것입니다.”

제갈량의 말을 듣고 주유가 다시 물었다.

“선생은 조조가 우리를 공격하는 것이 이교를 얻기 위함이라는 증거가 있습니까?

“내가 들으니, 조조가 동작대를 짓고 그 아들 조식(曹植)을 시켜 「동작대부(銅雀臺賦)」를 짓게 했는데 그중에 ‘동남에서 이교를 잡아와 조석으로 함께 즐기리(攬二喬于東南兮 樂朝夕與共之)’란 구절이 있습니다.”

이 말을 들은 주유는 불같이 화를 내며 당장 제갈량과 연합해서 조조와 싸우기로 결정했다. 이교 중의 한 명인 소교가 바로 주유의 부인이었기 때문이다. 사실 제갈량은 소교가 주유의 부인이라는 걸 알고 있었다.

그리고 제갈량이 인용한 「동작대부」의 구절도 주유를 충동하기 위해서 그가 각색한 것이었다. 「동작대부」의 원 구절은 이렇다.

동쪽과 서쪽에 두 다리를 연결하니
마치도 창공의 무지개 같네

連二橋于東西兮　若長空之蝃蝀

제갈량은 「동작대부」의 '二橋'를 '二喬'로 바꾸고 뒷 구절도 그에 알맞게 고쳐놓았다. '橋'와 '喬'가 음이 같다는 것을 교묘하게 이용한 것이다. 물론 이 이야기는 정사(正史)에 없는 야사(野史)에 불과하다. 이런 야사를 근거로 두목이 시를 쓴 것이지만 실제로 조조가 오나라를 격파했다면 여색을 좋아한 조조가 이교를 납치하여 동작대로 데리고 갔을 법한 일이다.

파릉광장의 조각상

악양루 경구 남쪽과 북쪽에 두 개의 패방(牌坊)이 서 있다. 패방이란, 과거 급제자를 축하하거나 황제가 신하를 격려하거나 덕망 있는 자를 기리거나 효자나 열녀를 표장(表章)하거나 좋은 풍광을 나타내기 위하여 세우는 구조물이다.

악양루 남쪽 패방   정면에는 '남극소상(南極瀟湘)', 후면에는 '천변월백(天邊月白)'이 가로로 새겨져 있다.

　　남쪽 패방의 정면에는 '남극소상(南極瀟湘)', 후면에는 '천변월백(天邊月白)'이 가로로 새겨져 있고, 기둥에는 다음과 같은 대련이 쓰여 있다.

　　　南極瀟湘千里月 (남극소상천리월)
　　　北通巫峽萬重山 (북통무협만중산)

　　　남으로 소수(瀟水)와 상수(湘水)에 닿아 있어 천 리에 달빛이요
　　　북으로 무협과 통하여 만 겹의 산이로다

　　'남극소상(南極瀟湘)'과 '북통무협(北通巫峽)'은 범중엄의 「악양루기」

에 나오는 구절이다. 이 대련은 장조(張照)가 썼던 것을 1984년에 서화가 유해속(劉海粟, 류하이쑤)이 다시 쓴 것이다. 북쪽 패방의 정면에는 역시 횡으로 정면에 '북통무협(北通巫峽)'이, 뒷면에 '강상청풍(江上淸風)'이 새겨져 있고 기둥의 대련은 이렇다.

閑雲野鶴自來往 (한운야학자래왕)
沅芷澧蘭無古今 (원지예란무고금)

한가한 구름, 들판의 학이 스스로 오고 가며
원수(沅水)의 지초와 예수(澧水)의 난초는 고금이 없어라

'원수'와 '예수'는 동정호로 흘러들어가는 강 이름인데, 『초사(楚辭)』 「구가(九歌)」 '상부인(湘夫人)'에 나오는 "원수에 지초 있고 예수에 난초 있으나 임이 그리워도 말 못하네(沅有芷兮澧有蘭 望公子兮未敢言)"에서 따온 말이다. 이 대련은 청나라 서예가 하소기(何紹基)가 지은 것을 중국 서법가협회 부주석 이탁(李鐸, 리둬)이 쓴 것이다.

민본광장에서 남쪽으로 뻗은 약 300미터의 변하가(汴河街, 상점이 늘어선 거리)를 거쳐 첨악문(瞻岳門)을 지나면 넓은 파릉광장이 나오고 중앙에 거대한 조각이 설치되어 있다. 이 조각상을 만들게 된 유래는 이렇다. 옛날 요(堯)임금 때 이곳에 파사(巴蛇)라는 거대한 뱀이 있었다. 뱀은 코끼리를 삼키고 3년 만에 그 뼈를 토해낼 만큼 큰 괴물로 삼협(三峽)에 출몰하여 사람을 잡아먹는 등 막대한 피해를 입히고 있었다. 이에 요임금이

파룽광장의 조각상 동정호 가에 출몰하여 사람을 잡아먹는 괴물 뱀 파사(巴蛇)를 명궁 후예가 활로 쏘아 죽이는 모습을 형상화했다.

명궁(名弓) 후예(后羿)를 동정호에 파견하여 뱀을 쏘아 죽였다. 뱀이 어찌나 컸던지 죽은 뒤 그 뼈가 쌓여 언덕을 이룰 정도였다고 하는데 그후 이곳의 지명을 파릉(巴陵) 또는 파구(巴丘)라 불렀다고 한다. '능(陵)'이나 '구(丘)'는 언덕이라는 뜻으로 파사의 뼈가 쌓여 언덕을 이루었다는 것이다. 광장의 조각상은 후예가 커다란 활로 괴물 뱀을 쏘아 죽이는 모습을 형상화해놓은 것이다.

상처투성이 자씨탑

　악양루 경구의 파릉광장을 벗어나 남쪽으로 조금 내려가면 자씨탑(慈氏塔)이 있다. 이 탑은 8각형의 7층 전탑(塼塔)으로 높이는 39미터이다. 이 탑의 기원에 대해서는 여러 가지 설이 분분하다. 전설에 의하면 서방의 백룡(白龍)이 동정호로 옮겨와 풍랑을 일으키고 백성들에게 피해를 입혔기 때문에 이를 진정시키기 위해서 탑을 세웠다고 한다. 당시 마을에 자씨(慈氏)라는 과부가 있어 전 재산을 희사하여 탑의 건설을 도왔으나 불행하게도 탑이 완성되기 전에 죽었다. 그래서 이 탑을 자씨탑으로 명명하고 그 옆에 자씨사(慈氏寺)를 지었다는 이야기가 전한다.

　그러나 '자씨'가 과부의 이름이 아니고 불교에서 말하는 미륵불(彌勒佛)이라는 설도 있다. '미륵'이 산스크리트어로 '자비(慈悲)'라는 뜻이라

황폐한 상태로 방치된 자씨탑

한다. 따라서 자씨사도 미륵불을 모시는 절이었다는 것이다. 어쨌든 이 탑이 세워진 후 아침 해가 뜰 무렵 그림자가 호수에 비치면 백룡이 사라졌다고 한다.

여러 가지 자료를 종합하면, 지금 우리가 보는 자씨탑은 흥폐를 거듭하다가 1242년 남송의 맹공(孟珙)이 중수한 것이다. 탑은 1940년 일본군대가 악양성을 점령한 후 탑 안에 보물이 있을 것으로 여겨 부분적으로 파손하고 탑의 일부를 훔쳐가기도 했다. 또 1945년까지 중국군과 미군의 공중 폭격으로 많은 피해를 입었다.

신중국 성립 후에는 탑의 가치를 인정하고 탑의 동쪽 15미터, 서·남·북쪽 40미터 이내를 보호구역으로 지정하고 이 범위 안에는 건축물을 짓지 못하게 했다. 그러나 1958년 이후 탑 주위 40센티미터까지 민가들이 들어서기 시작해서 골목은 한 사람이 겨우 통과할 정도로 좁아졌다. 이런 상태가 현재까지 계속되고 있다. 상처투성이 탑에는 잡초만 무성하다. 문화대혁명 때 홍위병에 의해 파괴될 위기에 처했다가 '국가 중점 문물은 반드시 보호하라'는 주은래 총리의 지시에 따라 살아남기는 했지만 지금까지 왜 이렇게 황폐한 상태로 방치하고 있는지 참으로 안타까운 일이다.

악양루 주위에는 이밖에도 옛 유적지와 새로 조성한 볼거리가 무척 많지만 제한된 시간으로는 모두 볼 수 없어서 아쉬움을 남기고 떠날 수밖에 없었다. 애초의 계획은 악양루 일대를 둘러보고 군산도(君山島)를 관람한 후 악양시에서 1박 하고, 그다음 날 내려오면서 굴자사(屈子祠),

두보 묘(杜甫墓)를 거쳐 장사시로 귀환할 예정이었다. 하지만 폭우로 도로 사정이 여의치 않을 뿐만 아니라 군산도에 들어갈 수 없다는 연락을 받고 부득이 일정을 변경하지 않을 수 없었다. 그래서 악양에서 굴자사로 갔다가 장사로 귀환하고 그 이튿날 두보 묘를 보기로 했다.

악양루주

악양루주(岳陽樓酒)는 호남악양루주업유한공사(湖南岳陽
樓酒業有限公司) 제품으로 공사의 전신은 1953년에 설립된
악양시 양주총창(岳陽市釀酒總廠)이다. 악양시 양주총창의
설립자는 동정호변의 백학산(白鶴山) 여선정(呂仙亭)에 양조
장을 세운 후 북쪽으로 산서성(山西省, 산시성) 행화촌에 가
서 분주(汾酒)의 풍미를 탐구하고 여러 차례 서쪽의 사천성
(四川省, 쓰촨성)으로 가서 오량액(五糧液) 발효교(醱酵窖)의
미생물을 얻어와 연구를 거듭한 끝에 악양대국(岳陽大麴),
악양소국(岳陽小麴), 여선취(呂仙醉) 등의 백주를 생산하기
시작했다. '여선(呂仙)'은 신선 여동빈(呂洞賓)을 가리킨다.

이중 악양소국은 미향형(米香型)으로 1963년 이래
호남성 우수상품으로 선정되었고 1984년에 경공업
부 주류대회에서 은상을 받았으며 1988년에는 제1회
중국 식품박람회에서 금상을 획득했다. 그리고 농향
형(濃香型) 백주인 여선취도 1986년, 1989년, 1991년,
1993년에 호남성 우수상품에 선정되었다. 또한 이 공
사에서 오래전부터 생산하는 배제주(配制酒)인 귀사
주(龜蛇酒)는 제1회 중국 식품박람회와 전국 보건식
품대회에서 금상을 받았다. 이와 함께 1986년부터는

맥주도 생산하기 시작했다.

2006년에 절강성의 기업가 동문의(董文義, 둥원이)가 투자하여 공사를 대대적으로 확장, 개편하고 현재의 명칭으로 개명했다. 새롭게 출발한 공사는 맥주 생산라인을 확충하고 '악양루' 상표의 농향형 백주를 다양하게 생산하고 있는데 재미있는 것은 이들 백주에 붙인 이름이다. '정통인화(政通人和)' '춘화경명(春和景明)'은 범중엄의 「악양루기」에 나오는 구절이고 '유의정연(柳毅情緣)' '애정도(愛情島)'는 군산도(君山島)와 관련이 있는 명칭이다. 이렇게 악양루주는 그 명칭이 악양루, 동정호, 군산도의 정취를 떠올리게 할 뿐만 아니라, 우리나라에는 잘 알려지지 않았지만 술의 품질 또한 수준급 이상이다.

악양루주를 얘기할 때 흔히 함께 거론되는 시가 있는데 여동빈의 시(이 책 201면 참조)와 이백의 다음과 같은 시이다.

군산(群山)을 깎아버리면 좋겠네
상수(湘水)가 평평하게 흘러가도록

파릉(巴陵)의 한없이 많은 술 마시고
동정호의 가을에 실컷 취해보리라

劃却群山好 平鋪湘水流
巴陵無限酒 醉殺洞庭秋

「족숙 형부시랑을 모시고 동정호에 노닐며 취한 후에 쓰다(陪侍郎叔遊洞庭醉後)」라는 시인데 이 시 3, 4구 "파릉무한주 취쇄동정추(巴陵無限酒 醉

殺洞庭秋)"의 구절로 악양루 술을 선전하고 있는 것이다. '파릉'은 악양의 옛 이름이다. 이 시가 이백의 걸작으로 일컬어지고 있기에 좀 더 자세히 살펴보도록 한다.

이 작품은 이백이 야랑(夜郎)으로 유배되어 가던 도중에 사면령을 받고 돌아와서 동정호 주변에 머물고 있던 어느 날, 형부시랑을 지낸 족숙(族叔, 같은 일가로서 아저씨뻘 되는 사람) 이엽(李曄)이 영남지방으로 좌천되어 가던 중 이곳에 들렀을 때 함께 동정호에서 뱃놀이를 하면서 쓴 시이다.

술에 취해 배 위에서 바라보는 이백의 눈에는 군산이 동정호의 광활한 풍광을 가로막는 장애물로 보였다. 그래서 "깎아버리면 좋겠다"고 한 것이다. 실제로 깎아버릴 수 없는 군산을 깎아버리겠다고 한 이 낭만적 상상력을 촉발한 이면에는 자신의 이상을 가로막는 현실에 대한 울분이 자리하고 있다. 훌륭한 재능을 지니고도 쓰이지 못하게 하는 현실의 부조리한 장애물을 군산에 투영한 것이다. 이것은 비슷한 시기에 쓴 「강하에서 남릉 현령 위빙에게 주다(江夏贈韋南陵冰)」에서 "내 장차 그대 위해 황학루를 부숴버릴 테니/그대 또한 나를 위해 앵무주를 엎어버리게(我且爲君搥碎黃鶴樓 君亦爲吾倒却鸚鵡洲)"라고 말한 것과 같은 발상이다.

"파릉의 한없이 많은 술"은 두 가지로 해석할 수 있다. 문자 그대로 파릉 즉 악양에서 생산되는 많은 술이라는 뜻으로 해석할 수도 있고, 당시 술에 취한 이백의 눈앞에 펼쳐진 동정호의 물결을 술에 비유했다고 해석할 수도 있다. 취한 이백의 눈에는 순간적으로 동정호의 물이 술로 보인 것이다. 넘실대는 동정호의 물만큼 많은 술을 마시고 울분을 달래보려는 심사이다. 군산을 깎아버리겠다는 환상적이고 낭만적인 1,2구의 연장선상에서 본다면 후자의 해석이 더 설득력이 있다.

그런데 악양루주를 생산하는 공사에서는 전자로 해석하여 '이백도 악양의 술을 실컷 마시고 취하고 싶어 했으니 악양의 술이 좋은 술이다'라고 선전하고 있다. 그러나 이백이 악양의 술을 특히 좋아해서 그렇게 말한 것은 아닐 것이다. 당시 그의 처지로 보아 악양이 아닌 다른 지방에 있었더라도 그곳의 술을 실컷 마셨을 것이다. 하지만 꼭 사실과 부합하지 않더라도 술에 아름다운 시구(詩句)를 결부시켜 광고하는 것은 낭만적으로 보인다.

동정호 안의
'사랑의 섬' 군산

'하얀 은쟁반에 한 마리 푸른 소라'

폭우 때문에 이번 기행에는 가보지 못했으나 군산(君山)을 소개하기로 한다. 군산은 너비 800리에 달하는 동정호 안의 조그마한 섬이다. 이 섬에 들어가는 방법은 악양루 앞에서 배를 타고 가는 방법과 육로로 가는 방법의 두 가지가 있다. 섬이기 때문에 원래는 배를 타고 가는 길밖에 없었는데, 세월이 흐르는 동안 동정호 수량이 줄어들어 지금은 한쪽 부분이 육로와 연결된 것이다. 여름철에 비가 많이 내려 동정호 수위가 높아지면 육로는 차단되고 겨울철 갈수기에 수위가 낮아지면 수로가 차단된다. 나는 2012년에는 배를 타고 갔고 2015년에는 육로로 들어갔다. 배를 타면 악양루 앞에서 약 25분가량 소요된다.

군산은 넓은 동정호 안의 조그마한 섬이지만 수목이 울창하고 풍광이

218

위에서 바라본 군산　동정호 안의 조그마한 섬으로 수목이 울창하고 풍광이 수려하다. 당나라 시인 유우석은
군산을 '하얀 은쟁반에 한 마리 푸른 소라'에 비유했다.

수려할 뿐만 아니라 갖가지 신화와 전설이 서려 있어 자고로 수많은 시
인 묵객들이 자주 찾는 곳이었다. 또한 중국 10대 명차의 하나인 군산은
침(君山銀針, 237~39면 참조)의 생산지이기도 하다. 옛날엔 배를 타고 가야
만 했을 터인데 풍랑이 거세어 접근하기 어려웠기 때문에 이 섬과 인연
이 있는 사람만 들어갈 수 있다고 해서 '유연산(有緣山)'이란 별칭도 가
지고 있다. 그래서 옛날 이곳에 '유연사(有緣寺)' '다연사(多緣寺)'란 이름
의 절이 있었다고 한다. 당나라 시인 유우석(劉禹錫)은 일찍이 이런 시를
남겼다.

물빛과 가을달이 서로 잘 어울려
수면에 바람 없어 닦지 않은 거울인 듯

동정호를 멀리 보니 산과 물이 푸르러
하얀 은쟁반에 한 마리 푸른 소라

湖光秋月兩相和　潭面無風鏡未磨
遙望洞庭山水翠　白銀盤裏一靑螺

「망동정(望洞庭)」 즉 '동정호를 바라보다'라는 제목의 시인데 동정호
와 군산을 묘사한 뛰어난 작품으로 평가되어 "하얀 은쟁반에 한 마리 푸
른 소라"라는 시구는 군산을 소개하는 각종 책자에 홍보 문구로 쓰였다.

동정호에 몸을 던진 두 왕비

현재 군산은 '사랑의 섬'으로 불린다. 이렇게 불리게 된 것은 슬프고
아름다운 두 개의 사랑의 전설이 전하기 때문이다. 그 첫번째 이야기가
상비(湘妃) 전설이다. 고대 중국의 전설적인 제왕 요(堯)임금은 만년에
두 딸 아황(娥皇)과 여영(女英)을 순(舜)에게 시집보내고 58세에 죽었다.
순은 61세에 제위에 올라 천하를 다스리다가 100세 때 끊임없이 반란을
일으키는 삼묘족(三苗族)을 정벌하기 위하여 남쪽으로 순행하던 중 창오

군산 반죽 대나무에 붉은 반점(斑點)이 있어 반죽(斑竹)이라 부른다. 군산에서만 자라는 보호수로 다른 곳에 옮겨 심으면 반점이 없어진다고 한다.

(蒼梧)의 들판에서 붕어하고 구의산(九嶷山)에 장사지냈다.

　한편 오래되어도 순임금이 돌아오지 않자 아황과 여영은 순임금을 찾아 남쪽으로 떠났다. 두 사람이 군산에 이르렀을 때 순임금이 붕어했다는 소식을 듣고 사흘 밤낮을 통곡하다가 동정호에 투신했다. 사람들은 이들을 상수(湘水)의 신으로 모시고 상비(湘妃) 또는 상군(湘君)이라 불렀다. 여기서 군산(君山)이란 명칭이 나왔다. 즉 섬의 원래 이름은 동정산이었는데 두 비가 죽은 후 '상군(湘君)'의 글자를 따서 '상산(湘山)'으로 부르다가 후에 '군산(君山)'으로 고쳐 불렀다고 한다.

　아황과 여영이 사흘 밤낮을 울었을 때 눈물이 마르고 눈에서 핏물이 나왔는데 이 핏물이 주위의 대나무에 튀겨 줄기에 붉은 반점이 얼룩졌다고 한다. 이것이 반죽(斑竹)이다. 일명 상비죽(湘妃竹)이라고도 하는 이 대나무는 이곳 군산과 순임금이 묻힌 구의산에서만 자라고 다른 곳에 옮겨 심으면 반점이 없어진다고 한다. 그래서 이곳의 반죽림은 보호수로 지정되어 있다. 이 슬픈 사랑의 이야기를 두고 후세의 시인들이 무수한 시를 남겼다. 몇 수만 소개한다.

남으로 간 순임금 돌아오지 않으니
물과 구름 사이, 두 왕비의 깊은 원한

당시에 피눈물 얼마나 흘렸던가
지금까지 대나무엔 얼룩이 졌네

虞帝南巡去不還　二妃幽怨水雲間
當時血淚知多少　直到而今竹尙斑

— 고변(高騈) 「상포곡(湘浦曲)」

피가 묻어 얼룩진 아름다운 무늬에
그 옛날 남긴 한이 지금도 있어

상비(湘妃)가 흐느낀 걸 분명히 알겠거니
어찌 차마 눈물 흔적에 누울 수 있으랴

血染斑斑成錦紋 昔年遺恨至今存

分明知是湘妃泣 何忍將身臥淚痕

―― 두목(杜牧)「반죽 대자리(斑竹筒簟)」

우리나라의 경우도 예외가 아니어서 이제신(李濟臣, 1536~1583)의 『청
강시화(淸江詩話)』에 이런 대목이 있다. 용재(容齋) 이행(李荇, 1478~1534)
이 젊었을 때, 어떤 재상의 집에서 반죽을 그린 족자를 꺼내놓고 그 자리
에 모인 여러 대가(大家)들에게 화제(畵題)를 지어달라고 요청한 적이 있
다. 내로라하는 대가들이 시를 짓지 못해 쩔쩔매는 걸 보고 용재가 먼저
시 한 수를 지었다.

쓸쓸한 상강(湘江) 언덕

소슬한 반죽 숲

이 사이에 그림으로 얻을 수 없는 것은

당일의 두 왕비 마음일레라

淅瀝湘江岸 蕭蕭斑竹林

這間難畵得 當日二妃心

무명의 젊은이가 지은 시이지만 모인 사람들이 모두 감탄하고 이 시
를 족자에 화제로 써넣었다고 한다.

상비사 입구의 패방 패방에 쓰인 '하이덕형(遐邇德馨)'은 '먼 곳과 가까운 곳에 상비의 덕이 향기롭다'는 뜻이다. 상비는 아황과 여영을 말한다.

아황과 여영의 사당 상비사

상비사(湘妃祠)는 아황과 여영을 모신 사당이다. 사당은 전국시대 말기에 세워졌을 것으로 추정되는데 진시황 28년(기원전 219년)에 소실된 이후 흥폐를 거듭하다가 지금의 건물은 1986년에 중건된 것이다. 처음의 명칭은 상산사(湘山祠)였으나 당나라 이후 상비사로 불렸다고 한다.

사당 입구에는 '하이덕형(遐邇德馨)'이라 쓰인 패방이 있다. '먼 곳과 가까운 곳에 상비의 덕이 향기롭다'는 뜻이다. 패방을 지나 계단을 올라가면 붉은 벽의 상비사가 나타난다. 문 위에는 세로로 '상비사(湘妃祠)'

상비사 순임금의 딸 아황과 여영을 모신 사당으로 대문에 강남제일사(江南第一祠)라 쓰여 있다.

라 쓰여 있고 그 밑에는 가로로 '강남제일사(江南第一祠)'라 쓰여 있다. 안으로 들어가면 청나라 때 호광총독(湖廣總督) 장지동(張之洞, 1837~1909)이 찬한 400자의 장련(長聯)이 걸려 있다. 사람들은 이를 '천하 제2장련'이라 하는데 천하 제1장련은 운남성(雲南省) 곤명(昆明, 쿤밍)의 전지(滇池, 운남성 최대의 호수)에 있는 대관루(大觀樓) 장련으로 청나라 손염옹(孫髥翁, 1685~1774)이 지었고 글자 수는 180자이다. 글자 수는 대관루 장련보다 상비사 장련이 더 많은데 대관루 장련을 제1로 치는 것은 장련의 등급이 글자 수가 아니라 내용과 글솜씨에 의해서 결정되기 때문이다.

더 안쪽으로 '유구필응(有求必應, 구하면 반드시 응답한다)'이라 쓰인 커다란 편액이 달린 건물 안으로 들어가면 정면에 두 비(妃)의 그림이 걸려 있다. 파도치는 물결 위에서 손에 영지(靈芝)를 들고 마치 춤을 추는 듯한 신선의 모습인데 왼쪽 상단에 '상군 상부인(湘君 湘夫人)'이란 글씨가 보인다. 아황을 상군으로 여영을 상부인으로 칭한 것이다. 그림 앞에는 향로가 놓여 있고 '화하조비아황여영지신위(華夏祖妣娥皇女英之神位)'라 쓰인 위패가 있다. 이 건물이 두 비의 사당인 셈이다. 그림 위쪽에는 이백의 시를 중국 서법가협회 부주석 이탁(李鐸)이 초서로 쓴 편액이 걸려 있다. 이백의 시는 이렇다.

바라보니 동정호 서쪽에 초강(楚江)이 나뉘어 흐르고
물이 끝난 남쪽 하늘엔 구름도 보이지 않네

해 저문 장사엔 가을빛이 아득하니
모르겠네, 어디서 상군(湘君)을 조문할지

洞庭西望楚江分　水盡南天不見雲
日落長沙秋色遠　不知何處弔湘君

「족숙 형부시랑 이엽과 중서사인 가지를 모시고 동정호에서 노닐다(陪族叔刑部侍郎曄及中書賈舍人至游洞庭五首)」라는 긴 제목의 연작시 5수 중의 제1수이다. 이 시는 이백이 759년(59세) 봄에 귀주성의 야랑(夜郎)으로 유배되어 가던 도중에 사면령을 받고 돌아와 악양에 머무는 동안 지은

226

상비사 내부 '유구필응(有求必應)' 편액이 걸린 건물의 내부다. 아황과 여영의 모습을 그린 그림 위에 동정호와 상비를 노래한 이백의 시 편액이 걸려 있다.

작품이다. 제1구의 '초강'은 장강(長江)인데 두 갈래로 나뉘어 동정호로 흘러든다. 동정호와 군산의 상비를 노래한 이 시는 이백의 명성에 힘입어 더욱 유명해져서 육로로 들어오는 군산 입구 광장에도 이 시의 제5수가 바위에 새겨져 있다.

황제의 딸이 상강으로 가버리고 돌아오지 않으니
동정호 가에는 부질없이 가을 풀만 남아 있네

맑은 호수 쓸어내어 옥 같은 거울 열리니

물감으로 그려낸 군산이로다

帝子瀟湘去不還　空餘秋草洞庭間
淡掃明湖開玉鏡　丹靑畵出是君山

　커다란 바위에 이 시의 마지막 구절 '단청화출시군산(丹靑畵出是君山,
물감으로 그려낸 군산)'을 제목처럼 가로로 크게 써놓고 그 밑에 작은 글씨
로 시를 세로로 새겼다. 그리고 그 앞에는 앉아서 고개를 치켜들고 하늘
을 우러러보는 이백의 소상이 있다. 광장에는 또 앞서 소개한 유우석의
시「망동정」을 같은 방식으로 새긴 바위가 있다. 여기의 표제는 '백은반

이백 시비　물감으로 그려낸 군산(丹靑畵出是君山)

리일청라(白銀盤裏一靑螺, 하얀 은쟁반에 한 마리 푸른 소라)'이다. 이렇듯 '물 감으로 그려낸 군산'(이백)과 '하얀 은쟁반에 한 마리 푸른 소라'(유우석)라는 시 구절은 군산을 표현하는 얼굴이 되었다.

다시 상비사 이야기로 돌아간다. 상비사 제일 안쪽 조금 높은 곳에 '연덕후(淵德侯)' 편액이 걸린 건물이 정전(正殿)이다. 정전의 이름은 아황과 여영이 죽은 후 천제(天帝)가 이들을 연덕후에 봉(封)했다는 데에서 유래한다. 안에는 이비(二妃)의 소상이 있고 주위에 네 명의 시녀가 모시고 있다. 전하는 말에 의하면, 처음 소상을 안치했을 때의 이비는 미소를 띤 모습이었는데 몇 년 후에는 쓸쓸한 표정으로 바뀌었다고 한다.

상비사에서 멀지 않은 곳에 이비 묘(二妃墓)가 있다. 전설대로 두 비

유우석 시비 하얀 은쟁반에 한 마리 푸른 소라(白銀盤裏一靑螺)

상비사 정전 '연덕후(淵德候)' 편액이 걸린 상비사 정전의 내부로 이비(二妃)의 소상이 있다.

(妃)가 호수에 몸을 던져 죽은 후 상수의 신이 되었다면 이곳에 무덤이 있을 리 없지만 언제부터인가 사람들은 여기에 묘지를 조성하고 참배해 왔던 것 같다. 물론 오랜 세월에 걸쳐 흥폐를 거듭했을 터인데 지금의 무덤은 1881년 호광총독 장지동이 중수한 것이다. 묘비에는 '우제이비지묘(虞帝二妃之墓)'라 쓰여 있다. '우제(虞帝)'는 순임금을 말한다. 요임금의 성(姓)이 당(唐)이고 순임금의 성이 우(虞)이기 때문에 요순을 '당우(唐虞)'라 부르기도 한다. 무덤 앞에는 '제상비문(祭湘妃文)'과 '제이비기사(祭二妃紀事)'를 새긴 두 개의 비석이 서 있다. 그리고 묘 20미터 전방에 있는 두 개의 돌기둥〔石柱〕에 1918년 서소량(舒紹亮, 수사오량)이 찬한 대련을 새겨놓았다.

君妃二魄芳千古 (군비이백방천고)

山竹諸斑淚一人 (산죽제반루일인)

두 비의 혼백은 천고에 향기롭고

대나무는 모두 얼룩져 한 사람 위해 울었도다

유의와 용녀의 사랑 이야기

군산을 '사랑의 섬'으로 부르게 된 하나의 근거가 앞에서 말한 상비(湘妃)의 전설이고 또 하나의 근거는 유의(柳毅)와 용녀(龍女)의 사랑 이야기이다. 유의와 용녀에 관해서는 수많은 전설이 있지만 당나라 이조위(李朝威)가 쓴 전기소설 「유의전(柳毅傳)」이 널리 알려졌기에 그 내용을 간추려 소개한다.

유의가 과거에 낙방하고 귀향하던 길에 양을 치는 여인을 발견한다. 여인의 얼굴에 수심이 서려 있어 그 까닭을 물었더니 여인이 그 사연을 말했다. 자기는 동정호 용왕의 딸인데 경천(涇川) 수신(水神)의 둘째 아들에게 출가했으나 남편의 학대와 시부모의 구박으로 쫓겨나 양을 기르는 처지가 되었다는 것이다. 여인은 아버지 용왕에게 자신의 편지를 전해 줄 것을 부탁하면서 용궁으로 들어가는 방법도 가르쳐주었다. 즉 동정호 남쪽의 큰 귤나무를 세 번 두드리면 사람이 나타나 용궁으로 인도할

것이라 했다. 여인의 지시에 따라 용궁에 도착한 유의는 용왕의 극진한 대접을 받는다.

한편 용왕의 동생 전당군(錢塘君)은 육지로 나가 전투 끝에 여인을 데리고 와서 유의에게 그 여인을 아내로 맞으라고 했지만 '자신은 곤경에 처한 여인을 구하려던 것이지 보답을 받기 위함이 아니었다'라 말하고 정중히 거절한다. 유의는 용왕

유의정 유의가 용녀의 편지를 가지고 용궁으로 들어간 입구다. 뒤편의 건물은 전서정이다.

으로부터 많은 보물을 받고 귀가하여 큰 부자가 된다. 그후 유의는 장씨, 한씨와 결혼했으나 상처하고 중매쟁이의 소개로 어부의 딸인 노씨와 재혼하여 아들을 낳는다. 노씨는 아들을 낳은 후 자신이 용왕의 딸임을 고백하고 용의 수명 1만 년을 5천 년씩 유의와 나누어 가지기로 했다. 두 사람은 다시 용궁으로 돌아갔고 용왕은 유의를 동정왕(洞庭王)으로 봉했다.

유의가 여인의 편지를 가지고 용궁으로 들어간 입구가 유의정(柳毅井)이다. 이 우물이 언제 만들어졌는지 모르지만 현재의 우물은 1979년에

중수한 것이다. 일명 귤정(橘井)이라고도 한다. 우물 뒤에 전서정(傳書亭)이 있는데 문자 그대로 유의가 '편지를 전한 것'을 기념하여 지은 정자이다. 두 개의 정자 지붕이 맞닿아 있는 묘한 구조의 전서정은 떨어질 수 없는 유의와 용녀의 사랑을 나타낸 것이라 한다. 유의정 앞에는 늙은 귤나무가 있고 왼쪽에는 유의와 용녀의 석상이 서 있다. 용녀 석상 뒤에는 양(羊)도 만들어놓았다.

동정묘(洞庭廟)는 동정왕이 된 유의를 모신 사당이다. 그런데 사당 안 동정왕 소상의 얼굴이 검은색이다. 이 검은 얼굴의 동정왕을 '흑검대왕(黑臉大王)'이라 부르는데 여기에 다음과 같은 전설이 있다. 유의는 본래 백면서생이었다. 선비의 유약한 모습으로는 용궁의 장수와 군졸을 통솔하기 어렵다고 판단한 용왕은 동생 전당군에게 명하여 검은색의 흉측한 가면을 만들게 하여 유의에게 씌운다. 이 가면이 효과가 있어 모든 장수와 군졸이 그에게 복종했다. 단 낮에는 가면을 쓰고 밤에 귀가한 후에는 벗어야 하는 규칙이 있었다. 그런데 어느 날 저녁 집에 돌아와서 가면 벗는 것을 잊어서 그는 영원히 가면과 같은 검은 얼굴이 되었다고 한다.

유의와 용녀, 아황과 여영의 전설이 얽혀 군산을 '사랑의 섬'으로 부르거니와 이에 걸맞게 최근에는 '군산 애정원(君山愛情園)'을 따로 조성해놓았다. 이 안에 '월노궁(月老宮)'이 있는데 '월노'는 남녀의 인연을 맺어주는 신(神) 월하노인(月下老人)을 가리킨다. 앞뜰에는 거대한 동심쇄(同心鎖)가 놓여 있다. 동심쇄는 연심쇄(連心鎖)라고도 하는 자물쇠로 경치 좋은 유람지에서 흔히 볼 수 있는데, 연인들이 자물쇠를 잠근 후 열쇠를 버려 영원히 열 수 없도록 하고 기념으로 남겨둔다. 영원히 열 수 없

동심쇄　사랑을 상징하는 자물쇠다. 아래에 '아주제일동심쇄(亞洲第一同心鎖)'
라 쓰여 있다.

는 이 자물쇠처럼 두 사람의 사랑도 영원하기를 염원한 것이다. 또 애정
원 앞에 호수를 만들어 동심호(同心湖)라 이름 붙이고 호수 위의 다리는
유연교(有緣橋)라 명명하여 이래저래 '사랑의 섬'임을 강조하고 있다.

충의의 섬에 저절로 울리는 종소리

군산도는 사랑의 섬일 뿐만 아니라 '충의(忠義)의 섬'이기도 하다. 양요채(楊么寨), 비래종(飛來鍾) 등의 유적이 이를 말해준다. 송나라는 여진족의 침입으로 1127년 남쪽으로 쫓겨나 고종이 남송(南宋)을 세우고 1129년에는 항주에 도읍을 정했다. 남송 정부는 중원을 회복할 생각은 않고 사치와 향락에 빠져 가렴주구를 일삼았다. 이에 도탄에 허덕이던 백성들이 호남의 동정호 부근에서 1130년에 대규모 농민반란을 일으켰다. 이때의 남송 정권의 사치와 타락상은 임승(林升, 1123~1189)의 유명한 시 「제임안저(題臨安邸, 임안의 저택)」에 잘 나타나 있다. 임안은 곧 항주이다.

산 밖에 청산이요 누각 밖에 누각인데
서호(西湖)의 가무는 언제나 끝나려나

山外青山樓外樓 西湖歌舞幾時休

1130년의 농민반란을 주도한 인물은 종상(鍾相)과 양요(楊么)였는데 그 숫자가 한때는 20만 명에 달했다고 한다. 황제가 파견한 군대에 의해 종상이 죽은 후 양요는 만여 명의 군사를 이끌고 이곳 군산에 요새를 짓고 항전을 계속하다가 결국은 악비(岳飛)가 이끄는 관군에 진압되었다.

임승의 시 제1구의 '樓外樓'를 옥호(屋號)로 삼은 유명한 음식점이 지금 항주의 서호(西湖) 가에 있다. 1848년에 창립된 이 음식점은, 신중국 성립 전에는 여기에 오창석(吳昌碩), 손문(孫文, 쑨원), 노신(魯迅, 루쉰) 등이 다녀갔고 신중국 성립 후에는 주은래(周恩來) 총리를 비롯하여 진의(陳毅, 천이, 정치가), 하룡(賀龍, 허룽, 정치가), 조박초(趙朴初, 자오푸추, 서예가) 등 명사들이 드나들던 유명한 음식점이다. 주은래 총리는 아홉 차례나 이곳을 찾았다고 한다.

비래종 농민들이 모금해서 만든 종으로, 적군이 접근하면 저절로 울렸다고 한다.

비래종은 이곳의 농민들이 모금을 해서 만든 종으로 신기하게도 적군이 접근하면 저절로 울렸다고 해서 신선의 도움으로 '하늘 밖에서 날아왔다(天外飛來)'는 뜻으로 비래종으로 불렸다 한다. 이 종은 문화대혁명 때 파괴된 것을 1979년에 복제한 것이다. 종에는 농민군의 구호인 '등귀천 균빈부(等貴賤 均貧富, 귀하고 천함을 동등하게 하고 가난함과 부유함을 균등하게 한다)'라는 여섯 글자가 새겨져 있다. 지금 군산에는 양요의 산채인 양요채를 새로 지어서 그를 기념하고 있으며 그가 지휘하던 점장대(点將臺) 터도 남아 있다.

이밖에도 군산에는 여동빈이 시를 읊었다는 낭음정(朗吟亭)을 비롯해서 여러 가지 전설을 담은 수많은 누(樓), 정(亭), 대(臺)가 있다.

군산은침

군산은침(群山銀針)은 동정호 안의 섬 군산
도(君山島)에서 생산되는 황차(黃茶) 계열의
경발효차(輕醱酵茶)로 중국 특유의 차이다. 제
조방법은 녹차와 비슷하지만 불발효차인 녹
차와 달리 민황(悶黃) 또는 민퇴(悶堆)라는 과
정이 추가된다. 이 과정은 살청(殺靑, 덖는 과
정)을 한 찻잎을 종이에 싸서 상자에 넣어두어 누렇게 될 때까지 천천히
가볍게 발효시키는 공정이다. 이것이 군산은침을 비롯한 황차 특유의 탕
색(湯色)과 향을 만들어내는 결정적 과정이다. 녹차를 살청할 때 부채질
을 해서 습열(濕熱, 습한 열기)을 제거해주지 않으면 찻잎이 누렇게 변하는
데 녹차로서는 실패한 것이다. 찻잎이 누렇게 변한다는 것은 습열로 인
하여 발효가 진행된다는 징후이다. 불발효차인 녹차로서는 바람직하지
않은 현상이다. 그러므로 녹차는 여러 번 살청하여 습기를 완전히 제거
한 다음에 비비고 건조하여 제품을 완성한다.(녹차의 제조과정에 대해서는
『중국 인문 기행』 1권 150면 이하 참조)

'적절한 습열 조건' 아래에서 '적절한 정도로 발효'시킨 것이 황차이
다. 그러므로 황차는 녹차의 제조과정에서 발견한 우연의 결과이다. 황
차의 종류에 따라 제조방법에 약간의 차이가 있는데 군산은침의 경우는
다음과 같다. 청명 전후 7일에서 10일간 채취한 찻잎을 먼저 살청한 후

50~60도 정도의 불에 20분에서 30분가량 볶는다. 그런 후에 우피지(牛皮紙, 크라프트지)에 싸서 40시간에서 48시간가량 놓아두는데 이 과정이 1차 민황으로 이때 약간의 발효가 일어난다. 이것을 50도의 불에 1시간가량 볶은 후에 다시 우피지에 싸서 20시간가량 거친다. 이것이 2차 민황이다. 2차 민황이 끝나면 건조하여 제품을 완성한다. 이렇게 군산은침은 찻잎을 볶고 민황 하여 제품을 완성하기까지 총 72시간이 소요되는 복잡한 과정을 거친다.

찻잎을 이렇게 가볍게 발효시킴으로써 녹차의 쓰고 떫은맛을 없애줄 뿐만 아니라 녹차가 가지지 못한 황차 특유의 향과 맛을 창출한다. 그리고 일반적으로 황차는 유념(揉捻, 비비는 과정)을 하지 않거나 경미하게 하기 때문에 우려낼 때 다즙(茶汁)의 침출이 더디다. 유념은 찻잎을 비벼서 찻잎의 조직을 파괴함으로써 다즙을 찻잎 표면에 부착시키기 위한 과정인데 이렇게 해야 찻잎에 뜨거운 물을 부으면 차를 쉽게 우려낼 수 있다. 따라서 유념을 거치지 않은 군산은침은 섭씨 100도의 물에 7,8분 우려내야 한다. 80도 정도의 물에 3,4분 우리는 녹차와는 다르다.

군산은침은 당나라 때는 황령차(黃翎茶)로, 송나라 때는 백학차(白鶴茶)로, 청나라 때는 기창차(旗槍茶)로 불리다가 1957년에 지금의 군산은침으로 명칭이 고정되었다. 이 차는 당나라 문성공주(文成公主)가 화친을 위해 티베트로 시집갈 때 가지고 갔던 차로 유명하다.

군산은침은 독특한 탕색과 향으로 유명하지만 이보다 더욱 유명한 것은 '다무(茶舞, 차의 춤)'이다. 유리잔에 찻잎을 넣고 뜨거운 물을 부으면 찻잎이 위로 떠올라 수직으로 서 있다가 천천히 밑으로 가라앉는 장면을 볼 수 있다. 다시 뜨거운 물을 부으면 이 과정을 세 번 반복한다. 찻잎이 춤을 춘다고 해서 이를 '다무(茶舞)'라 한다. 찻잎이 수직으로 떠 있는 모

양을 '설화하추(雪花下墜, 눈꽃이 아래로 떨어지다)'라 하
고, 밑에 가라앉은 모양을 '선순출토(鮮筍出土, 새 죽순이
땅에서 나다)' '도검임립(刀劍林立, 칼이 숲처럼 서 있다)'이
라 하여 좋은 구경거리로 삼는다. 그래서 '군산 도무차
(跳舞茶, 춤추는 차)를 맛보지 않으면 중국의 차문화를 알
지 못한다'는 말이 생겼다. 그러나 군산은침을 춤추게
하려면 고도의 기술이 필요하다. 그냥 뜨거운 물을 붓
는다고 차가 춤을 추는 것은 아니다.

다무(茶舞)

 '차를 품평하는 것은 곧 고사(故事)를 품평하는 것이
다'라는 말이 있듯이 명차(名茶)에는 그에 따른 전설과 고사가 있게 마련
이다. 군산은침에도 무수한 고사가 있다. 순임금의 두 비(妃) 아황과 여영
이 심었다고도 하고 어떤 노승이 해외에서 여덟 그루의 묘목을 가지고 와
서 심었다고 하는 등의 전설이 많은데 다음과 같은 고사가 흥미를 끈다.
 아주 오래전에 군산에 장순(張順)이라는 착한 사람이 살았다. 어느 날
동정호 용왕의 아들이 잉어로 변하여 호수에서 노닐다가 어떤 어부에게
잡혔다. 마침 지나다가 이를 불쌍히 여긴 장순이 고가로 매입하여 집으
로 데리고 와서 상처를 치료해주고 동정호로 돌려보냈다. 그랬더니 잉어
가 사람으로 변하여 장순에게 감사의 표시로 한 알의 진주를 남겨주었
다. 장순이 진주를 어떻게 할지 망설이는데 하늘에서 한 마리 봉황이 진
주를 물고 달아났다. 장순이 따라가보니 봉황이 산속 바위틈에 진주를
떨어뜨렸다. 이듬해 봄에 바위틈에서 금빛 찬란한 차나무가 자랐다. 장
순이 이 차나무를 정성껏 길러서 '용린(龍鱗, 용의 비늘)'이라 이름했다. 이
차나무가 퍼져서 오늘의 군산은침이 되었다는 이야기다.

멱라강에 몸을 던진
우국시인 굴원

굴원과 새로운 문학 형식 '초사'
고결한 선비의 지조를 나타낸 「어부사」
굴원을 환생시킨 두보의 시
굴원의 사당 굴자사
굴원비림의 건물들
멱라산의 12개의 굴원 묘

우리는 악양시를 떠나 굴원(屈原)의 사당인 굴자사(屈子祠)로 향했다. 굴자사는 '굴원기념관'으로도 불리고 있다. 오늘이 월요일이라 휴관인데도 가이드의 도움으로 갈 수 있었다. '한국에서 굴원을 연구하는 저명한 역사학자들이 왔으니 꼭 관람하게 해달라'는 가이드의 요청에 관장이 특별히 허락한 것이다. 역시 노련한 가이드이다. 그런데 가는 길이 만만치 않았다. 굴자사가 멱라시(汨羅市, 미뤄시) 옥사산(玉笥山) 중턱의 외진 곳에 있는데다가 폭우로 곳곳에 길이 끊어져 어려움을 겪었다. 물론 가이드와 운전기사도 초행이었다. 가는 도중 가이드와 관장이 휴대폰으로 여러 차례 통화한 끝에 관장이 승용차를 타고 멀리까지 마중을 나와서 도착할 수 있었다. 젊은 관장의 배려가 고마웠다.

굴자사에서 내려다보이는 멱라강(汨羅江)엔 폭우로 강물이 엄청나게 불어나 있었다. 멱라강은 꽤 넓은 강인데 평소에는 수량이 줄어 강폭의

240

3분의 1가량에만 물이 흐르다가 며칠 사이 내린 폭우로 강이 범람해서 강둑의 나무들이 모두 물에 잠겨 있었다. 그래서 이 강에 투신하여 생을 마감한 굴원의 죽음이 우리 일행에게는 더욱 드라마틱하게 다가왔다. 모두들 멱라강을 사진에 담느라고 여념이 없었다.

굴원과 새로운 문학 형식 '초사'

굴원은 전국시대 초(楚)나라의 정치가이자 문학가였다. 그의 생몰년은 정확하지 않아 대개 기원전 343~339년경에 태어나 기원전 285~274년경에 죽은 것으로 추정하고 있다. 그는 왕족과 동성(同姓)인 귀족의 아들로 태어나 회왕(懷王)으로부터 학문과 문장을 인정받아서 26세 무렵에 이미 좌도(左徒)의 벼슬에 올랐다. 좌도는 승상 다음가는 높은 관직이다.

당시 국제관계는 초(楚), 진(秦), 제(齊) 삼국이 팽팽한 세력균형을 이루고 있었는데 초나라에는 친진파(親秦派)와 친제파(親齊派)가 대립하고 있었다. 양 파벌 간의 대립 속에서 친제파인 굴원은 한때 파직되기도 했으나 33세 무렵에는 다시 복귀하여 삼려대부(三閭大夫)에 임명되었다. 삼려대부는 종묘의 제사와 왕족인 굴(屈), 소(昭), 경(景)의 세 성씨 자제들의 교육을 담당하는 직책이다. 그러나 과감한 개혁정치를 주장한 그는 구 귀족들과의 갈등으로 한북(漢北)으로 추방되었다가 다시 복귀했지만 경양왕(頃襄王) 때 그를 모함하는 반대파들에 의해 강남으로 또 추방되었다.

이후 그는 강남땅에서 방랑하며 임금이 다시 불러주기를 기다렸으나 끝내 부름을 받지 못하고, 진나라 장수 백기(白起)가 초나라 수도 영(郢)을 함락시켰다는 소식을 듣고는 더이상 자신의 이상을 실현할 수 없음을 알고 5월 5일 몸에 돌을 매달고 멱라수(汨羅水)에 투신하고 말았다. 그의 나이 59세 무렵이었다.

굴원은 문학적 재능이 뛰어나 많은 작품을 남겼는데, 협의로는 그의 작품을 '초사(楚辭)'라 하고, 광의로는 굴원과 그의 제자 격인 송옥(宋玉)·경차(景差)를 비롯하여 한나라(漢)의 가의(賈誼)·동방삭(東方朔)·유향(劉向) 등의 작품을 묶어『초사』라 한다. 북방 황하유역의 현실주의 문학을 대표하는『시경』과 쌍벽을 이루는『초사』는 남방 양자강 중부에서 발생한 낭만주의 문학의 정화이다.『초사』는 신화와 전설을 중심으로 현실과 이상을 넘나들며 자유분방한 상상력을 구사한 문학으로 굴원이 그 효시라 할 수 있다. 굴원이 중국문학사에서 차지하는 비중이 그만큼 큰 것이다. 후대에『시경』의 전통을 계승한 시인은 두보(杜甫)이고,『초사』의 전통을 이어받은 이는 이백(李白)이라 할 수 있다.

고결한 선비의 지조를 나타낸「어부사」

굴원의 작품은 그동안 25편으로 알려졌으나 역대 학자들이 엄밀하게 고증한 결과 굴원이 직접 쓴 작품은「이소(離騷)」「천문(天問)」「구장(九章)」(9편) 등 11편이라고 한다. 그러나 이 역시 정확한 것은 아니다. 굴원의 행적에 대해서 완벽한 정보가 없는 상황이어서 작품의 진위 여부를 따지는 일이 어려울 수밖에 없다. 심지어 굴원의 실재 여부를 의심하는 학자도 있는 형편이다.

굴원의 대표작은 「이소」이다. '이소(離騷)'는 '수심에 젖는다'는 뜻이다. 총 2,490자로 이루어진 장편 「이소」에는 굴원의 자전적 일대기와 함께 그의 이상과 정의감, 초나라에 대한 우국애민의 정신이 다양한 비유와 상징적 수법으로 그려져 있어 「이소」는 중국 고대 남방문학의 최대 걸작으로 평가되고 있다.

「이소」는 분량이 너무 많고 또 난해한 작품이므로 여기서는 「어부사(漁父辭)」를 소개하기로 한다. 「어부사」는 여러 정황으로 보아 굴원의 작품이 아니라는 설이 지배적이다. 그러나 이 작품이 후대에 너무나 많이 알려졌고 또 진위 여부와 관계없이 굴원의 행적과 사상을 가장 집약적으로 표현하고 있기 때문에 결코 무시할 수 없는 작품이다. 「어부사」 전문을 소개한다.

굴원이 추방당하여 강변에서 노닐고 못가를 거닐며 시를 읊을 때 안색이 초췌하고 모습이 여위었다. 어부가 그를 보고 물었다. "그대는 삼려대부가 아닙니까? 무슨 까닭으로 여기에까지 이르렀습니까?" 굴원이 말했다. "온 세상이 모두 혼탁한데 나만 홀로 맑았고, 뭇사람이 모두 취했는데 나만 홀로 깨어 있어 이 때문에 추방을 당했소." 어부가 말했다. "성인은 사물에 막히거나 구애받지 않고 세상과 더불어 융통성 있게 변합니다. 세상 사람들이 모두 혼탁하거든 어찌하여 진흙을 휘저어 흙탕물을 튀기지 않았으며, 뭇사람들이 모두 취했거든 어찌하여 술지게미를 먹거나 찌꺼기 술까지 마시지 않고 무엇 때문에 깊이 생각하고 고상하게 행동하여 스스로 쫓겨나게 되었습니까?" 굴원이 말했다. "내가 들으니, 새로 머리를 감은 사람은 반드시 갓의 먼지를 털고, 새로 목욕한 사람은 반드시 옷을 턴다고 하는데 어찌하여 이 깨끗한 몸으로 세속의 더러움을 받을 수 있겠는가? 차라리 소상강 물속에 뛰어들어 물고기 배 속에 장사 지낼지언정 내 어찌 깨끗하고 하얀 이 몸으로 세속의 티끌을 뒤집어쓸 수 있겠는가?" 어부가 빙그레 웃고 뱃전을 두드리고 떠나면서 노래했다. "창랑(滄浪)의 물이 맑으면 내 갓끈을 씻고, 창랑의 물이 흐리면 내 발을 씻으리." 어부는 마침내 떠나고 다시는 더불어 말하지 않았다.

屈原旣放 游於江潭 行吟澤畔 顔色憔悴 形容枯槁 漁父見而問之曰 子非三閭大夫與 何故至於斯 屈原曰 擧世皆濁 我獨淸 衆人皆醉 我獨醒 是以見放 漁父曰 聖人不凝滯於物 而能與世推移 世人皆濁 何不淈其泥而揚其波 衆人皆醉 何不餔其糟而歠其醨 何故深思高擧 自令放爲 屈原曰 吾聞之 新沐者必彈冠 新浴者必振衣 安能以身之察察 受物之汶汶者乎 寧赴湘流 葬於江魚之腹中 安能以皓皓之白 而蒙世俗之塵埃乎 漁父莞爾而笑 鼓枻而去 乃歌曰 滄浪之水淸兮 可以濯吾纓 滄浪之水濁兮 可以濯吾足 遂去不復與言

이 작품은 가상의 어부와 굴원의 문답 형식으로 구성되어 있다. 여기

등장하는 어부는 고기를 잡는 단순한 어부가 아니고 혼탁한 현실을 벗어나 세속적 욕망을 버리고 사는 은자(隱者)이다. 중국은 물론이고 우리나라 고려시대의 「어부가」나 조선시대 이현보(李賢輔)의 「어부사」, 윤선도(尹善道)의 「어부사시사」에 나오는 어부도 실제 어부가 아니고 자연 속에서 풍류를 즐기는 사람들인데 모두 굴원의 「어부사」에 그 연원을 두고 있다. 굴원 이래로 어부가 '은자의 상징'이 된 것이다.

세상 이치를 꿰뚫고 있는 어부가 짐짓 굴원에게 '세상이 흐리면 흐린 대로 맑으면 맑은 대로 세상과 맞추어가면서 살아가라'고 충고하지만 굴원은 이를 단호히 거부하고 자신의 깨끗함을 끝까지 지키겠다고 선언한다. 이 글에서 어부가 굴원에게 충고한 "사물에 막히거나 구애받지 않고 세상과 더불어 융통성 있게 변한다(不凝滯於物 能與世推移)"는 말은 후세에 널리 인용되는 구절이다. 특히 '여세추이(與世推移)'는 현실과 적당히 타협해서 살아가는 태도를 지칭하는 사자성어로 굳어졌다. 그리고 "온 세상이 모두 혼탁한데 나만 홀로 맑았고 뭇사람이 모두 취했는데 나만 홀로 깨어 있다(擧世皆濁 我獨淸 衆人皆醉 我獨醒)"는 구절도 지조를 지키는 고결한 선비의 자세를 나타내는 슬로건이 되었다.

어부가 떠나면서 불렀다는 노래를 일명 '창랑가(滄浪歌)'라 하는데 이역시 굴원의 「어부사」 본뜻과는 상관없이 많은 사람들에 의해 인용되었다. 조선 중기 김종직(金宗直)의 제자인 김일손(金馹孫)은 "창랑의 물이 맑으면 내 갓끈을 씻으면 되고, 창랑의 물이 흐리면 내 발을 씻으면 된다(滄浪之水淸兮 可以濯吾纓 滄浪之水濁兮 可以濯吾足)"라는 창랑가의 문구를 따서 자신의 호를 '탁영(濯纓)'이라 했다. 창랑의 물이 맑다는 것은 세상이 맑다는 것인데 그는 갓끈을 씻어도 좋을 만큼 당시를 태평성대라 여긴 것이다. 그러나 그는 유자광(柳子光) 등이 일으킨 무오사화(戊午士禍)로 억울한 희생물이 되고 말았다.

굴원을 환생시킨 두보의 시

「어부사」를 포함한 굴원의 『초사』는 이후 중국문학의 모든 장르에 커다란 영향을 미쳐 『시경』이나 이백, 두보의 작품에 버금간다는 평가를 받고 있다. 그리고 그의 작품이 결코 유학사상에 기반을 둔 것이 아님에도 불구하고 그의 애국 충절로 인해서 후대 유가(儒家)들은 『초사』를 높이 평가하여 유학사상의 큰 봉우리인 주자(朱子)는 『초사집주(楚辭集註)』를 편찬하기까지 했다. 특히 그의 대표작인 「이소」를 「이소경(離騷經)」이라 하여 경전의 반열에 올리고 충신들의 교과서로 삼았다. 또한 뛰어난 재능을 지니고도 불우하게 살았던 후대의 시인들이 곧잘 굴원에 비유되기도 했다. 훗날 두보는 이백을 그리며 쓴 시에서 이백이 굴원을 만나 이야기하는 장면을 상상하기도 했다. 두 사람의 처지가 비슷하다고 생각했기 때문이다.

하늘 끝에 서늘한 가을바람 이는데
그대는 마음이 어떠하신지?

기러기는 어느 때나 오려나
강호엔 가을 물이 넘쳐나는데

문장은 좋은 운명 미워하고요
도깨비는 지나는 사람 좋아한다오

원통히 죽은 혼과 이야기하고
멱라수에 시를 던져 드렸겠지요

凉風起天末　君子意如何
鴻雁幾時到　江湖秋水多
文章憎命達　魑魅喜人過
應共冤魂語　投詩贈汨羅

「하늘 끝에서 이백을 그리다(天末憶李白)」라는 시로, 두보가 759년 감숙성(甘肅省) 진주(秦州)에서 쓴 작품이다. 이백과 두보는 744년 봄에 처음 만났는데 이백은 44세, 두보는 33세였다. 이후 두 사람은 친밀하게 교유하다가 이듬해 가을 산동에서 헤어진 이래 다시는 만나지 못했다. 헤어진 이후 두보는 이백을 그리는 많은 시를 썼는데 이 시도 그 중의 한 편이다. 이 시를 쓸 때 이백은 영왕(永王)의 난에 연루되어 귀주성(貴州省) 야랑(夜郎)으로 유배되어 가는 도중에 사면을 받고 동정호 근처에 머물고 있었다. 이 사실을 두보가 알고 있었는지의 여부는 모른다. 알고 있었다면 이백은 응당 동정호 근처의 멱라강을 찾았을 것이라 생각했고, 몰랐더라도 유배 가는 도중에 필시 멱라강을 지났을 것이라 상상하고 이 시를 쓴 것이다.

'문장이 좋은 운명을 미워한다'는 것은, 문재(文才)가 뛰어난 자는 운명이 험난하기 마련이라는 뜻이고, '도깨비가 지나는 사람을 좋아한다'는 것은, 선한 사람은 도깨비에 홀리듯 모함을 당하기 일쑤라는 뜻이다. 이것은 이백을 두고 한 말이지만 굴원에게도 해당하는 말이다. 그래서 두보는 상상한다. '멱라강에서 이백은 응당 "원통히 죽은 혼" 즉 굴원과 대화를 나누었겠지. 두 사람은 동병상련의 처지이니까. 그리고 시를 써서 굴원에게 드렸겠지.' 여기서 두보는 '시를 써서 굴원을 조문(弔問)한다'라 하지 않고 '굴원에게 드린다(贈)'고 말했다. 죽은 사람을 조문하는 것이 아니라 살아 있는 사람에게 '드린다'고 말함으로써 죽은 굴원을 환생시키고 있다. 굴원은 죽었지만 시인의 가슴속에는 아직도 살아 있는 우상이었던 것이다.

굴원이 죽은 날이 음력 5월 5일이기 때문에 중국의 남방지역 특히 대만(臺灣)에서는 이날을 '시인절(詩人節)'로 정하여 그의 애국 충절을 기리고 있다. 그리고 이날, 종려 잎에 찹쌀을 싼 '쭝쯔(粽子)'란 떡을 만들어 강물에 던지는 풍속이 있는데 이는 물고기가 쭝쯔를 먹고 굴원의 시체를 뜯지 말라는 뜻이라 한다. 또 이날 벌이는 용선(龍船) 경주도 사람들이 굴원의 시체를 찾기 위하여 배를 타고 강을 수색한 데에서 유래했다고 한다. 오늘날 쭝쯔는 단오절에 먹는 전통음식이 되었고 용선 경주는 지금도 행해지는 민간 풍속이다.

굴자사 초나라의 문인 굴원의 사당이다. 대문은 삼문식(三門式)이고, 벽에는 굴원이 멱라강변에서 어부들과 담소하는 장면, 멱라강에 투신하는 장면 등이 조각되어 있다.

굴원의 사당 굴자사

굴자사(屈子祠)는 굴원의 사당으로 굴원묘(屈原廟), 멱라묘(汨羅廟), 삼려사(三閭祠)라 불리기도 한다. 한(漢)나라 때 건립된 것으로 추정되는데 이후 여러 차례 허물어지고 다시 짓고 또 명칭도 여러 번 바뀌다가 1754년 현재의 옥사산으로 옮겨 삼려대부사(三閭大夫祠)로 개칭되었으며 1869년에 크게 중수하여 지금의 명칭인 굴자사로 확정되었다.

대문은 삼문식(三門式)으로 되어 있는데 벽에는 십수 폭의 조각상이 부조(浮彫)되어 있다. 제일 높고 큰 중앙 문 꼭대기에는 굴원이 멱라강변

「굴원열전」 목판과 '광쟁일월' 편액 사마천『사기』의 「굴원가생열전(屈原賈生列傳)」 중에서 굴원 부분을 새긴 목판이고, 광쟁일월(光爭日月)은 '해·달과 그 빛을 다툰다'는 뜻이다.

에서 어부들과 담소하는 장면이 조각되어 있고 그 밑의 '굴자사' 글자 오른쪽에는 굴원이 멱라강변에서 거닐며 시를 읊는 장면이, 왼쪽에는 멱라강에 투신하는 장면이 조각되어 있다. 이밖에도 벽에는 굴원의 일생을 그의 작품과 연관시켜 새겨놓은 조각들이 있다.

중앙 정문으로 들어가면 먼저 사마천의『사기(史記)』「굴원열전」 전문이 새겨진 거대한 목판이 보인다. 원래『사기』의 편명은 「굴원가생열전(屈原賈生列傳)」으로 굴원과 가의(賈誼)를 합전(合傳)한 것인데 그중 굴원 부분만 옮겨 새긴 것이다. 그 위에는 '광쟁일월(光爭日月)'이라 쓴 편액이 걸려 있다. '해·달과 그 빛을 다툰다'는 뜻이다. 그리고 청나라 곽숭도(郭

嵩燾)와 이원도(李元度)의 영련(楹聯, 기둥에 쓴 대련)이 보인다. 곽숭도의 대련을 산문적으로 풀면 이렇다.

「이소」는 경전이 될 만하여 우뚝하게 『시경』의 아송(雅頌)과 함께 전하고 『시경』을 산삭(刪削)한 공자의 뜻을 엄격히 계승했도다.

『시경』의 15국풍에는 원래 초풍(楚風)이 빠졌으나 원수(沅水)와 상수(湘水)에서 읊은 시편들이 이를 보충하여, 태사(太史)가 수레를 타고 풍요(風謠)를 채집하는 수고를 덜어주었도다.

「애영(哀郢)」은 고고(孤高)한 충성을 맹세한 것으로, 『시경』 삼백 편 중에서 유독 변아(變雅)를 근본으로 삼아 새로운 풍격을 개척했도다.

「회사(懷沙)」는 굴원이 이곳에서 투신한 것이라 2천 년이 지난 후에도 물결 소리가 옛날과 같도다

騷可爲經 倬然雅頌幷傳 儼向尼山承筆削

風原厥楚 補以沅湘諸什 不勞太史采輶軒

哀郢矢孤忠 三百篇中 獨宗變雅開新格

懷沙沈此地 兩千年後 唯有灘聲似舊時

이원도의 대련은 이렇다.

상관대부(上官大夫)는 저 어떤 자인가? 몇 집만 남기고서 충성스러운 신하들을 궁지에 몰아넣었으니

태사공(太史公)은 참된 지기(知己)로다, 천추의 정론(定論)으로 굴원을 해·달과 그 빛을 다투게 했으니

上官吏 彼何人 三戶僅存 忍使忠良殄瘁

太史公 眞知己 千秋定論 能敎日月爭光

'상관대부'는 굴원을 참소하여 추방당하게 한 인물이고 '태사공'은 사마천이다.

정문을 지나 더 안으로 들어가면 오래된 금계(金桂)가 심어져 있는 공간에 굴원의 초상화가 걸려 있고 그 옆에 미국 화교(華僑) 반력생(潘力生)이 쓴 '초혼삼호지(招魂三戶地) 가벽구가심(呵壁九歌心)'이란 대련이 있는데 이 열 글자만으로는 그 뜻을 알기 어렵다. 이것은 다음과 같은 대련을 줄인 것이다.

何處招魂 香草還生三戶地 (하처초혼 향초환생삼호지)

當年呵壁 湘流應識九歌心 (당년가벽 상류응식구가심)

어디에서 혼을 부를까? 세 집만 남은 땅에서 향초가 다시 나네

당년에 벽을 보고 하소연했으니 상수는 응당 구가(九歌)의 마음을 알리라

'초혼(招魂)'은 굴원의 작품명으로 진나라에서 죽은 회왕(懷王)의 혼을

252

굴원 화상 및 대련 굴원 초상화 좌우에 있는 대련 '초혼삼호지(招魂三戶地) 가벽구가심(呵壁九歌心)'은 미국 화교 반력생이 쓴 것으로, 굴원의 희망과 충성심 등을 나타낸 것이다.

부른다는 내용이고, '삼호(三戶)'는 『사기』 「항우본기(項羽本紀)」의 구절에서 따온 말이다. 「항우본기」에서 범증(范增)은 "초나라에 설사 세 집밖에 남아 있지 않다고 해도 진(秦)을 멸망시킬 나라는 반드시 초(楚)나라일 것이다(楚雖三戶 亡秦必楚)"라 했는데 이 말은 후대에 '비록 땅이 좁고 인구가 적더라도 비상한 각오로 떨쳐 일어나면 큰일을 도모할 수 있다'는 뜻으로 쓰였다. 그러므로 상련(上聯)의 의미는 '회왕의 혼을 부르면서, 비록 세 집밖에 남아 있지 않은 초나라지만 향초가 다시 나듯 진나라를 멸망시킬 수 있으리라는 굴원의 희망과 충성심을 나타낸 것'이다.

　'가벽(呵壁)'은 벽을 보고 하소연하고 꾸짖는다는 뜻으로 굴원의 작품

굴자사 정전 중앙에 '고초삼려대부굴원지신위(故楚三閭大夫屈原之神位)'라 쓴 위패가 놓여 있다. 위에 걸린 편액 '덕범천추(德範千穐)'는 '덕이 천추에 모범이 된다'는 뜻이다.

「천문(天問)」을 가리킨다. 굴원은 방축(放逐)된 후 상강 주위를 방랑하면서, 초나라 선왕을 모신 종묘와 공경대부들의 사당 벽에 그려진 천지신령과 기괴한 괴물들의 그림을 보고 우주만물과 정치현상의 불합리한 점에 대하여 하늘에 묻고 하소연한 내용을 벽에 써놓았다고 하는데 이 글이 곧 「천문」이다. 따라서 "당년에 벽을 보고 하소연했다"는 것은 그가 「천문」을 지었다는 뜻이다. '구가(九歌)' 역시 그의 작품명으로 상강(湘江) 주변 민족들의 종교무가(宗敎舞歌)이며 민간연가(民間戀歌)를 바탕으로 창작한 것이다. 그러므로 앞의 대련은 「초혼」 「천문」 「구가」 등의 작품을 열거하면서 굴원을 종합적으로 알리는 내용이라 할 수 있다.

이제 굴원의 사당 굴자사의 정전(正殿)이다. 중앙에 '고초삼려대부굴

굴원 입상 칼을 차고 수염을 휘날리며 멱라강의 파도를 밟고 있는 모습으로, 고개를 들고 우수에 잠긴 듯 먼 곳을 응시하고 있다.

원지신위(故楚三閭大夫屈原之神位)'라 쓴 위패가 놓여 있고 위의 편액에는 '덕범천추(德範千穐)'라 쓰여 있다. '덕이 천추에 모범이 된다'는 뜻인데 '穐'자는 '秋'의 고자(古字)이다. 더 뒤쪽에는 굴원의 입상(立像)이 놓여 있다. 수염을 휘날리며 칼을 차고 멱라강의 파도를 밟고 있는 모습인데 고개를 들고 먼 곳을 응시하는 표정이 우수에 잠긴 듯하다. 옆에는 곽말약이「이소」의 구절을 모아서 만든 대련이 걸려 있다.

集芙蓉以爲裳 又樹蕙之百畝 (집부용이위상 우수혜지백묘)

帥雲霓而來御 將往觀乎四荒 (솔운예이래어 장왕관호사황)

부용꽃으로 치마를 해 입고

또 백묘(百畝)의 땅에 혜초(蕙草)를 심노라

(회오리바람이) 구름과 무지개를 이끌고 와서 나를 맞이하니

장차 가서 천지 사방을 살펴보리라

370여 구(句)나 되는「이소」중에서 4구를 뽑아 뜻을 연결시킨 것이기 때문에 각 구절의 뜻은「이소」본래의 뜻과 일치하지 않을 수도 있다. '부용꽃으로 치마를 해 입는다'는 것은 누가 뭐라 해도 깨끗한 마음으로 임금을 향한 충절을 지키겠다는 자세이고, '혜초를 심는다'는 것은 인재를 양성한다는 말이고, 마지막 구절은 멀리까지 가서 현명한 임금을 찾아보겠다는 의지를 표현한 것이다.

굴자사에는 이밖에도 여덟 개의 전시실이 있어 굴원에 관한 다양한 자료를 전시하고 있다. 전시실에는 각각 '역대 굴원상' '탁월한 일생' '불후의 시편' '심원한 영향' '영원한 추념' '굴원과 멱라강'이라는 표제가 붙어 있고 나머지 두 개의 전시실에는 용주(龍舟)와 여러 가지 기념물을 전시하고 있다. 그중 '역대 굴원상' 전시실에는 '강상고충(江上孤忠, 강위의 외로운 충신)'이라 쓰인 편액이 걸려 있고 안에는 역대 화가들이 그린 굴원의 초상화가 있는데 현대 화가가「천문」을 주제로 그린 굴원상이 볼만하다. 그리고 여기에는「이소」전문과 곽말약의 번역문이 전시되고 있다. '탁월한 일생'을 주제로 한 제2전시실에는 옛 초나라의 편종(編鐘)이 있고 '초왕방축 굴원 행정도(楚王放逐屈原行程圖, 초나라 왕이 방축한 굴원의 행정도)'가 전시되어 있다. 제3전시실인 '불후의 시편'에는 여러 개의 대

나무 쪽에 굴원의 작품 「귤송(橘頌)」을 써놓았다. '심원한 영향' 전시실에는 후대에 간행된 다양한 『초사』 판본이 전시되어 있다. 기타 전시실에는 단오날 용주경기 등의 사진들을 모아놓았다.

굴원비림의 건물들

굴자사 동쪽에 굴원비림(屈原碑林)이 조성되어 있다. 애국시인 굴원을 기리는 한결같은 마음으로 국내외 독지가들이 성금을 내어 조성된 굴원비림은 1991년부터 6년간의 공사 끝에 완성되었다. 명칭이 굴원비림이지만 여기에 비(碑)만 있는 것이 아니고 굴원의 작품을 기념하는 여러 건물들이 들어서 있다. 정문에 걸려 있는 안진경(顏眞卿)체의 '굴원비림(屈原碑林)' 네 자는 전국인민대표자대회 부회장을 지낸 초도남(楚圖南, 추투난)의 글씨다. 양쪽 기둥에는 이백의 시 「강상음(江上吟, 강 위에서 읊다)」의 구절이 새겨져 있다.

屈平詞賦懸日月 (굴평사부현일월)
楚王臺榭空山丘 (초왕대사공산구)

굴원의 작품은 해와 달처럼 걸렸는데
초왕의 누각은 산언덕에 텅 비었네

굴원비림 이곳에는 여러 사람이 다양한 서체로 쓴 365개의 비석이 있고, 굴원의 작품을 기념하는 이소각, 구장관, 독독정 등 여러 건물들이 들어서 있다.

초왕에 의해 내쫓긴 굴원의 작품들은 해와 달처럼 높아서 만인의 추앙을 받는데, 굴원을 내쫓았던 초왕이 지은 여러 건물들은 모두 황폐하고 없어졌다는 말이다. '굴평(屈平)'은 굴원이다. 그의 성이 '굴(屈)'이고 이름이 '평(平)', 자(字)가 '원(原)'인데 후대에 굴원으로 통칭된다.

굴원비림의 정문을 들어서면 우선 거대한 굴원 소상을 보게 된다. 소상의 기단 정면에는 '천문단(天問壇)'이라 쓰여 있고 나머지 세 면에는 9명의 서예가가 나누어 쓴 굴원의 작품「천문」전문이 새겨져 있다.「천문」은 앞에서도 언급한 바 있거니와, 천상과 지상과 인간사회의 풀기 어려운 170여 개의 문제를 하늘에 물어보는 형식으로 이루어져 있다. 예를

천문단과 굴원상 굴원 소상의 기단 정면에는 '천문단(天問壇)'이라 쓰여 있고 나머지 세 면에는 9명의 서예가 가 나누어 쓴 굴원의 작품 「천문」 전문이 새겨져 있다.

들면 "동녘이 밝기 전에 태양은 어디에 숨어 있나?" "구주(九州)는 어떻 게 배치되었으며 하천과 계곡은 어떻게 파였는가?" "비간(比干)은 무슨 반역을 저질렀기에 그를 억눌러 죽였나?" "뇌개(雷開)는 어떻게 순종했 기에 벼슬을 주고 상을 내렸나?" 등과 같다.

여기서 보듯 굴원은 우주 자연의 신비와 신화 전설에 대한 의문을 제 기하기도 하지만, 충신인 비간이 죽임을 당하고 간신인 뇌개가 높은 벼 슬을 하는 인간사회의 불합리함에 대해 비판하고 울분을 토로하고 있 다. 이것은 곧 자신이 처한 초나라의 현실이기도 하다. 그래서 그런지 하 늘을 우러러보는 굴원의 모습이 마치 '비간은 왜 죽었으며 뇌개는 왜 상

이소각 굴원의 대표작 「이소」를 기념하는 건물이다. '이소각(離騷閣)' 편액은 조박초(趙樸初)의 글씨이고 이
소각 안의 비석에는 하상평(夏湘平)이 쓴 「이소」 전문이 새겨져 있다.

을 받았는가?'라고 하늘에 외치는 듯하다.

굴원 소상 뒤편에 굴원의 대표작인 「이소」를 기념하는 '이소각'이 있
다. 이소각의 편액은 조박초(趙樸初, 자오푸추)의 글씨이고 이소각 안의 비
석에는 하상평(夏湘平, 샤샹핑)이 쓴 「이소」 전문이 새겨져 있다. 좌우의
회랑에는 여러 서예가들이 「이소」를 나누어 쓴 것을 새긴 비석들과 현대
인들이 남긴 경구(警句)를 새긴 비석들이 전시되어 있다.

'구장관(九章館)'은 그의 작품 「구장」을 기념하여 세운 건물이다. 「구
장」은 굴원이 각각 다른 시기에 쓴 아홉 편의 글을 후대인이 모은 것으
로, 굴원이 방축당한 내력과 방축당한 후의 행적과 심리변화를 읽을 수
있는 작품이다. 구장관 안에 「구장」 전문이 새겨져 있고 양쪽 회랑에는
「구장」에 관한 경구를 새긴 비석들이 진열되어 있다. 이밖에 초혼당(招魂

堂), 구가대(九歌臺) 등도 굴원의 작품인「초혼」「구가」를 기념하여 건립한 건물로 안에 해당 작품 전문이 새겨져 있다.

'독독정(歠獨亭)'이란 독특한 이름의 정자가 있는데, 선조가 옥사산 아래 살았다는 어느 대만 동포가 개인적으로 희사해서 세운 건물이라고 한다. '歠'은 '獨'의 예서체이다. 정자 이름은 굴원의「어부사」에 나오는 "온 세상이 모두 혼탁한데 나만 홀로 맑았고, 뭇사람이 모두 취했는데 나만 홀로 깨어 있네(擧世皆濁 我獨淸 衆人皆醉 我獨醒)"에서 '독(獨)' 두 글자를 따서 붙인 명칭이다. 정자 안에는「복거(卜居)」「원유(遠遊)」「어부(漁父)」전문이 비석에 새겨져 있다. 이 세 작품은 굴원의 작품이 아니라는 견해도 있다. 독독정 남쪽에는 후대인들이 굴원을 기념해서 지은 시문을 새긴 비석들을 전시한 사현루(思賢樓)가 있다.

그리고 한쪽의 긴 비랑(碑廊)에 여러 사람이 쓴 각종 비석들을 모아놓았다. 이곳의 비석을 포함해서 굴원비림 안에 있는 비석은 모두 365개이고 국내외 300여 명의 인사가 글씨를 썼다. 글씨체도 해서, 행서, 예서, 초서, 전서 등 여러 서체가 망라되어 있고 갑골문으로 쓴 비석도 있다.

멱라산의 12개의 굴원 묘

굴원 사당이 있는 옥사산 동쪽 4킬로미터쯤에 위치한 멱라산 위에 열두 개의 굴원 묘(墓)가 있는데 이를 '12의총(十二疑冢)'이라 한다. 열두 개의 무덤이 조성된 내력에 관하여 다음과 같은 전설이 내려온다. 굴원이 멱라강에 투신한 후 그의 시체가 강물을 따라 동정호 쪽으로 흘러가면서 물고기에 의해 뜯어 먹히는 것을 차마 보지 못한 동정호의 용왕이 강물을 거꾸로 흐르게 했다. 역류하는 강물을 타고 떠오른 그의 시체를 여수(女嬃)가 수습해서 멱라산에 장사 지냈다. 여수는 「이소」에 등장하는 인물로 굴원의 딸 또는 누님이라고도 하고 그의 첩이라고도 한다.

굴원의 한쪽 뺨이 물고기에 의해 훼손된 것을 보고 여수는 장인(匠人)을 시켜 금으로 훼손된 부분을 만들어 붙인 후에 매장했다. 여수는 평소 멱라강에서 사금을 채취해서 모아놓은 금이 있었던 것이다. 이 소식을 들은 초나라 경양왕이 크게 노하여 굴원의 묘를 파서 시체에 매질을 하고 금을 탈취하려 했다. 이에 여수는 경양왕의 눈을 속이기 위해 무덤을 여러 개 만들기로 하고 치마에 흙을 담아 날라 간신히 한 개의 무덤을 완성했다. 무덤 하나를 완성한 후 여수가 피곤에 지쳐 무덤 옆에서 잠이 들었는데 꿈속에 황색 도포를 입고 은빛 수염을 휘날리는 도인이 나타나 지팡이를 휘두르니 순식간에 열한 개의 무덤이 만들어졌다. 이렇게 해서 '12의총'이 생긴 것이다.

'의총(疑冢)'은 '어느 것이 진짜 무덤인지 의심스러운 무덤'이란 뜻인데, 실상은 당나라 때까지만 해도 굴원의 무덤 앞에 비석이 있었다고 한다. 그러므로 그때는 분명한 진짜 무덤이 있었던 것이다. 그러나 세월이 흘러 비석이 없어진 상황에서 1867년 이 일대를 재정비하면서 열두 개의 무덤 앞에 모두 비석을 세웠다. 어느 것이 굴원의 무덤인지 알 수 없게 된 것이다. 그래서 '의총'이 생겼다. 최근 전문가들의 고증에 의하면 이 무덤들은 춘추시대 중기부터 전국시대 말기까지의 초나라 무덤임이 밝혀졌다. 도인이 만든 가묘(假墓)가 아닌 것이다.

'12의총' 이외에 상당히 떨어진 위치에 또 하나의 굴원 묘가 있다. 1980년경에 몇 명의 대만 동포가 출연해서 조성했다는 큰 규모의 무덤으로 석물(石物)들이 화려하게 장식되어 있다. 또한 묘 옆에 비랑(碑廊)을 만들어서 『사기』의 「굴원열전」을 돌에 새겨놓았다. 그리고 묘 앞에는 보제사(普濟寺)라는 큰 사원도 건립했다.

이상으로 굴자사 관람을 마치고 장사로 향했다. 나는 이전에 굴자사를 방문했을 때 이런 시를 한 수 쓴 적이 있다.

汨羅水邊東　崇祠存古風
偉哉荊楚客　獨醒醉狂中

멱라수 흐르는 동쪽 언덕에
드높은 사당엔 고풍이 남아 있네

위대할손 저 형초(荊楚)의 나그네여
취하여 미친 중에 홀로 깨어 있었도다

시성(詩聖)
두보의 묘소를
찾아서

어디가 진정 두보의 묘인가

굴자사를 관람하고 장사로 돌아온 후 여행 5일째 아침, 우리는 악양시 평강(平江, 핑장)의 두보 묘(杜甫墓)로 향했다. 중국 전역에 두보의 묘소라 일컫는 곳이 여덟 군데나 되는데 여러 가지 정황으로 미루어 볼 때 이곳 호남성 평강이 가장 유력한 진짜 두보 묘이다. 두보 일생의 행적을 정확히 재구성할 수는 없으나 그가 남긴 시문이나 관련 자료를 참고하여 두보 만년의 행적을 대략 다음과 같이 정리할 수 있다.

두보(712~770)는 755년(44세) 안녹산의 난으로 가족과 헤어져 여러 곳을 전전하다가 759년(48세) 12월에 가족과 함께 사천성 성도(成都)로 가서 초당을 짓고 일시적으로 평온을 누렸다. 그러나 765년(54세)에 그를 후원해주던 엄무(嚴武)가 사망한 후 성도를 떠나 다시 전전하다가 768년

264

(57세) 1월에 기주(夔州, 지금의 남경)에서 배를 타고 장강을 따라 내려가며 선상생활을 했다. 그해 연말에 동정호의 악양루 아래에 정박한 후 악양과 담주(潭州, 지금의 장사)를 왕래하며 생활했다. 770년(59세) 4월에 호남 병마사 장개(臧玠)가 반란을 일으키자 외가 쪽 친척이 있는 침주(郴州)로 피난 가던 중 뇌양(耒陽)의 방전역(方田驛)에서 폭우에 막혀 4,5일을 굶었다고 한다.

두보 화상

이 소식을 들은 뇌양 현령이 소고기와 백주를 보내주어 위기를 모면했다. 일설에는 며칠을 굶다가 갑자기 고기와 술을 먹은 것이 사인(死因)이 되었다고도 한다.

그후 그가 침주로 갔는지의 여부는 알 수 없고 그해 7월에 장개의 난이 평정되자 다시 담주로 가서 강각(江閣, 강가의 정자)에 거처하다가 초겨울 무렵에 객지생활을 청산하고 고향(하남성 정주)으로 돌아가기 위해 배를 타고 악양으로 가던 도중 배 안에서 사망했다. 이와는 또 다른 설도 있다. 고향으로 가기 위해 동정호에서 배를 타고 가던 중에 풍랑을 만나고 또 평소 앓고 있던 병세가 위독하여 멱라강을 거슬러 평강에 있는 친구에게 갔는데 끝내 회복하지 못하고 그곳에서 사망했다는 것이다.

두보 사당 사당의 왼쪽 문 위에 '시성유천(詩聖遺阡)'이 석각되어 있고, 오른쪽 문 위에는 '천유암(闡幽庵)' 편액이 달려 있다.

　두보 사후 그의 아들 종무(宗武)와 손자 사업(嗣業)이 묘를 지키며 세상이 평온해지기를 기다려 두보의 13세조 두예(杜預)와 조부 두심언(杜審言)의 묘소가 있는 하남성 언사(偃師)로 귀장(歸葬)하려 했으나 뜻을 이루지 못해 이 자리에 아직도 묘소가 있다고 한다. 이곳이 두보 묘임을 나타내는 하나의 증거로 평강 일대에 두씨(杜氏) 성을 가진 사람이 1,600여 명이 살고 있다고 한다. 또 1984년에 국가문물국에서 편찬한『중국 명승사전』에 이곳이 전국 유일의 두보 묘라고 기술되어 있고, 1988년에는 국무원에서 이곳을 '국가중점풍경명승지'로 공포했다.

진짜 묘임을 고증한 「두묘고」

여기에 묘를 조성한 후 사당과 관청, 승사(僧舍) 등의 부속 건물을 세웠다. 이 묘역은 당나라 때 조성되었는데 현재와 같은 모습으로 중건된 것은 1883년이고 1982년에 다시 한 번 중수했다. 가로로 길게 뻗어 있는 건물 외벽에는 두 개의 문이 있는데 왼쪽 문 위에 '시성유천(詩聖遺阡)' 네 글자가 석각되어 있다. '시성'은 두보를 가리키는 말이다. 성당(盛唐)의 3대 시인 중에서 이백은 도교를 숭상했기 때문에 '시선(詩仙)'이라 불리고 왕유(王維)는 독실한 불교 신자여서 '시불(詩佛)'이라 불리며 두보는 유학을 숭상했기 때문에 '시성'이라 불린 것이다. 조선조 성종 때 왕명으로 방대한 양의 두시(杜詩)를 번역하여 『두시언해(杜詩諺解)』를 편찬한

관청의 「두묘고」 목판 「두묘고」는 이곳이 두보의 진짜 묘임을 고증한 글이고, 위의 편액 학해유장(學海流長)은 '바다처럼 넓은 학문이 길게 유전된다'는 뜻이다.

것도 조선왕조가 유학을 건국의 지도이념으로 삼았기 때문이다.

　'시성유천(詩聖遺阡)'의 '천(阡)'은 무덤으로 가는 길 곧 묘도(墓道)를 뜻한다. 그러므로 이 문에서 묘소까지가 '천'이 되는 셈인데 일반적으로 묘역 전체를 일컫는다. 아마도 이 문이 정문일 터인데 무엇 때문인지 문은 폐쇄되었고 오른쪽의 '천유암(闡幽菴)' 편액이 달린 문을 통해 입장하게 되어 있다.

　안으로 들어가면 우선 관청을 보게 된다. 관청은 참배하러 오는 외부의 손님들을 접대하고 제사 지낼 때 빈객들이 머무는 곳이다. 관청 정문의 편액에 '시풍만고(詩風萬古)'라 쓰여 있고 안으로 들어가면 '학해유장

(學海流長, 바다처럼 넓은 학문이 길게 유전되다)'이라 쓰인 편액 밑에 이원도(李元度, 1821~1887)가 쓴 「두묘고(杜墓考)」 전문이 새겨진 목판이 걸려 있다. 이원도는 이 지방 출신의 문인 정치가로 「두묘고」는 이곳이 두보의 진짜 묘임을 고증한 글이다. 이 목판은 최근에 만든 것인 듯하고 오른쪽 벽에 이원도의 친필로 된 원래의 「두묘고」가 오석(烏石)에 석각되어 있는데 부분적으로 훼손된 흔적이 보인다. 그리고 그 옆에 두보상을 그린 벽화가 희미하게 보인다. 왼쪽 벽에는 역시 희미한 여섯 폭의 벽화가 그려져 있다.

양쪽 전시실은 두보의 일생을 소개하는 각종 사진과 자료를 전시하고 있는데 「호상표박노선도(湖湘飄泊路線圖)」에는 768년 그가 이곳에 온 이후의 동선이 지도로 표시되어 있다. 또 '두문정공사(杜文貞公祠)' '두공사(杜公祠)' '두보(杜甫)'란 글귀가 새겨진 옛 벽돌들을 전시함으로써 이곳이 두보 묘임을 강조하고 있다.

두보 사당 두문정공사

두문정공사(杜文貞公祠)는 두보의 사당으로 이 묘역의 주 건물이다. 두보의 시호가 문정공이기 때문에 이렇게 이름을 붙인 것이다. 편액은 모택동의 비서를 지낸 이예(李銳, 리루이)의 글씨라고 한다. 사당 정문 기둥에는 다음과 같은 주련이 쓰여 있다.

두문정공사 두보 사당의 주 건물로, 두보의 시호가 '문정공'이기 때문에 이렇게 붙인 것이다.

千秋痛感茅屋歎 (천추통감모옥탄)

百代猶聞酷吏呼 (배대유문혹리호)

모옥(茅屋)의 탄식은 천년토록 가슴에 사무치고

혹리(酷吏)의 호령은 백대 후에도 여전히 들리네

'모옥의 탄식'은 두보의 대표작 중의 하나인 「모옥위추풍소파가(茅屋
爲秋風所破歌, 가을바람에 초가지붕을 날리다)」를 말하는데, 성도의 초당(草堂)
시절에 거센 바람이 불어 초가지붕이 바람에 날려간 것을 소재로 쓴 시이다. '혹리의 호령'은 널리 알려진 그의 작품 「신안리(新安吏)」「동관리(潼關吏)」「석호리(石壕吏)」 등 이른바 '삼리(三吏)' 시에서 가혹한 관리들이 백성들을 수탈하는 정황을 말한다. 이 '삼리'는 「신혼별(新婚別)」「수로별(垂老別)」「무가별(無家別)」의 '삼별'과 더불어 안사(安史)의 난으로 고통받고 시달리는 백성들의 참상을 고발한 시이다.

두보상과 '시중성철' 편액 책을 든 두보 좌상 위에 '시중성철(詩中聖哲)' 편액이 걸려 있다. '시의 성인이요 철인'이라는 뜻이다.

사당 안에는 오른손에 책을 들고 있는 두보의 좌상이 있고 그 위에 '시중성철(詩中聖哲)'이라 쓰인 편액이 걸려 있다. '시의 성인이요 철인'이라는 말이다. 그리고 옆 양쪽 기둥에 또 이런 주련이 걸려 있다.

入川入湘 而葬于斯 長憶先賢留足迹 (입천입상 이장우사 장억선현류족적)
三吏三別 懷時多感 永留詩史在人間 (삼리삼별 우시다감 영류시사재인간)

성도로 상강(湘江)으로 갔다가 여기에 잠들어, 선현의 남긴 자취 길이 기억하노라

삼리라 삼별이라 시대 걱정 느낌 많아, 시사(詩史)가 인간 세상에 영
원히 남아 있네

'삼리·삼별'은 앞에서 언급한 바이고, '시사(詩史)'는 두보의 시를 말
한다. 그의 시가 당대 현실을 거울같이 반영했기 때문에 두보의 시가 '시
로 쓴 역사'와 같다는 뜻이다.

두보 묘소에 술을 올리고

사당 뒤편에 완화초당(浣花草堂)이 있었다고 하나 지금은 없어졌다. 완
화초당은 두보가 성도에 거주할 때 완화계(浣花溪) 옆에 지은 초당 즉 두
보초당을 말한다. 그 자리에 지금은 철병시사(鐵瓶詩社)가 서 있다. 이 건
물은 이곳 출신인 이원도와 장악령(張岳齡, 1818~1885)이 주도하여 세운
것으로 문인들이 모여서 시를 짓고 담소하던 장소이다. 건물이 완성되
기 전에 장악령이 병사했기 때문에 그의 호 철병도인(鐵瓶道人)의 두 글
자를 따서 명명한 것이다. 1885년에 건립되었다.

건물 정문 양쪽 벽에 '진리(眞理)' '추구(追求)'라 쓴 글씨가 희미하게
보이는데 아마 한때 소학교 교사로 사용되었을 때 써놓은 듯하다. 안에
는 이원도와 장악령을 소개하는 설명문이 사진과 함께 게시되었고, 이
원도의 「두묘고」와 장악령의 「두공부묘변(杜工部墓辨)」이 목판에 새겨져
걸려 있다. 「두공부묘변」역시 두보 묘의 위치를 고증한 글로, 바로 이 평

두보 묘 봉분에 잔디 대신 꼭지 달린 빵모자 같은 둥그런 돌 덮개가 덮여 있다. 인문 기행 참가자들은 묘소에 술 한 잔씩 올리고 예를 표했다.

강 출신의 장악령이 두보 묘의 연고권을 주장하는 언사(偃師), 공현(鞏縣) 등을 직접 답사하고 현지인과 면담을 한 끝에 여기가 진짜 두보 묘임을 고증한 것이다.

두보 묘는 비교적 잘 정비되어 있었다. 묘 앞의 비석에 '당좌습유공부원외랑두문정공지묘(唐左拾遺工部員外郎杜文貞公之墓)'라 쓰여 있고 오른쪽에는 '광서9년 계미동 10월길일(光緖九年癸未冬十月吉日)', 왼쪽에는 '서평강현사무릉현지현이종련제(署平江縣事武陵縣知縣李宗蓮題)'라 쓰여 있다. 광서9년은 1883년이다. '좌습유'와 '공부원외랑'은 보잘것없으나마 두보가 역임한 관직명이다. 그래서 두보를 '두습유' '두공부'라 호칭한다.

묘소에는 마치 꼭지 달린 빵모자 같은 둥그런 돌 덮개가 덮여 있다. 우리나라에서는 으레 봉분에 잔디를 입히지만 중국에는 일정한 규식이 없는 듯했다. 『예기(禮記)』 「단궁(檀弓)」 상(上)에 '이묘비고야(易墓非古也)'란 구절이 있는데, '이(易)'는 풀과 나무를 베어버리는 것을 말한다. 즉 무덤 위의 초목을 베어서 없애는 것이 옛 제도가 아니라는 것이다. 사천성 성도(成都)의 무후사(武候祠) 안에 있는 유비(劉備)의 무덤 위에는 온갖 풀과 나무들이 무성하게 자라도록 내버려두고 있는데 이것도 옛 제도인 듯하다. 그러나 그후 봉분을 가꾸는 습관이 어떻게 변했는지는 알 수 없다. 무덤마다 다 다르기 때문이다. 심양에 있는 청태조 누르하치의 무덤은 아예 전체를 시멘트로 발라놓았고, 복건성 남평시(南平市, 난핑시)에 있는 주자(朱子)의 묘도 봉분 전체를 조그마한 계란석으로 덮어놓아서 풀 한 포기 볼 수 없었다. 그런가 하면 절강성 소흥시의 왕양명 묘와 안휘성 당도현(當塗縣, 당투현)의 이백 묘에는 봉분에 잔디를 입혀놓았다. 우리 일행은 두보 묘소에 각자 술 한 잔씩 올리고 재배(再拜)를 함으로써 선현에 대한 예를 표했다.

젊은 관장이 베푼 친절

묘소를 참배한 후 문밖까지 나와서 우리를 배웅하는 관장(두보 묘와 사당을 관리하는 책임자의 공식적인 직함을 알 수 없어서 그냥 '관장'이라 호칭함)에게 거듭 고맙다는 인사를 하고 두공부사를 떠났다. 30대로 보이는 관장은 도착했을 때부터 우리를 반갑게 맞아주었다. 그리고 드물게 찾아온 한국 관광객이어선지 친절하게 안내를 해주었다. 하기야 중국인도 잘 오지 않는 곳인데 한국인들이 왔으니 반가울 수밖에 없을 것이다. 그는 우리가 관람하는 내내 사진을 찍었고 우리가 가지고 간 자료집을 달라고 해서 한 권을 주었다. 2012년에 왔을 때에도 내가 일행들에게 두보에 대한 설명을 하고 있는데 당시 관장(지금의 관장인지는 확실하지 않다)이 우리에게 차를 내오는 호의를 베풀었다. 두보 묘에 술을 올리고 절을 하는 우리 모습에 감동을 받은 듯했다. 어쨌든 중국여행에서 흔하지 않은 환대를 받았다.

우리가 귀국한 후에 관장은 지역 인터넷망에 우리 일행을 소개한 '사진과 글'을 올리고 그 데이터를 보내왔다. 여기에 그 사진은 생략하고 사진 설명문만 소개한다. 인터넷에는 모두 다섯 장의 사진을 싣고 사진 밑에 다음과 같은 설명을 붙였다('사진 설명'은 김영죽 박사가 우리말로 옮긴 것이다).

• 사진 1. 오늘 두보 사당은 아주 특별한 손님들을 맞이했다. 그들은 한국의 저명한 문학박사 송재소 선생이 인솔해온 사람들로서, 평균 연령은 45세 안팎이었다. 이들은 여행 자체를 사랑할 뿐만 아니라 중국의 전통문화를 좋아하여 시성 두보의 유풍(遺風)을 존모하는 마음으로 모임을 꾸려 평강의 두보 사당을 방문한 것이다.

• 사진 2. 이들 가운데 한 여행객이 붓을 들고 두보 사당에서 글씨를 쓰고 있다. 중국 문화에 대한 깊은 애정이 시성 두보에 대한 존경과 흠모의 마음까지 갖게 했다.

두보 자료집을 보며 토론하는 인문 기행 참가자들

• 사진 3. 두보 사당 참관을 마친 후 한국 여행객들은 두보와 관련한 자료를 들고 왔다. 이 자료는 현재 두보 사당의 정황(두보 사당의 내력 및 현황)에 대한 것이다. 모두 다 같이 둘러앉아 자료집 내용을 토대로 열띤 토론을 벌였다.

• 사진 4. 시성 두보의 시가에 대한 토론을 마친 후 여행객들은 두보 묘소 앞에서 몸을 굽혀 경의를 표했다. 아울러 묘소 앞에서 일행들은 이번 두보 사당 방문을 기념하는 촬영을 했다.

• 사진 5. 왼편에 있는 분이 한국의 저명한 문학박사 송재소 선생이다. 이번 여행객들은 한국 다산연구소 회원들이다. 이번 여행을 인솔한 이는 성균관대학교 명예교수이자 퇴계학연구원 원장, 다산연구소

두보 사당에서 일필휘지하는 박태식 교수

이사인 송재소 선생이다. 이들의 중국 전통문화에 대한 깊은 애정은
시성 두보를 향한 존경과 흠모에까지 이르게 했다. 바로 그러한 열정
이 송재소 교수로 하여금 문학을 애호하는 사람들을 이끌고 여러 차
례 두보 사당을 방문하게 만든 것이다.

'사진 2'에 대한 설명은 경기대 박태식 교수가 즉석에서 붓으로 일필
휘지하는 장면을 말한다. 아마 박 교수는 서예에 대해서 평소의 내공이
있었던 듯하다.

나는 지난번 여기 왔을 때 다음과 같은 시 한 수를 지은 적이 있다.

老杜遺文萬歲香　高如巨岳水如長
生前未展經邦志　永臥他鄉耐雨陽

노두(老杜)가 남긴 글, 만세토록 향기로워
큰 산처럼 드높고 강물처럼 유장하네

나라 경륜하려던 뜻 생전에 못 펼치고
타향에 길이 누워 비바람을 견디네

강남에서 이귀년을 만난 두보

두보 묘를 뒤로하고 우리는 다시 장사시로 향했다. 장사 시내에서 두보 강각(江閣)을 관람하려 했으나 폭우로 상강(湘江)이 범람해서 강변에 위치한 강각에 접근할 수가 없었다. 강각은 770년(59세) 7월경부터 두보가 잠시 머물던 곳이다. 원래의 강각은 조그마한 집이었을 터이지만 2005년에 신축하면서 어마어마하게 큰 건물로 만들어놓았다. 그는 770년 봄에 아마 이 강각 근처에서 이귀년(李龜年)을 만났을 것이다. 그러고는 불후의 명작「강남에서 이귀년을 만나고(江南逢李龜年)」를 썼다.

기왕(岐王)의 저택에서 노상 만났고
최구(崔九)의 안뜰에서 몇 번이나 들었던가, 그대 노래를

두보 강각 두보가 770(59세)에 잠시 머물던 곳으로, 원래는 조그만 집이었을 터인데 2005년에 신축하면서 어마어마하게 큰 건물로 만들어놓았다. 장사 시내의 상강(湘江) 가에 있다.

바로 이 강남땅 좋은 풍경 속에서

꽃 지는 시절에 또 만나는군

岐王宅里尋常見　崔九堂前幾度聞

正是江南好風景　落花時節又逢君

이귀년은 당 현종(玄宗)으로부터 총애를 받았던 유명한 악공(樂工)으로 당시에는 왕후(王侯)를 압도할 만큼 세력이 컸으나 안녹산의 난 이후 강남땅에 유락하여 초라하게 지냈는데, 그가 명절날이나 경치 좋은 곳에서 사람들을 모아 노래를 부르면, 듣고서 눈물을 흘리지 않는 사람이 없었다고 한다. 기왕(岐王)은 학문을 좋아하여 많은 문사들과 교유했던 현종의 동생 이범(李範)이고, 최구(崔九) 역시 현종의 두터운 총애를 받았던 전중감(殿中監) 최척(崔滌)이다. '구(九)'는 최씨 종형제(從兄弟) 사이의 항렬이 아홉번째임을 나타내는 것이다.

이귀년은 당대 제일의 가객(歌客)이었다. 두보는 젊은 시절 낙양의 문인, 명사들이 모인 자리에서 그를 자주 만났고 그의 노래도 여러 번 들은 적이 있다. 1구와 2구는 그때의 일을 회상한 것이다. 당대의 문사(文士)들이 모인 기왕과 최구의 저택에서 그의 노래를 듣던 그때는 참으로 좋은 시절이었다. 국가는 태평성대를 구가하고 있었고 두보 개인적으로도 문재(文才)를 인정받아 행복했던 시절이었다. 이귀년과 두보는 이 태평성대를 대표하는 두 인물이었다. 지금 두보는 강남땅에서 우연히 이귀년을 만나 그 꿈같던 지난 시절을 회상하며 그리워하고 있다.

그로부터 40년, 안사의 난을 거치면서 나라는 기울어지고 두 사람은 처량한 신세로 강남땅에서 유랑생활을 하고 있다. 그러니 그곳에서 이귀년을 만난 두보의 감회가 남다를 수밖에 없었을 것이다. 아마 생계를 위하여 사람들을 모아놓고 노래를 팔고 있는 이귀년을 만났는지도 모른다. 현종의 총애를 받으며 왕후장상도 부러워하지 않았던 이귀년이었다. 두보 자신은 어떠한가? 폐병, 당뇨, 중풍 등 온갖 병마와 싸우면서 간신히 목숨을 이어가고 있는 초라한 신세였다. 비슷한 처지에 있는 이귀년을 40년 만에 만난 두보의 가슴속엔 걷잡을 수 없는 감회와 비감(悲感)이 일었을 것이다.

그러나 시구(詩句)는 담담하기 짝이 없다. "바로 이 강남땅 좋은 풍경 속에서/꽃 지는 시절에 또 만나는군." 비애를 나타내는 글자가 하나도 없다. 오히려 만난 장소와 시기가 아름답게 묘사되어 있다. "꽃 지는 시절" "좋은 풍경 속에서" 만났으니까. 그러나 두보는 이 평범한 구절 속에 만단의 정회와 억제할 수 없는 슬픔을 담아내고 있다. 강남땅의 "좋은 풍경(好風景)"은, 옛날 같았으면 두 사람이 호기를 부리며 봄놀이하는 배경이 됨직한 풍경이다. 그런데 지금 두 사람은 봄놀이는커녕 이렇게 "좋은 풍경 속에서" 초라한 몰골로 만나고 있다. 그러니 역설적으로 이렇게 "좋은 풍경"이 두보의 처량함을 더 증가시키고 있다. "꽃 지는 시절"이라는 시간적 배경도 이러한 처량함을 부추기는 역할을 하고 있다. 화려했던 꽃잎이 떨어져 내리는 늦봄의 쓸쓸함과 상실감은 두 사람의 몰락을 나타내고 나아가 당(唐) 제국의 쇠퇴를 암시하기도 한다.

　마지막 구절의 "또 만나는군"에서 "또〔又〕"의 의미 또한 심상치 않다. 기왕과 최구의 저택에서 만난 이래 40여 년 만에 "또" 만난 것이다. 이 40년 동안에 당나라의 운명을 바꾸어놓은 대전란이 일어났고 이 전란이 두 사람의 운명까지 바꾸어놓은 것이다. 그러므로 두 사람이 강남땅에서 "또" 만났다는 사실은 처참했던 40년의 역사를 상징적으로 보여주는 사건이다.

　그런데도 시에서는 두 사람을 이렇게 만든 전란에 대한 언급이 한마디도 없다. 그뿐만 아니라 현재의 처지를 비통해하는 표현도 전혀 없다. 그러면서도 그 많은 사연과 슬픔을 28자 속에 담담히 담아낸 두보의 예술적 능력이 놀랍다. 후대의 평자들이 이 시를 두보의 칠언절구 중 압권이라 칭하는 이유가 여기에 있다고 하겠다.

곤궁하고 쓸쓸했던 노년의 두보

두보는 생의 마지막 2년을 장사 지역에서 보냈다. 이 2년간은 위대한 시인 두보의 위상에 걸맞지 않게 곤궁하고 쓸쓸한 시기였다. 일정한 주거지도 없이 주로 배 안에서 생활한 그의 만년이 어떠했으리라는 것은 짐작하고도 남음이 있다. 이귀년을 만나 만단의 정회를 노래한 앞의 시를 쓴 무렵에 그는 지난 일생을 돌아보며 자신의 처지를 술회한 「난리를 피하여(逃難)」란 시를 남겼다.

오십대 나이의 백발의 늙은이가
세상 난리 피하여 남으로 북으로

거친 베옷으로 마른 몸 감싸고
이리저리 다니느라 따뜻함 몰랐네

노쇠한 몸에 병까지 찾아들고
온 세상은 한결같이 도탄에 빠졌도다

하늘 아래 넓은 땅에

몸 하나 담을 곳 보이지 않아

처자식은 다시 또 나를 따라다니며
지난날 돌아보며 함께 탄식한다네

고향땅은 잡초 우거진 폐허가 되었고
이웃들 뿔뿔이 흩어졌으니

이로부터 돌아갈 길 잊어버리고
상강(湘江) 언덕에서 한없이 눈물 뿌리네

五十白頭翁 南北逃世難
疏布纏枯骨 奔走苦不暖
已衰病方入 四海一涂炭
乾坤萬里內 莫見容身畔
妻孥復隨我 回首共悲歎
故國莽丘墟 隣里各分散
歸路從此迷 涕盡湘江岸

　이 작품은 시의 예술적 성취가 높지 않다는 점을 들어 그의 작품이 아
니란 설이 있으나 상강(湘江) 연안에서 보낸 만년의 심사를 진솔하게 노
래한 것으로 보아 그의 작품임이 분명하다고 생각된다.

무릉주

　무릉주(武陵酒)는 호남성 상덕시(常德市, 창더시) 호남무
릉주유한책임공사(湖南武陵酒有限責任公司) 제품이다. 상
덕의 옛 이름이 무릉이기 때문에 그 이름을 따서 붙인 것
이다. 무릉주의 기원은 오대(五代, 907~960) 때부터 있어
왔고 송나라 때 크게 번창했다고 하는 최씨주가(崔氏酒家)
에서 비롯되었는데 이에 관해서는 다음과 같은 이야기가
전한다.

　무릉 땅에 최씨 성을 가진 노파가 술을 팔고 있었다. 어
느 날 남루한 차림의 선비가 와서 술을 마셨는데 노파는 술값을 받지 않
았다. 선비에게 돈이 없다고 생각한 것이다. 이후 매일 와서 술을 마시면
서 몇 개월이 지났는데도 여전히 술값을 받지 않았다. 이에 감동한 선비
가 노파에게 소원을 묻자 이렇게 말했다.

　"집에 우물이 없어서 멀리 냇가까지 가야 합니다. 우물이 하나 있었으
면 좋겠습니다."

　이에 선비가 뒷마당에 지팡이를 내리치니 금방 우물이 하나 생겼다.
그후 선비는 표연히 사라졌는데 신기하게도 우물에서는 향기로운 술이
솟아났다. 이 술을 팔아 노파는 큰 부자가 되었다. 이 술을 '최파주(崔婆
酒, 최 노파의 술)'라 불렀다.

　이 선비는 과거시험에 낙방한 후 세속적인 명예에의 미련을 버리고 근

처의 하복산(河洑山)에서 도를 닦던 중이었다. 이름은 장허백(張虛白)이라 했다. 후일 어떤 사람이 양주에서 이 선비를 만났는데 그는 이런 시를 써주었다.

　　무릉계곡 최 노파 집의 술
　　하늘엔 응당 없고 지상에 있네

　　남쪽에서 온 도사가 한 말 술 마시고
　　흰구름 깊은 골짝에 취하여 누웠네

　　武陵溪畔崔婆酒　天上應無地上有
　　南來道士飮一斗　醉臥白雲深洞口

　　옛날 자신이 최 노파 술집에서 술 마시던 일을 회고하면서 쓴 시이다. 한편 평소에 인자했던 노파는 큰 재산을 모으고 나서 점점 인색하고 탐욕스럽게 변했다. 이 소식을 들은 선비가 다시 노파를 찾아가니 과연 노파는 이런 불평을 늘어놓았다.
　　"우물에서 술이 나와 좋긴 합니다만, 술을 빚지 않으니 돼지에게 먹일 술지게미가 없습니다."
　　이 말을 듣고 선비는 또 시 한 수를 지어 노파에게 주었다.

　　하늘이 높아도 높은 게 아니고
　　사람의 마음이 제일 높다네

우물물이 술이 되어 판매하면서
도리어 돼지 먹일 지게미 없다 하네

天高不算高　人心第一高
井水當酒賣　還道猪無糟

　이 시를 써놓고 선비가 사라진 후 우물엔 더이상 술이 솟지 않았다고
한다.
　그후에 노파가 계속 술집을 경영했는지 알 수 없지만 최 노파가 술
을 빚던 옛 터에 1952년 상덕시주창(常德市酒廠)을 설립했다. 그러다가
1972년에 발전의 계기를 맞이한다. 1960년대 말에 모택동이 두 차례 호
남을 방문하여 꽤 오랜 기간 머물곤 했는데 이때 손님 접대를 위하여 모
택동이 좋아하는 모태주(茅台酒)를 조달했다. 그때만 해도 모태주 생산량
이 많지 않았고 또 멀리 귀주성까지 가서 구매해야만 하는 불편 때문에
호남성 혁명위원회가 모태주 못지않은 술을 자체 생산하기로 하고 그 임
무를 상덕주창에 맡겼다. 이에 멀리 모태주창까지 가서 직접 장향형(醬香
型) 모태주 제조 방법을 배워 왔다. 마침 모태주창장이 상덕주창장과 소
주(蘇州) 경공업학원 동기동창이어서 많은 협조를 받을 수 있었다. 이렇
게 해서 1972년 드디어 독특한 장향형 백주 무릉주를 생산하게 된다.
　이로부터 무릉주는 일취월장하여 1973년에 호남성 명주로 선정되었
고 1979년과 1984년에는 제3,4회 연속으로 전국평주회에서 국가우질
주(國家優質酒) 은상을 받았다.('전국평주회'에 관해서는『중국 인문 기행』1권
218~22면 참조) 1987년에는 호남성무릉주창으로 개명했고 1989년 제5회
전국평주회에서 드디어 중국명주의 반열에 올랐다. 이때가 무릉주의 전

성기였다. 제5회 전국평주회에는 모두 17종의 백주가 중국명주로 선정되었기 때문에 무릉주는 '중국 17대 명주' '장향형 3대 명주'임을 자랑하고 있다. 중국명주로 선정된 장향형 백주는 모태주, 낭주(郞酒), 무릉주이다.

그러나 이후 무릉주는 경영상의 실패와 백주 시장의 판도 변화로 인하여 내리막길을 걷다가 2004년 농향형(濃香型) 백주 회사인 노주노교(瀘州老窖) 그룹에 매각된다. 그 이듬해에는 호남무릉주유한공사로 개명했다. 원래 무릉주는 장향형 백주만을 생산했는데 이때부터 농향형과 겸향형(兼香型)도 함께 생산하기 시작했다. 2012년에는 세계 500대 기업인 연상(聯想, 롄샹) 그룹이 무릉주를 인수하여 오늘에 이르고 있다.

현재 이 회사는 다양한 향형(香型)의 백주를 생산하고 있다. 장향형으로는 무릉상장(武陵上醬) · 무릉중장(武陵中醬) · 무릉소장(武陵少醬) 등이 있고, 농향형으로는 동정춘색계열(洞庭春色系列)의 상품(尙品) · 홍작(紅爵) · 홍보석(紅寶石) · 남보석(藍寶石) 등이 있으며, 무릉부용국색계열(武陵芙蓉國色系列)의 겸향형 백주가 있다.

내가 마셔본 것은 '무릉주 · 빙옥(冰玉)'이란 상표의 농향형으로 맛이 좋았다. 이 술은 병에 블렌딩 비율을 표시해놓았는데 '2014년 25%, 2015년 17%, 2005년 3%, 2013년 55%'라 밝혀놓고 있다. 중국 백주에서 보기 드문 일이다.

장사의 상징
천심각

문석대화재로 불탄 국치기념정
항일전쟁 열사를 기리는 숭열정
천심각에 올라 초나라 땅을 굽어보다
천심각을 둘러싼 옛 성벽

장사시의 상징적인 건물은 천심각(天心閣)이다. 천심각의 원래 명칭은
천성각(天星閣)이었다고 하는데 '천성(天星)'은 이십팔수(二十八宿, 하늘의
별자리를 28자리로 나눈 것)의 하나인 장사성(長沙星)을 가리킨다. 그러므로
옛날엔 이곳이 천문을 관측하고 하늘에 제사를 지내는 장소였다. 천성
각이 언제 세워졌는지는 알 수 없다. 다만 그후 어느 땐가 이곳에 천심각
과 문창각(文昌閣) 두 누각을 세웠는데 세월이 흘러 모두 훼손되고 천심
각 편액만 남아 있어서 1746년(건륭 11년)에 중수하면서 천심각이라 명명
한 것으로 보인다.

1911년 신해혁명 후에 천심각 주위의 옛 성벽을 철거하면서 387미
터의 성벽만은 보존해서 오늘에 이르고 있고 1916년에는 천심각 우측
에 오포정(午炮亭)을 세워 매일 정오에 대포를 쏘아 장사의 표준시간으
로 삼았다. 1924년에 천심각을 중수하여 주각(主閣) 옆에 좌우 두 개의

천심공원 장사를 상징하는 천심각을 중심으로 조성된 공원이다.

부속 건물을 신축했으나 1938년 화재로 소실된 것을 1983년에 중건했고 2000년에 다시 재정비하여 현재의 천심공원(天心公園)으로 탄생했다. '천심각에 오르지 않으면 옛 장사(長沙)를 알지 못한다'는 말이 있을 만큼 시내의 가장 높은 곳에 위치한 이 건물은 장사를 상징하고 있다.

문석대화재로 불탄 국치기념정

천심공원 정문 위에 가로로 '천심각'이라 쓰여 있고 문 양쪽에 다음과 같은 대련이 붙어 있다.

湘流北去 (상류북거) 상강의 물길은 북쪽으로 흘러가고

岳色南來 (악색남래) 악록산 산색은 남으로 내려온다

　더 안으로 들어가 숭열문(崇烈門)을 지나면 숭열정(崇烈亭)과 숭열탑을 만나게 된다. 숭열정의 전신은 앞에서 말한 오포정이었는데 1929년 이곳에 국치기념정(國恥記念亭)을 세웠고 1938년의 화재로 소실되었다가 1946년 다시 복원하여 숭열정이라 이름한 것이다. 이 과정을 간략히 정리하면 이렇다.

　일본의 침략이 노골화하던 1928년 5월 3일, 일본 관동군은 산동성 제남(濟南, 지난)에 침입하여 약탈과 강간을 일삼고 중국인 1만여 명을 학살했다. 심지어 남경 정부가 교섭을 위해 파견한 채공시(蔡公時, 차이 궁스)의 귀와 코를 자르는 만행을 저질렀다. 이를 '제남참안(濟南慘案)' 또는 '5·3참안'이라 하는데 중국으로서는 치욕적인 사건이었다. 그래서 이듬해 1929년, 제남참안으로 희생된 동포를 추모하고 그날을 잊지 말자는 뜻으로 오포정 자리에 국치기념정을 세웠다.

　이 국치기념정은 1938년의 이른바 '문석대화(文夕大火)'로 소실되었다. 문석대화의 전말은 다음과 같다. 1937년 7월 노구교(盧溝橋) 사건을 시작으로 중일전쟁이 발발하여 8월 4일 북경이 함락되고 12월에는 남경이 함락되어 이른바 남경대학살이 벌어졌다. 파죽지세로 진격한 일본군은 1938년 10월에 무한(武漢)을 함락하고 11월 8일에는 장사 코앞의 악양(岳陽)까지 접수했다. 이에 다급해진 장개석은 장사에서 몇 차례 작전회의를 가진 끝에 초토작전(焦土作戰)을 벌이기로 했다. 초토작전은 적군이 들어오기 전에 후퇴하면서 해당 지역을 불태우는 전술인데 적군의 보급로를 차단하는 것이 주요 목적이다. 이 전술은 전통적으로 사용했던 것으로 '청야전(淸野戰)'이라 부른다. 즉 들판의 곡식을 포함하여 모든 것을 태워 '깨끗이' 함으로써 장기전에서 반드시 필요한 적군의 군량미 조달을 불가능하게 하는 전술이다.

그러나 이 계획은 뜻밖의 우발적인 사건 때문에 실패로 돌아갔다. 11월 13일 새벽 4시까지 모든 준비를 완료하고 이후 장사시의 가장 높은 곳인 천심각 방화를 신호로 삼아 시내 곳곳에서 방화하기로 되어 있었는데 12일 새벽 2시경에 시내 한 병원에서 화재가 발생했다. 이를 신호로 잘못 알고 준비요원들이 일제히 불을 지른 것이다. 이 화재로 3만여 명이 사망하고 시내 가옥의 90퍼센트 이상이 소실되었으며 각종 정부기관, 학교, 은행, 병원, 공장 등이 모두 소실되었다. 이 화재를 '문석대화'라 한다. '문석(文夕)'은 '문일(文日) 저녁'이란 뜻으로 '文'은 군사용 전보에서 사용하는 암호이다. 즉 '마일(馬日)은 21일, 문일은 12일'을 나타내는 식의 암호이다. 초토작전은 우연한 화재로 엄청난 피해만 입고 실패로 끝났지만 이 작전이 제대로 수행되었더라도 현대전에서 과연 바람직한 작전이었는지 의문이다.

이 문석대화로 타버린 국치기념정 자리에 1946년 숭열정을 세웠다. 국치기념정이 제남참안을 기념하기 위한 것이라면 숭열정은 항일전쟁 기간 중 장사에서의 세 차례의 전투에서 순국한 용사들을 기념하기 위한 정자이다.

항일전쟁 열사를 기리는 숭열정

'숭열정(崇烈亭)' 편액은 장개석의 친필이다. 정자에는 많은 주련(柱聯)이 걸려 있는데 다음과 같은 주련이 재미있다.

天若有情天亦老 (천약유정천역노)
心到無私心自寬 (심도무사심자관)

하늘이 정이 있다면 하늘 역시 늙었을 터
사심 없는 마음이면 마음 절로 관대하리

같은 시기에 세워진 숭열문은 네 개의 돌기둥으로 이루어져 있는데 안쪽 두 기둥에 다음과 같은 글을 새겨놓았다.

氣吞胡羯 (기탄호갈) 기개는 오랑캐를 삼키고
勇衛山河 (용위산하) 용기는 산하를 보위했네

바깥쪽 두 기둥에는 전서(篆書)로 이런 글이 새겨져 있다.

犯難而忘其死 (범난이망기사)
所欲有甚於生 (소욕유심어생)

숭열문 항일전쟁에서 순국한 용사들을 기념하기 위한 구조물이다.

어려움을 이겨내면 죽음을 잊고
바라는 것이 삶보다 더 강렬하네

안쪽 기둥의 구절은 『주역』 「태괘(兌卦)」 단사(彖辭)의 "기꺼이 백성을
우선하면 백성이 수고로움을 잊고, 기꺼이 어려움을 이겨내면 백성이
죽음을 잊는다(說以先民 民忘其勞 說以**犯難** 民**忘其死**)"는 구절에서 따온 것
이다. 바깥쪽 기둥의 구절은 『맹자』 「고자(告子) 상」편의 다음과 같은 유
명한 구절에서 따온 것이다.

숭열정 항일전쟁 시기에 장사에서 전투하다 순국한 용사들을 기념하기 위한 정자이다.

    물고기도 내가 먹고 싶은 것이며, 곰 발바닥도 내가 먹고 싶은 것이지만 이 두 가지를 다 먹을 수 없다면 물고기를 버리고 곰 발바닥을 먹을 것이다. 삶도 내가 바라는 것이고 의(義)도 내가 바라는 것이지만 이 두 가지를 함께 성취할 수 없다면 삶을 버리고 의를 취할 것이다. 삶도 내가 바라는 것이지만 바라는 것이 삶보다 더 강렬한 것이 있기 때문에 구차스럽게 삶을 얻으려 하지 않고(生亦我所欲 **所欲有甚於生**者 故 不爲苟得也), 죽음도 내가 싫어하는 것이지만 싫어하는 것이 죽음보다 더 강렬한 것이 있기 때문에 환난(患難)을 피하지 않는 것이다.

이 대련은 항일전쟁에서 죽음을 두려워하지 않고 장렬히 희생한 애국 지사들의 거룩한 넋을 기리는 말을 중국 고전에서 인용한 것이다. 중국 고전은 이렇게 어느 경우에나 인용될 만한 적절한 내용을 풍부하게 담고 있다. 또한 필요한 구절을 고전에서 찾아내어 인용하는 후인들의 지혜가 놀랍기도 하다.

숭열문은 문화대혁명 기간에 홍위병들에 의하여 파손된 것을 2006년에 옛 사진에 의거하여 복원한 것이다. 홍위병들이 공자상(孔子像)을 철거한 것까지는 그래도 조금은 이해할 수 있지만 항일전쟁의 영웅들을 기리는 기념물을 파괴한 행위는 어떠한 명분으로도 정당화할 수 없다. '집단 광기(集團狂氣)'에 사로잡혔다고 생각할 수밖에 없다. 천심각 경내에는 숭열정, 숭열문과 함께 숭열탑도 세워져 있는데 그만큼 당시 이곳에서의 전투가 치열했음을 말해준다고 하겠다.

천심각에 올라 초나라 땅을 굽어보다

문 위에 '웅진(雄鎭)'이라 쓰여 있고 양쪽에 각각 '소상고각(瀟湘古閣)' '진한명성(秦漢名城)'이라 쓰인 문을 들어가면 웅장한 천심각이 나타난다. 건물은 중앙의 주각(主閣)과 양쪽의 부속 건물로 이루어져 있는데 주각과 부속건물은 회랑으로 이어져 있다.

3층으로 된 주각의 맨 위쪽에 '초천일람(楚天一覽)' 편액이 걸려 있다. '초나라 하늘을 한눈에 바라본다'는 뜻으로 이곳이 옛 초나라 땅이고 또

천심각 3층에 걸린 편액 '초천일람(楚天一覽)'이 말해주듯이 초나라(지금의 장사) 천지를 한 눈에 바라볼 수 있을 정도로 높은 위치에 세워져 있다. 장사의 랜드마크이다.

초나라 천지를 한눈에 바라볼 수 있을 만큼 높은 곳에 위치해 있다는 말이다. 2층엔 '함강람악(涵江攬嶽)'이란 편액이 달려 있다. '강을 품고 산악을 잡고 있다'는 뜻인데, 강은 장사 시내를 흐르는 상강(湘江)이고 산악은 악록산을 가리킨다. 1층에는 '형초명구(荊楚名區)'라는 편액이 걸려 있다. '형초의 이름난 구역'이라는 말로 형초는 초나라를 가리킨다. '천심각' 편액은 건물 뒤편 즉 남쪽에 걸려 있다. 1층 난간에 있는 네 개의 기둥 중 안쪽 두 기둥에 이런 주련이 걸려 있다.

水陸洲 洲系舟 舟動洲不動 (수륙주 주계주 주동주부동)

天心閣 閣栖鴿 鴿飛閣不飛 (천심각 각서합 합비각불비)

'함강람악' 편액 천심각 2층에 있는 편액으로 '강을 품고 산악을 잡고 있다'는 뜻이다. 강은 장사 시내를 흐르는 상강이고 산악은 악록산을 가리킨다.

수륙주 섬에 배가 매어 있는데 배는 움직이나 섬은 움직이지 않고
천심각 누각에 비둘기 깃드는데 비둘기는 날지만 누각은 날지 않네

이 주련과 관련해서 다음과 같은 이야기가 전한다. 수륙주는 앞에서 살핀 귤자주의 옛 이름이다. 명나라의 문인이자 정치가인 이동양(李東陽, 1447~1516)이 열 살 때 숙부를 따라 귤자주의 수륙사에 머물고 있을 때 이 절의 노승이 위의 첫 구절을 짓고 여러 사람들로 하여금 대구(對句)를 짓도록 했다. 모인 사람들이 이런저런 대구를 지었지만 노승을 만족시키지 못했는데 열 살의 이동양이 나서서 아래 두번째 구절의 대구를 만들었다. 이를 보고 노승은 크게 칭찬하고 자신의 목에 걸고 있던 단향목(檀香木) 염주를 이동양의 목에 걸어주었다고 한다. 그러므로 위의 주련은 수륙사 노승과 어린 이동양의 합작품인 셈이다.

1950년에 모택동은 주은래 총리와 함께 귤자주에 와서 이 대련에 글

자 몇 개만 바꾸어 다음과 같은 대련을 남기기도 했다.

橘子洲 洲旁舟 舟走洲不走 (귤자주 주방주 주주주부주)
天心閣 閣中鴿 鴿飛閣不飛 (천심각 각중합 합비각불비)

귤자주, 그 옆의 조각배, 조각배는 달리나 귤자주는 달리지 않네
천심각(天心閣), 각 속의 비둘기, 비둘기는 날지만 천심각은 날지 않네

전하는 말로는 앞의 구절은 모택동이 짓고 뒤의 구절은 주은래가 지었다고 하는데 사실 여부는 알 수 없다. 이것을 모택동과 주은래의 창작이라 말하는 사람도 있지만 사실이 아니다. 노승과 이동양이 합작했다고 하는 대련을 모택동과 주은래는 익히 알고 있었을 것이고 모·주 두 사람은 귤자주에 와서 이 유명한 대련을 떠올리며 흥에 겨워 몇 글자를 고쳐 한번 읊어본 것일 뿐이다.

천심각 1층의 바깥쪽 두 기둥에 쓰인 주련은 청나라 학자 황조매(黃兆梅)의 작품으로 알려져 있다.

四面雲山皆入眼 (사면운산개입안)
萬家煙火總關心 (만가연화총관심)

사방의 구름과 산이 모두 눈에 들어오고
일만 집의 밥 짓는 연기 모두가 걱정이네

안으로 들어가면 '문운창성(文運昌盛)'이라 쓴 편액이 걸려 있고 양옆에 '장원급제(壯元及第)' '진사(進士)'라 쓰인 목판과, 역대 호남의 장원 명단, 역대 장사의 진사 명단이 새겨져 있다. 그리고 학문을 관장한다는 문창성(文昌星)과 문운을 관장한다는 규성(奎星)을 의인화한 신상(神像)이 놓여 있다. 이로 보면 천심각은 후대에 문운이 창성하기를 기원하는 장소가 되었음을 알 수 있다. 2층에는 명나라 말 장사 출신의 관리 유의(俞儀, 1598~1643)의 작품 「천심각 조망(天心閣眺望)」이 걸려 있다.

누각은 높아 허공을 밟는 듯하고
사방의 구름 산은 병풍과 같네

담주(潭州)의 좋은 풍경 알려주노니
이슬비 내리는 일만 집이 그림 속이네

樓高渾似踏虛空　四面雲山屏障同
指點潭州好風景　萬家煙雨圖畫中

'담주'는 장사의 옛 이름이다. 이 시는 천심각을 노래한 최초의 작품으로 알려져 있다.

천심각 오른쪽의 부속건물에는 '남병(南屏)'이란 편액이 달려 있고 안에 '사수징심(沙水澄心, 사수가 마음을 맑게 한다)'이라 쓰인 편액이 있는데

'사수'는 장사 시내의 약수터 백사고정(白沙古井)에서 솟아나는 물을 일 컫는다. 남병이란 편액이 달린 건물에는 황학루, 악양루를 비롯한 중국 역대 명루(名樓)들을 소개하고 있다. '북공(北拱)'이란 편액이 달린 왼쪽 건물 안에는 또 '녹병용취(麓屏聳翠, 악록산 병풍이 푸르게 솟아 있다)'라 쓰인 편액이 있다. 여기서는 장사와 관련된 영상물을 상영하고 있었다.

천심각을 둘러싼 옛 성벽

천심각을 둘러싸고 있는 장사 고성장(古城墻, 옛 성벽)도 볼만하다. 이 성벽은 기원전 202년에 축조되고 1372년에 중수했는데 신해혁명 후 민 국 초년에 성벽을 허물면서 약 387미터만 남겨둔 것이 지금까지 그대로 있다. 성은 내성(內城)과 외성(外城)으로 이루어져 있고 외성을 월성(月 城)이라 부른다. 월성에는 11개의 포동(炮洞, 대포를 비치한 공간)에 옛 대포 가 그대로 보존되어 있고 내성 위에는 두 개의 대포가 있는데 별명이 '홍 포대장군(紅袍大將軍)'이다. 이 대포는 부근 철불사(鐵佛寺)의 철불을 녹 여서 만든 것이라 한다.

장사성(長沙城)은 지세가 험하고 높은 곳에 위치하고 있기 때문에 예 부터 군사적 요충지로 중시되었다. 1852년에 태평천국군이 장사성을 공 격했으나 끝내 함락시키지 못하고 81일 만에 퇴각한 사실을 보아도 이 성의 군사적 가치를 짐작할 수 있다. 거칠 것 없이 세력을 확장해가던 태 평천국군이 호남성에서 유일하게 함락하지 못한 곳이 장사성이었다.

태평군혼 조각상 1852년 태평천국의 서왕(西王) 소조귀(蕭朝貴)가 장사성을 공격하는 장면을 조각한 것으로, 태평천국군의 불굴의 투쟁정신을 기리기 위해 만들었다.

천심각 남쪽 고성벽(古城壁) 아래에 태평군혼(太平軍魂) 조각상이 있다. 이 조각상은 1852년 태평천국의 서왕(西王) 소조귀(蕭朝貴)가 장사성을 공격하는 장면을 조각한 것이다. 이 전투에서 소조귀는 예의 '홍포대장군'에 맞아 상처를 입고 말에서 떨어져 사망했다. 비록 성을 함락시키지 못하고 81일 만에 퇴각하고 말았지만 태평천국군의 불굴의 투쟁정신을 높이 기려서 이 조각상을 만든 것이다. 여기에는 태평천국운동을 반봉건 농민운동으로 높이 평가하는 중국 당국의 시각이 반영되어 있다고 하겠다.

높이 6미터의 조각상은 세 명의 상징적인 인물을 형상화한 것이다. 중앙에 말을 타고 군사를 지휘하는 소조귀의 모습이 있고 오른쪽에는 벽돌을 쥐고 던지려는 자세로 절규하는 늙은 병사가 조각되어 있다. 왼쪽에는 칼을 잡고 뒤돌아보며 전우를 부르는 듯한 여군(女軍)이 조각되어 있다. 홍수전(洪秀全)은 태평천국을 선포하면서 남녀평등을 주창하고 여관(女官)을 설치함으로써 여성의 참정권을 인정했으며 여군을 양성하여 남자들과 동등하게 전투에 참여케 했다. 이 조각상의 여군은 이를 나타낸 것이다. 태평군혼 조각상은 태평천국군의 완강한 분투정신을 생동감 있게 잘 표현하고 있다.

천심각 경내에는 이밖에도 훈풍정(薰風亭), 일향정(逸響亭) 등의 건물이 있다.

장사 제일의 샘
백사고정

뛰어난 효능을 가진 약수
백사고정 공원
중국술 4 백사액

뛰어난 효능을 가진 약수

천심각에서 멀지 않은 곳에 백사고정(白沙古井)이 있다. 백사고정은 일종의 약수터인데 언제부터 있었는지는 알 수 없고, 다만 1639년에 간행된 『장사부지(長沙府志)』에 "백사정은 현의 동남쪽 2리에 있는데 우물은 1척밖에 되지 않지만 맑고 향기롭고 감미로워 온 고을의 관원들이 끊이지 않고 물을 길으니 장사의 제일천(第一泉)이다"라는 기록이 있는 것으로 보아 적어도 17세기 중엽 무렵에는 유명한 샘이었음을 알 수 있다.

백사고정의 물은 맑고 깨끗하여 이 물로 차를 끓이면 향기롭고 술을 담그면 시지 않고 장을 담그면 썩지 않으며 심지어 토사곽란(吐瀉癨亂, 토하고 설사하면서 배가 아픈 병)도 멈추게 하는 등의 효능이 있는 것으로 알려져 있다. 이 지방의 유명한 술 백사액(白沙液, 308~11면 참조)도 이 물로 빚은 것이다. 또한 여름에는 시원하고 겨울에는 따뜻하며, 넘쳐흐르는 법이 없고 아무리 퍼내어도 줄어들지 않아 1년 내내 일정한 수량을 유지한다고 한다. 그래서 백사고정은 천하의 명천(名泉)인 제남의 표돌천(趵突泉), 귀양의 누돌천(漏突泉), 무석의 혜산천(惠山泉)에 비견되기도 한다. 원래는 우물이 하나였는데 명나라 말에 두 개가 되었고 그후 늘어나서 현재는 네 개가 되었다.

명성이 이러하기 때문에 명·청 이래로 장사 사람들은 대대로 이 물을 음용수로 사용했다. 급기야는 가난한 계층에서 이 물을 길어다가 고을 사람들에게 판매하는 등짐장수가 생기기도 했다. 청나라 말 이래로 일부 관리들이 여러 가지 방법으로 백사정의 물을 두고 농간을 부리자 고을의 현령이 관정(官井)과 민정(民井)으로 구분하여 감독했으며, 민국 초년에는 어떤 군벌이 우물에 비를 세워 '마시는 물' '판매하는 물' '관군에게 공급하는 물' 등으로 나누어놓기도 했다. 한때는 등짐장수들의 모임인 '도수회(挑水會)'가 결성되어 백사정의 물을 판매하려면 협회에 일정액의 돈을 납부하도록 했다고 한다.

백사고정 공원

신중국 성립 후에는 일반인들이 자유롭게 이 물을 마실 수 있게 되었고 1950년에 우물 주위를 정비했다. 2001년에는 백사고정 일대를 대대적으로 재정비하여 '백사고정 공원'으로 조성했다. 공원 입구의 패방식

백사고정 공원 입구의 패방식 대문

(牌坊式) 대문에는 중앙에 '백사고정(白沙古井)'이란 편액 양쪽에 '성천부
윤(星泉溥潤, 성천이 두루두루 윤택하게 한다)' '옥례류감(玉醴流甘, 옥 같은 샘물
이 달게 흐른다)'이라 쓰여 있다. '성천'은 백사고정을 말한다. 네 개의 기
둥 중 안쪽의 두 기둥에는 다음과 같은 주련이 쓰여 있다.

> 高天聚風月一園 是造物之無盡藏 好爲寄興怡神也
> (고천취풍월일원 시조물지무진장 호위기흥이신야)
> 古井媲瀟湘八景 看游人之所共適 都在廉泉讓水間
> (고정비소상팔경 간유인지소공적 도재염천양수간)

백사고정 장사에서 으뜸가는 우물로, 마을 사람들이 물을 긷고 있다. 이 물로 차를 끓이면 향기롭고 술을 담그면 시지 않고 장을 담그면 썩지 않으며 토사곽란도 멈추게 하는 효능이 있다고 전해진다.

    높은 하늘이 풍월을 한 공원에 모았으니 이는 조물주의 무진장이어서 흥을 부치고 정신을 기쁘게 하기에 좋다.
    옛 우물은 소상팔경에 비길 수 있으니 유람객들이 함께 가는 곳을 보면 모두 염천과 양수의 사이로다.

    '조물주의 무진장'이란 말은 소동파의 「적벽부」에 나오는 구절로, 달과 물로 대표되는 자연은 조물주의 다함이 없는 곳간과 같은 것이어서 아무리 써도 닳아 없어지지 않는다는 뜻이다. '염천(廉泉)'과 '양수(讓水)'는 옛 양주(梁州) 지방에 있었던 강 이름인데 여기에 얽힌 고사가 복잡하지만 간단히 말하면, 남북조 시대 송나라의 범백년(范柏年)이 이 지역을 맡아 다스리니 민풍이 순박하고 고을이 화평하게 되었다고 한다.

청렴하다는 뜻의 '염(廉)'자와 겸양
하다는 뜻의 '양(讓)'자에 걸맞은 얘
기이다. 여기에서 유래된 '염천양
수'라는 성어는 청렴한 관리라는 뜻
과 함께 고을의 습속이 순박하고 아
름답다는 뜻으로 사용되었다. 백사
고정의 주련은, 이 물을 마심으로써
범백년의 경우처럼 고을의 습속이
순박해지고 관리들이 청렴해진다
는 의미로 쓴 것이다. 염천, 양수, 고

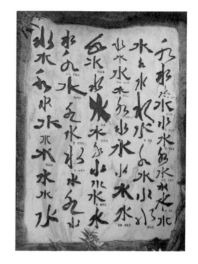

물 '수(水)'자를 여러 서체로 새긴 비석

정(古井)이 모두 물과 관련된 말이라
는 것에서 착상한 구절이다.

우물 뒤의 공원으로 올라가면 여러 가지 서체(書體)의 '수(水)'자를 새
긴 비석이 보이고 긴 회랑이 이어진다. 회랑 벽에는 광민본(曠敏本)의
「백사정기(白沙亭記)」, 채이칭(蔡以偁)의 「백사이천기(白沙二泉記)」, 왕선
겸(王先謙)의 절구 시, 모택동의 「수조가두·유영(水調歌頭 遊泳)」 등을 돌
에 새긴 수많은 비석과 선각(線刻)으로 그려진 「관민급수도(官民汲水圖)」
등이 진열되어 있다.

이 백사고정에는 폭우로 일정에 차질이 생겨 이번에는 가보지 못했으
나 2015년에 갔을 때 우물에는 수많은 사람들이 물통에 물을 길어 담고
있었다. 그때 우리 일행도 미리 준비한 컵으로 모두 물을 맛보았다. 물맛
은? 글쎄, 잘 모르겠다.

백사액

백사액(白沙液)은 장사백사주업유한
책임공사(長沙白沙酒業有限責任公司) 제
품으로 호남성을 대표하는 백주(白酒)
이다. 이 공사의 전신은 1952년에 설립
된 장사주창(長沙酒廠)이다. 백사액은
네 가지 특징을 지니고 있다.

첫째, 겸향형(兼香型) 백주이다. 백주의 향은 크게 장향형(醬香型), 농향
형(濃香型), 청향형(淸香型), 미향형(米香型), 기타향형의 다섯 가지로 분류
되는데 현재는 기타향형에 속하는 백주가 점점 많아지는 추세다. 겸향형
은 이 기타향형에 속하는 것으로 두 가지 향을 겸한 향형을 말한다. 일반
적으로 장향과 농향을 겸한 백주를 겸향형 백주라 한다. 겸향형에도 장
향이 위주가 되는 것과 농향이 위주가 되는 것으로 나뉘는데 전자의 대
표적인 백주가 백운변주(白雲邊酒, 『중국 인문 기행』 1권 126면 참조)이고 후
자의 대표적인 백주가 신랑주(新郞酒)이다. 백사액은 장향과 농향이 적절
하게 조화를 이룬 백주로 중국에서 최초로 만들어진 겸향형 백주이다.

둘째, 장사의 유명한 백사고정(白沙古井)의 물로 빚은 술이다. 물은 '술
의 피'라 일컬어질 만큼 중요해서 좋은 술은 반드시 좋은 물로 빚어야 한
다. 백사고정의 물은, 차를 끓이면 향기롭고 술을 담그면 시지 않고 장을
담그면 썩지 않으며 심지어 토사곽란도 멈추게 하는 등의 효능이 있는

것으로 알려져 있다.

셋째, 모택동이 이름을 지은 술이다. 1974년 모택동이 호남지방에 왔을 때 마침 그의 생일이어서 그 지방의 간부가 이 술을 올리며 축수를 했다. 그는 술을 맛보고 나서 참 좋은 술이라며 이 술의 유래를 묻자 지방간부가 대답했다.

"이 술은 장사주창에서 만든 것인데 아직 이름이 없습니다."

모택동은 한 잔을 더 마시고 나서 이렇게 말했다.

"이 술은 매우 좋다. 백사고정의 물로 빚어서 술의 품질과 맛이 매우 좋으니 이름을 '백사액'으로 하는 것이 좋겠다."

백사액은 이렇게 해서 붙여진 이름인데 이 고장 사람들은 이를 매우 자랑스럽게 생각한다. 상표의 '白沙液' 글자도 모택동이 쓴 것이다.

넷째, 술병이 특이하게도 조롱박 모양으로 되어 있다. 조롱박[葫蘆]은 중국인들이 악귀를 물리치고 복을 가져다주며 자손을 번성시키는 길상물(吉祥物)로 여겨왔다.

백사액은 역사가 그리 오래되지 않았는데도 모택동의 작명에 힘입었음인지 1970년대 말에는 중국 3대 명주의 반열에 올라 '호상모태(湖湘茅台)'로 불리기도 했다. '호남성의 모태주'란 뜻이다. 1988년에 제1회 중국 식품박람회에서 금상을 수상한 것을 비롯해서 수많은 수상 경력을 갖고 있으며 1992년에는 제1회 방콕 박람회에서 금상을 수상한 바 있다. 백사액을 말할 때 장사 사람들이 빼놓지 않고 거론하는 시가 있는데 두보의 「발담주(發潭州, 담주를 떠나며)」이다. '담주'는 장사의 옛 이름이다.

지난밤 장사주(長沙酒)에 취하고

상수(湘水)의 봄날 새벽, 길을 떠나니

강 언덕의 꽃잎 날아 나그네를 전송하고
돛대의 제비는 가지 말라 지저귀네

가부(賈傅) 같은 재능은 일찍이 없었고
저공(褚公)의 글씨는 견줄 사람 없었네

두 사람은 앞뒤 시대에 명성이 높았는데
돌이켜 생각하니 언제나 마음 아프네

夜醉長沙酒　曉行湘水春
岸花飛送客　檣燕語留人
賈傅才未有　褚公書絶倫
高名前後事　回首一傷神

　두보가 세상을 뜨기 1년 전(769년), 장사의 상강(湘江)에서 배를 타고
형주(衡州)로 가면서 쓴 시이다. 가부(賈傅)는 한나라의 가의(賈誼)를 가리
키고 저공(褚公)은 당나라의 저수량(褚遂良)을 가리킨다. 두 사람 모두 뛰
어난 재능을 지녔음에도 이곳 장사로 좌천된 적이 있기 때문에 두보 자
신의 처지에 비겨서 언급한 것이다.
　이 시의 첫 구절 "지난밤 장사주(長沙酒)에 취하다"에서의 '장사주'가
곧 백사액이라는 것이다. 그러나 이는 지나친 말인 듯하다. 중국의 백주
는 원나라 때 일반화되었다는 것이 정설인데, 두보가 살았던 당나라 때
는 아직 백사액과 같은 증류주가 만들어지지 않았다고 보아야 한다. 백

사액의 근원을 멀리 거슬러 올라가면 두보 당시의 '장사주'에 닿을 수도 있겠지만 이 시에서의 '장사주'는 그냥 '장사에서 생산되는 술' 정도로 보는 것이 타당할 것이다. 두보와 같은 대시인이 마시고 취했다고 말함으로써 백사액의 명성을 높이려는 장사 사람들의 심정은 이해가 된다. 어쨌든 백사액은 매우 좋은 술임에 틀림없다.

변방으로 좌천된
천재 문학가 가의

한 문제 때의 유능한 신하 가의

다음 행선지는 장사 시내의 가의고거(賈誼故居)이다. 가의(기원전 200~
기원전 168)는 서한(西漢, 전한) 초의 저명한 정치가이자 문학가로 젊은 시
절부터 재명(才名)이 있어 문제(文帝) 때 21세에 박사가 되고 이듬해에 태
중대부(太中大夫)가 되었다. 그는 정치, 군사, 경제면에서 진보적이고 개
혁적인 정책을 제출했으나 기득권을 지키려는 주발(周勃), 관영(灌嬰) 등
고관들의 참소로 기원전 176년 수도 장안에서 멀리 떨어진 장사로 좌천
되어 장사왕(長沙王)의 태부(太傅)를 지냈다. 그래서 후세에 그를 '가장사
(賈長沙)' '가태부(賈太傅)'로 부르기도 했다.

당시 경제적으로 낙후한 변방의 제후국 장사국(長沙國)에서는 가의를
대대적으로 환영했다. 그는 연소한 장사왕 오저(吳著)를 보필하여 경제

발전을 이루고 민생을 안정시키는 데에 크게 기여했다. 그가 장사에서 이룬 가장 큰 업적은 사전(私錢)의 주조를 금지한 일이었다. 당시 주변국 오월(吳越)의 사전이 대량으로 유입되어 물가가 폭등하고 경제가 혼란에 빠진 것을 보고 장사국 승상 이희(利豨)와 의논하여 이를 금지시킨 것이다. 그는 문제(文帝)에게도「간주전소(諫鑄錢疏, 동전을 만들라고 건의한 상소문)」를 올려 사전 문제를 건의했으나 제대로 시행되지 않고 있다가 무제(武帝) 때 오수전(五銖錢)을 발행함으로써 결실을 맺었다. 이 화폐의 무게가 5수(銖, 1수는 0.65그램)였기 때문에 오수전이라 불렸다. 한 무제의 가장 큰 업적 중의 하나인 오수전 발행의 발상은 가의의 아이디어에서 나온 것이다.

가의는 기원전 173년 3년여의 장사 생활을 끝내고 장안으로 귀환했다. 그리고 1년 후 문제는 미앙궁(未央宮, 한나라 때의 궁전)의 선실(宣室, 문제가 거처하던 궁실)로 가의를 불러 밤늦도록 대화를 나누었다. 마침 종묘 제사가 끝난 뒤라 제사 음식을 나누어 먹으면서 문제가 집중적으로 질문한 것은 귀신의 문제였다. 가의가 논리정연하게 귀신론(鬼神論)을 펼치자 문제는 군신 간의 체면도 잊고 가의 옆으로 바짝 다가가 경청했다고 한다. 그러고 나서 말하기를 "내가 가생(賈生)을 보지 못한 지가 오래되었도다. 나는 스스로 가생보다 낫다고 여겼으나 지금 보니 내가 그보다 못하도다"라 말했다. 당나라 이상은(李商隱)의 유명한 시「가생(賈生)」은 이 선실에서의 대화를 묘사한 작품이다.

선실(宣室)에서 현인(賢人) 구해 축신(逐臣)을 찾았으니

가의의 재주는 짝할 이 다시 없네

애석타! 한밤중에 부질없이 다가앉아
백성을 묻지 않고 귀신을 물었도다

宣室求賢訪逐臣　賈生才調更無倫
可憐夜半虛前席　不問蒼生問鬼神

'축신(逐臣)'은 '쫓겨난 신하' 즉 가의를 가리킨다. 문제가 인재를 중시해서 가의와 같은 현인을 구한 것은 좋았는데 뜻밖에도 백성의 문제를 묻지 않고 귀신을 물었다는 것이다. 여기서 귀신은 사후세계를 뜻한다. 황제는 백성들의 생활보다 죽은 후 자신의 상황이 더 궁금했던 것이다. 이상은은 이 시를 통하여 당시 만당(晚唐)의 황제들이 노장사상에 젖어 불로장생을 추구하는 것을 비판함과 동시에, 자기처럼 재능이 있는 인사가 쓰이지 못하는 현실을 가의를 빌려서 풍자하고 있다. '백성을 묻지 않고 귀신을 물었다(不問蒼生問鬼神)'는 이 구절은, 후대에 임금이 신하에게 민생에 관한 질문을 하지 않는 것을 질책하는 말로 널리 사용되었다.

오직 귀신에만 관심이 있는 황제는 가의를 중용하지 않고 자신이 아끼고 사랑하는 막내아들 양회왕(梁懷王)의 태부(太傅)로 임명했다. 비록 조정의 중책을 맡지는 않았지만 그는 황제에게 여러 정책을 건의하여 변함없는 충성을 나타내었다. 그중 중요한 것이 장문의 「치안책(治安策)」이다. 이 글은 이렇게 시작한다.

신이 가만히 사세를 생각해보니 가히 통곡할 만한 것이 한 가지요, 가히 눈물을 흘릴 만한 것이 두 가지요, 가히 길이 탄식할 만한 것이 여섯 가지이며, 기타 이치에 어긋나고 도(道)를 해치는 일들은 두루 열거하기가 어렵습니다.

臣竊惟事勢 可爲痛哭者一 可爲流涕者二 可爲長太息者六 若其它背理而傷道者 難遍以疏擧

당시 한(漢) 제국이 당면한 국정 현안을 조목조목 열거하고 그 해결책을 제시하고 있다. 이중에서 흉노로 대표되는 변방 소수민족의 처리와, 세력이 강대해진 제후국을 견제하여 중앙집권을 확립하는 일은 한 무제 때 전면적으로 시행하게 되었으니 가의의 정론(政論)은 실로 '한무성세(漢武盛世)'의 토대가 되었다 할 수 있다. 이뿐만 아니라 한 무제가 유학을 국가의 지도이념으로 채택한 것도 거슬러 올라가면 가의의 정책에 그 뿌리를 두고 있다. 한 무제가 칙명으로 '가의기공비(賈誼紀功碑, 가의의 공훈을 기리는 비)'를 세운 것은 국가를 위한 가의의 공적을 높이 평가했기 때문이다. 이 비석의 정식 명칭은 '대한칙각가의기공비(大漢勅刻賈誼紀功碑)'인데 오랫동안 유실되었다가 1911년 철로공사 중 발굴된 후 여러 사람의 손을 거치다가 지금은 행방이 묘연하다.

모택동은 일찍이 "「치안책」은 서한(西漢) 일대(一代)의 가장 훌륭한 정론이다"라 말했으며 노신(魯迅)도 "「치안책」과 「과진론(過秦論)」은 서한의 큰 문장이어서 후인에게 젖어든 혜택이 심원하다"라 말한 바 있다. 기원전 169년(문제 11년) 회왕이 말에서 떨어져 사망한 후 가의는 자책하고 애통해하다가 몸이 쇠약해지자 스스로 음식을 끊고 죽었다. 향년 33세. 모택동은 뛰어난 경륜을 지니고도 젊은 나이에 생을 마감한 가의를 애도하며 다음과 같은 시를 지었다.

가생의 재주는 세상에 짝이 없어
통곡하는 심정으로 「조굴원부(弔屈原賦)」 지었네

양왕이 낙마한 건 보통 있는 일인데
어찌 그리 슬퍼하여 삶을 맡겨버렸는가

賈生才調世無倫 哭泣情懷弔屈文
梁王墜馬尋常事 何用哀傷付一生

여기에는, 자신이 모시는 양왕이 말에서 떨어져 죽었다고 해서 그토록 애통해하며 스스로 목숨을 버리기까지 한 가의에 대한 연민의 정과 함께, 가의의 경솔한 행동을 질책하는 듯한 뜻도 들어 있다. 일찍이 소동파도 「가의론(賈誼論)」에서 이렇게 말한 바 있다.

재주를 지니는 것이 어려운 것이 아니고 그 재주를 스스로 활용하는 것이 어려운 것이다. 애석하도다, 가생(賈生)은 왕을 보좌할 만한 재주를 지녔으나 스스로 그 재주를 활용할 줄 몰랐다. (…) 군자가 얻으려는 것이 원대하면 반드시 기다리는 바가 있어야 하고, 성취하려는 것이 크면 반드시 참는 바가 있어야 한다. (…) 가생과 같은 자는 한 문제가 가생을 등용하지 않은 것이 아니라 가생이 한 문제를 활용하지 못한 것이다. (…) (그는) 묵묵히 변화를 기다리지 않고 스스로 몸을 해쳐서 이 지경에 이르렀으니 오호라! 가생은 뜻은 크지만 국량은 작았고 재주는 넘치지만 식견이 부족했도다.

장사 시민들의 긍지 '가의고거'

가의가 살던 집 가의고거(賈誼故居)는 한 무제의 칙명으로 제1차 중수를 거친 이래 64차례나 중수를 거듭했다고 한다. 이렇게 역대로 수없이 허물어지고 중건되면서 많은 시인 묵객이 방문하여 수많은 시를 남겼다. 신해혁명(1911년) 시기에는 호남 혁명지사들의 반청(反淸) 활동의 중심지가 되었고 5·4운동(1919년) 전후에는 모택동, 채화삼 등이 이곳을 근거지로 활동했다. 1938년의 '문석대화(文夕大火)' 때 고택 대부분이 소실되었으나 곧 태부전(太傅殿)을 재건했다. 1945년 이후에는 소방서, 피복창(被服廠) 등으로 사용되기도 했고 문화대혁명이 일어나자 금속 공장, 유아원 등으로 사용했다. 1971년에는 가의 소상(塑像)이 도난당하는 수난을 겪었다. 소상 안에 황금이 있다는 소문을 믿은 누군가가 소상을 훔쳐간 것이다. 이 소상은 지금까지 그 행방을 알 수 없다고 한다.

가의고거 가의가 살던 집을 오늘날 대대적으로 중수한 것으로, 예부터 많은 시인 묵객들이 방문하여 수많은 시를 남겼다.

　　지금의 가의고거는 새롭게 중수하여 1999년 대외에 개방한 건물이다. 장사(長沙)는 예부터 '굴가지향(屈賈之鄕, 굴원과 가의의 고장)'으로 불렸다. 굴원과 가의가 이 고장 출신은 아니지만 장사 시민들은 이곳을 굴원과 가의의 혼이 서려 있는 곳이라 여겨 대단한 자부심을 지니고 있다. 이런 장사인들의 긍지가 가의고거를 대대적으로 중수하고 재정비하게 만든 것이다. 현재의 가의고거는 명·청 시기에 있었던 가의고거의 약 15분의 1에 해당한다고 한다.

2천 년 전 가의가 판 우물

가의고거를 들어서면 우선 영벽(影壁)이 눈에 들어온다. 영벽은 건물의 내부를 환히 들여다볼 수 없도록 세운 일종의 가림막인데 이를 조벽(照壁)이라고도 한다. 여기에는 가의와 가의고거에 대한 간단한 소개문이 새겨져 있다. 영벽 왼쪽에는 가의정(賈誼井)이 있다. 그가 장사에 도착했을 때 하인들이 멀리 상강(湘江)의 물을 길어오는 번거로움을 덜어주기 위하여 그가 직접 팠다는 우물로 2천여 년 전의 원형 그대로 보존되어 있다. 후대에 가의 고택을 중수할 때 이 우물을 표지로 삼았을 만큼 역사성을 지닌 유적이다. 지금은 우물을 보호하기 위하여 정자를 지어놓았는데 거기에는 '장회정(長懷井)'이란 편액이 걸려 있다. 이 명칭은 두보의 시 「청명(淸明)」 2수 중 제1수에서 따온 것이다.

정왕(定王)의 옛 성은 보이지 않고
언제나 그리운 가부정(賈傅井)은 그대로네

不見定王城舊處 **長懷**賈傅井依然

두보의 장사 생활에 대해서는 앞에서 서술한 바 있거니와 이 시는 그가 죽기 1년 전에 지은 작품이다. 정왕(定王)은 경제(景帝)가 비빈(妃嬪) 정희(程姬)의 시녀인 당희(唐姬)와 뜻하지 않게 동침한 후 낳은 아들로 천한 어머니의 신분 때문에 황제의 사랑을 받지 못하고 장사왕으로 봉해

장회정 가의가 2천 년 전에 손수 판 우물로, 원형대로 보존되어 있다. '장회(長懷)'는 두보의 시에서 따온 것
이다.

졌다. 그는 매년 이곳의 좋은 쌀을 어머니에게 보내고 돌아오는 길에 장
안의 흙을 가져오게 하여 대(臺)를 쌓았다. 여러 해를 거쳐 대가 완성되
자 그 위에 올라가 장안을 바라보며 어머니를 그렸다고 한다. 이를 정왕
대(定王臺) 또는 망모대(望母臺)라 하는데 두보 시의 "정왕의 옛 성"은 이
것을 가리킨다. "가부정(賈傅井)"은 '가태부(賈太傅)의 우물' 즉 가의정을
가리킨다. 이 시의 뒤 구절 "장회가부정의연(長懷賈傅井依然)"의 '장회(長
懷)'와 '정(井)'을 따서 후대에 우물을 '장회정'으로 부른 것이다. 두보 시
의 영향력이 얼마나 큰 것인가를 짐작할 수 있다.

가의 사당에 새겨진 명구들

안쪽에 가의의 사당인 가태부사(賈太傅祠)가 있고 사당 앞 기둥에는 다음과 같은 주련(柱聯)이 걸려 있다.

絳灌亦何心 辜負五百年名士 (강관역하심 고부오백년명사)
沉湘猶爲恨 凭弔千萬古騷人 (원상유위한 빙조천만고소인)

강후(絳侯)와 관영(灌嬰)은 무슨 마음으로 오백 년 명사를 저버렸는가
원수(沉水)와 상수(湘水)는 아직도 한이 맺혀 수많은 옛 시인을 애도
하도다

강후는 주발(周勃)인데 관영과 함께 가의를 모함하여 장사왕 태부로
좌천시킨 장본인들이다. "오백 년 명사"는 '오백 년에 한 번 나올까 말까
한 명사' 즉 가의를 가리킨다. 원수와 상수는 호남성을 흐르는 강으로 이
지역을 말한다. 사당 문 양옆에는 또 이런 대련이 걸려 있다.

庭列瑤階 林挺瓊樹 (정열요계 임정경수)
榮曜秋菊 華茂春松 (영요추국 화무춘송)

뜰에는 옥 같은 섬돌, 숲에는 옥 같은 나무
가을 국화 빛나고 봄 소나무 무성하네

가태부사 가의 사당이다. 장사왕의 태부를 지냈기 때문에 '가태부'라 불렀다.

사당 안에는 오른손에 붓을 들고 있는 가의의 좌상(坐像)이 놓여 있고 그 뒤 나무 병풍에 당나라 유장경(劉長卿)의 시 「장사과가의택(長沙過賈誼 宅)」이 초서로 새겨져 있다. 이 시에 대해서는 뒤에서 언급한다. 좌상 밑에는 검은 석판에 가의가 지은 「과진론(過秦論)」의 다음과 같은 글귀가 새겨져 있다. 「과진론」은 상·중·하 3편인데 이 글귀는 하편 마지막 부분에 나오는 구절이다.

이 때문에 군자가 나라를 다스림에, 상고(上古)의 일을 관찰하여 당세의 일에 시험해보고 인사(人事)에 참고한다. 성하고 쇠한 이치를 살피고 권세의 마땅함을 깨달아서 나아가고 물러남에 차례가 있고 때에 따라서 변화한다. 그렇기 때문에 오랫동안 사직이 편안하다.

가의상 나라의 현안에 대해 정론을 펼쳤던 가의답게 기개와 강직함이 느껴진다. 좌상 뒤의 나무 병풍에 당나라 유장경(劉長卿)의 시 「장사에서 가의의 고택을 방문하다(長沙過賈誼宅)」가 새겨져 있다.

是以君子爲國 觀之上古 驗之當世 參之人事 察盛衰之理 審權勢之
宜 去就有序 變化因時 故曠日長久 而社稷安矣

사당의 나무 병풍 뒤에는 또 가의의 대표적 정론문(政論文) 중의 하나
인 「대정(大政)」의 한 구절이 동판에 새겨져 있다.

그러므로 예부터 지금에 이르기까지 무릇 백성과 원수가 된 자는
혹은 더디게 혹은 빠르게 민심이 그를 이겼다.

故自古及今 凡與民爲仇者 或遲或速 而民心勝之

굴원의 처지를 자신에 빗댄「조굴원부」

사당 양쪽 벽에는 가의의 대표적 문학 작품인「조굴원부(弔屈原賦)」와「복조부(鵩鳥賦)」전문이 걸려 있어서 천재적인 문학가이며 사상가인 그의 전모를 살필 수 있도록 잘 꾸며놓았다. 여기서 저 유명한「조굴원부」전문을 소개한다. 이 작품은 그가 장사왕 태부로 좌천되어 올 때 굴원이 투신한 멱라수를 지나며 지은 것인데, 뛰어난 재주와 경륜을 지녔음에도 불구하고 참소하는 무리들의 모함을 받아 이곳으로 추방당한 굴원의 처지를 자신에 빗대어 표현한 것이다. 그는 이 글을 멱라수에 띄워 굴원을 조문(弔問)했다고 한다.

임금님의 아름다운 은혜를 공손히 받들어 장사에서 죄를 기다리던 중, 들으니 굴원이 멱라수에 빠져 죽었다 하네. 나아가 흐르는 상강(湘江)에 뜻을 붙여 공경히 선생을 애도하노라. 망극한 세상을 만나 마침내 몸을 잃었으니 아! 슬프게도 상서롭지 못한 때를 만났도다. 난새와 봉황새는 엎드려 숨어 있고 올빼미는 드높이 활개 치네. 용렬한 자들이 존귀해지고 아첨하는 자들이 뜻을 얻으며 성현은 거꾸로 끌려다니고 올바른 자들은 거꾸로 놓였도다. (은자인) 변수(卞隨)와 백이(伯夷)를 더럽다 하고 (큰 도적) 도척(盜跖)과 장교(莊蹻)를 청렴타 하네. (명검) 막야검(莫邪劍)을 무디다 하고 무딘 칼을 날카롭다 하네. 아! 묵묵히 선생이 화를 당했도다. 주나라의 구정(九鼎)을 굴려서 내버리고 흙으로 만든 질그릇을 보배로 삼네. 지친 소에 멍에 매어 몰고 절름거리는 나귀를 곁말로 삼으며, 천리마는 두 귀를 늘어뜨리고 소금 수레를 끌도다. (머리에 쓰는) 장보관(章甫冠)을 신발 밑에 깔았으니 그 형세가 오래 가지 못하리니 아! 슬프다, 선생이여 홀로 이 재앙에 걸렸도다.

수(誶)에 이르기를, 다 틀렸도다, 나라에 날 알아주는 이 없구나. 나 홀로 답답한 마음 그 누구에게 말하리오. 봉황이 훨훨 높이 날아가니, 진실로 스스로 끌어서 멀리 떠나가는 것이네. 깊은 못에 숨은 신령스러운 용은 깊이 못 속에 잠김으로써 스스로 보중하네. 교달(뱀처럼 생긴 벌레로 소인에게 비유됨)을 피해 숨어 삶이여, 어찌 새우와 거머리와 지렁이를 따르랴. 귀하게 여기는 것은 성인의 신성한 덕이라 흐린 세상·멀리하여 스스로를 감추었도다. 기린을 옭아매어 묶어놓으면 개나 양과 다를 게 있겠는가? 도리어 어지러이 이런 허물에 걸렸으니 이 또한 선생의 잘못이로다. 구주(九州)를 두루 다니며 임금을 도울 것이지 어찌 하필 이 나라만 연연하셨나? 봉황은 천 길 높이 날면서 덕이 빛나는 곳을 보면 내려오고, 덕이 없는 험악한 기미를 보면 멀리 날개를 펴서 가버린다네. 저 작고 더러운 도랑이 어찌 배를 삼킬 만한 고기를 용납할 수 있으리오. 강호를 가로지르는 고래가 진실로 땅강아지와 개미에게 눌렸도다.

恭承嘉惠兮 竢罪長沙 仄聞屈原兮 自湛汨羅 造托湘流兮 敬弔先生
遭世罔極兮 廼殞厥身 烏虖哀哉兮 逢時不祥 鸞鳳伏竄兮 鴟鴞翶翔 闒
茸尊顯兮 讒諛得志 賢聖逆曳兮 方正倒植 謂隨夷溷兮 謂跖蹻廉 莫邪
爲鈍兮 鉛刀爲銛 于嗟默默 生之亡故兮 斡棄周鼎 寶康瓠兮 騰駕罷牛

驂蹇驢兮 驥垂兩耳 服鹽車兮 章甫薦屨 漸不可久兮 嗟苦先生 獨離此
咎兮 諤曰 已矣 國其莫吾知兮 予獨壹鬱其誰語 鳳縹縹其高逝兮 夫固
自引而遠去 襲九淵之神龍兮 沕淵潛以自珍 偭蟂獺以隱處兮 夫豈從
蝦與蛭螾 所貴聖之神德兮 遠濁世而自藏 使麒麟可係而羈兮 豈云異
夫犬羊 般紛紛其離此郵兮 亦夫子之故也 歷九州而相其君兮 何必懷
此都也 鳳凰翔于千仞兮 覽德輝而下之 見細德之險微兮 遙增擊而去
之 彼尋常之汙瀆兮 豈容吞舟之魚 橫江湖之鱣鯨兮 固將制於螻蟻

가의를 위한 태부전엔 굴원도 있어

가태부사 뒤편 건물엔 전서(篆書)로 태부전(太傅殿)이라 쓰인 편액이
걸려 있고 전각 앞 기둥에는 이런 주련이 달려 있다.

親不負楚 疏不負梁 愛國忠君眞氣節 (친불부초 소불부양 애국충군진기절)
騷可爲經 策可爲史 經天行地大文章 (소가위경 책가위사 경천행지대문장)

초나라를 저버리지 않았고 양회왕을 저버리지 않았으니 애국충군
의 참다운 기개와 절개로다
「이소(離騷)」는 경(經) 될 만하고 「치안책(治安策)」은 사(史) 될 만하
니 천지간의 대문장이라

태부전 내부의 보조 전시실에 가의의 행적과 업적, 그의 사상 등이 게시되어 있다.

   '초나라를 저버리지 않았다'는 것은 굴원의 행적이고, '양회왕을 저버리지 않았다'는 것은 가의의 행적이다. 원문의 '친(親)'과 '소(疏)'는 번역하지 않았는데, '親'은 굴원이 초나라 왕과 성(姓)이 같은 친밀한 관계에 있다는 뜻이고, '疏'는 가의와 양회왕이 동성(同姓)이 아닌 단순한 상하관계여서 굴원의 경우보다 다소 소원(疏遠)하다는 뜻으로 보인다. '親' '疏' 두 글자가 큰 의미를 지니는 것은 아니고 두 구절의 대(對)를 맞추기 위하여 쓴 것으로 보인다. 하련의 「이소」는 굴원의 작품이고 「치안책」은 가의의 작품이다. 이렇게 이 주련은 굴원과 가의를 함께 칭송하고 있다. 가의를 기념하는 건물에 굴원을 함께 언급한 것은 두 사람의 처지가 비

숫해서 늘 '굴가(屈賈)'로 병칭되기 때문이기도 하지만 나 개인적인 생각
으로는 또 다른 곡절이 있는 듯하다.

가의 사당은 명 신종(神宗) 8년(1580년)에 굴원과 가의를 함께 모시는
'굴가사(屈賈祠)'로 개편되었다가 청 광서(光緒) 1년(1875년)에 이를 분리
하여 악록서원 안에 굴자사(屈子祠)를 따로 건립했다. 앞의 주련을 쓴 좌
보(左輔)는 청 건륭 연간(1736~1795)의 인물이다. 그러니 그가 이 주련을
쓸 때는 분리되기 전의 '굴가사' 시절이기 때문에 굴원과 가의를 함께
언급한 것이라 생각된다. 후에 가의고거를 최종적으로 중수할 때 별 생
각 없이 좌보의 주련을 태부전에 걸었던 것이 아닌가 한다. 이것은 어디
까지나 순전히 나 개인적인 의견일 뿐이다. 태부전 문 옆의 대련(對聯)은
이렇다.

長沙不久留才子 (장사불구류재자)
漢室求賢訪逐臣 (한실구현방축신)

장사는 재자(才子)를 오래 머물지 않게 했고
한실(漢室)은 현인(賢人) 구해 축신(逐臣)을 찾았도다

상련은 왕유(王維)의 시 「송양소부폄침주(送楊少府貶郴州)」의 한 구절
이고 하련은 앞에서 살펴본 이상은의 시 「가생(賈生)」의 첫 구절이다. 다
만 미앙궁의 '선실(宣室)'을 '한실(漢室)'로 고쳤을 뿐이다.

태부전의 양쪽 보조 전시실에는 가의고거 사략(賈誼故居史略), 가의고

거 청대 평면도, 가의 대사 연표(賈誼大事年表) 등과 함께, '가의의 사상체계'란 제목 아래 가의의 사상을 민본사상, 치국방략, 경제정책, 교육이론, 통일주장, 어외책략(御外策略)으로 나누어 설명하고 있다.

심추초당에 새겨진 유장경의 시구절

태부전 뒤쪽 건물이 심추초당(尋秋草堂)인데, 명·청 시기에 정부의 관료나 사회의 저명인사가 가의 사당에 참배한 후 차를 마시고 시를 짓거나 그림을 그리던 곳이다. 지금은 무슨 이유에선지 안으로 들어갈 수 없게 해놓았다. 안을 들여다보니 정면 중앙에 '천하치안(天下治安)'이란 편액이 걸려 있고 양쪽 옆에 다음과 같은 대련이 있다.

秋草獨尋人去後 (추초독심인거후)
斷流空弔水無情 (단류공조수무정)

사람 가버린 후 가을 풀 속에서 홀로 찾으니
흐름 끊긴 강물을 하릴없이 슬퍼해도 강물은 정이 없네

앞의 구절은 유장경(劉長卿)의 시 「장사과가의택(長沙過賈誼宅, 장사에서 가의의 고택을 방문하다)」의 한 구절로 이 시는 이렇다.

심추초당 명·청 시기에 정부의 관료나 사회의 저명인사가 가의 사당에 참배한 후 차를 마시고 시를 짓거나 그림을 그리던 곳이다.

이곳에 좌천되어 그럭저럭 삼 년 세월
초객(楚客)의 슬픔만 만고에 남아 있네

사람 가버린 후 가을 풀 속에서 홀로 찾으니
찬 숲에 비낀 해가 보이는 때로다

도(道)를 지닌 한 문제의 은총 외려 박했는데
상수(湘水)는 무정하니 나의 조문(弔問) 어이 알리

쓸쓸한 강산에 낙엽이 지는 곳
그대는 어이하여 이 하늘 끝에 이르렀나

三年謫宦此栖遲 萬古惟留楚客悲
秋草獨尋人去後 寒林空見日斜時
漢文有道恩猶薄 湘水無情弔豈知
寂寂江山搖落處 憐君何事到天涯

'초객(楚客)'은 '초나라의 나그네'란 뜻으로 가의를 가리킨다. 장사가
옛 초나라 땅이기 때문에 이렇게 말한 것이다. 그리고 이 시 제3구의 '추
초독심인거후(秋草獨尋人去後)'에서 '심(尋)'자와 '추(秋)'자를 조합해서
건물 이름을 '심추초당'이라 한 것이다. 이 시는 가의고거를 읊은 수많
은 작품 중에서 가장 인구에 회자되는 시이다. 앞의 대련의 두번째 구절
은 뜻을 잘 모르겠다. 아마 '강물처럼 면면히 이어져오던 가의의 정신이
지금은 끊어진 것을 슬퍼하지만 강물은 이를 아는지 모르는지 무정하기
만 하다'는 정도의 의미일 것으로 짐작된다.

패추정에 세워진 가의 기공비

심추초당 오른쪽에 패추정(佩秋亭)이라는 조그마한 정자가 있는데 광
서(光緖) 2년(1876년)에 건립한 것이다. 정자 기둥에는 예서(隸書)로 다음

패추정 패추정 안에 한 무제 칙명으로 세운 기공비(紀功碑)가 있다. 가의의 공훈을 기리려는 목적으로 세운 것이다.

과 같은 주련이 걸려 있다.

石床柑樹跡雲徂 (석상감수적운조)
故宅猶傳賈太傅 (고택유전가태부)

돌 평상 감귤나무 자취, 구름 속에 사라졌지만
옛집엔 가태부가 아직도 전해지네

'돌 평상' 즉 석상(石床)은 가의가 장사에 온 초기에 그곳의 습하고 더운 기후 때문에 고생하는 걸 보고 장사왕이 그에게 만들어 보낸 것인데 전대흔(錢大昕, 1728~1804)이 이 대련을 쓸 당시에는 없어졌던 모양이다. 기록에 의하면 석상은 항일전쟁 시기에 없어졌다고도 하고 1958년에 도난당했다고도 한다. 전대흔 당시에 없어진 것을 그후 다시 회수했다가 1900년대에 또 없어진 것인지 정확히 알 수가 없다. 이 석상은, 가의가 직접 심었다는 두 그루의 감귤나무, 그리고 우물과 함께 가의고거의 삼보(三寶)로 일컬어지기도 한다. 패추정 안에는 원래 이 석상과 한 무제 칙명으로 세운 기공비(紀功碑)가 있었다고 하는데 원래의 것은 모두 없어지고 지금 정자 안에는 후대에 복각(復刻)한 기공비만 놓여 있다. 이 기공비의 제목은 전서로 '대한칙각(大漢勅刻)'이라 쓰여 있다. 비문의 내용은 이렇다.

가군(賈君)의 이름은 의(誼)로 낙양인인데 시문(詩文)에 능하여 고을에 소문이 났다. 당시 하남 태수인 오정위(吳廷尉)가 조정에 천거하니 효문제가 불러서 박사로 삼고 건너뛰어 태중대부(太中大夫)에 이르렀다. 일찍이 정삭(正朔)을 개정하고 복색(服色)을 바꾸고 관명(官名)을 정하고 예악을 일으킬 것을 청하여 한(漢)나라의 제도를 확립하고 진(秦)나라 법을 제거했다. 이어 장사왕의 태부로 삼았다. 후에 황제가 가의를 생각하여 불러보고 양회왕의 태부로 삼았다. 당시 흉노가 변경을 침범하니 여러 제후왕들이 제 신분을 벗어난 짓을 하는지라 회남왕과 제북왕을 불러 모두 역모로 주살(誅殺)했다. 이에 군은 '육책

(六策)'으로 치안을 확보했다. 죽은 후 당시 이름난 유학자(名儒)가 특별히 비문을 지어 그의 공덕을 기록했다.

賈君諱誼 洛陽人 能誦詩屬文 聞于郡中 時吳廷尉爲河南府 薦於朝廷 孝文皇帝召以爲博士 超遷至太中大夫 曾請改正朔 易服色 定官名 興禮樂以立漢制 除秦法 迺以爲長沙太傅 後帝思誼 召見拜爲梁王太傅 時匈奴侵邊 諸王侯僭位 招淮南齊北 皆以逆誅 君迺六策 以保治安 卒後 當時名儒特作碑 表以紀功德

패추정 앞 바위에는 이런 문구가 붉은 글씨로 새겨져 있다.

民之治亂在於吏 (민지치란재어리)
國之安危在於政 (국지안위재어정)

백성을 잘 다스리고 잘못 다스리는 것은 관리에 달려 있고
나라가 안전한가 위태로운가는 정치에 달려 있다

가의가 지은 「대정(大政)」 상(上)에 나오는 구절이다.

비랑(碑廊)에는 두보, 유장경, 백거이, 이상은, 왕안석, 모택동 등의 시 21수를 새긴 비석과, 역대 가의고거를 중수한 후 세운 비석의 비문들이 전시되고 있다.

천년 고찰
개복사

장사 시내의 임제종의 사원
고해무변 회두시안

장사 시내의 임제종의 사원

이번 기행의 마지막 방문지는 장사 시내에 있는 명소 개복사(開福寺)이다. 개복사는 중국 불교 8대 종파의 하나인 선종(禪宗)의 임제종(臨濟宗) 양기파(楊岐派) 사원이다. 개복사는 오대십국(五代十國) 시기(907~960)인 927년에 건립되었는데 전성기에는 승려 1,000여 명이 거주했다고 한다. 수(隋), 당(唐)을 거쳐 송나라의 도녕조사(道寧祖師) 때 중흥기를 맞았고 명나라 말에 전란으로 훼손된 것을 청나라 때 네 차례에 걸쳐 중수했다. 현재의 중요건물은 청 광서(光緒) 연간(1875~1908)에 중수한 것이다.

이후 1948년 1월부터 1949년 5월까지는 국민당 군대가 주둔하여 군기창(軍器廠)으로 사용되기도 했다. 신중국 성립 후 1952년에 중수했으

개복사 장사 시내에 있는 임제종 사원으로 산문은 4주(柱) 3문(門)으로 되어 있다.

나 문화대혁명 때 파괴되고 사원에 있던 진귀한 문물들이 모두 산실되었다. 이때 없어진 것으로 서적 12,125책, 대장경 6부, 서화 164점, 비첩(碑帖) 114점, 크고 작은 불상 1,200개 등이었다고 한다.

문화대혁명이 끝난 1980년에 다시 중수했고 1994년에는 비구니 수학 도장으로 바뀐 후 주지인 능정법사(能淨法師)가 2004년부터 대규모로 확장 중수하여 2011년에는 북송(北宋) 말 전성기의 규모를 거의 회복했다. 능정법사는 2002년 한국 불교계의 초청으로 우리나라를 방문한 바 있다.

고해무변 회두시안

4주(柱) 3문(門)으로 되어 있는 산문(山門)의 중앙 문 위에 '고개복사(古開福寺)'라 쓰여 있고 좌우에는 각각 '회두(回頭)' '시안(是岸)'이라 쓰여 있다. 이 말은 불교용어인 '고해무변 회두시안(苦海無邊 回頭是岸)'의 한 구절이다. 즉 인간이 겪는 고통은 끝없는 바다와 같은데 이 고통의 바다(苦海)에서 벗어나 해안(岸)에 닿으려면 고개를 돌려야 한다(回頭)는 것이다. 고개를 돌린다는 것은 생각을 바꾸고 부처의 가르침을 깨달아 회개한다는 말이다. 중앙 문 양쪽에는 다음과 같이 쓰여 있다.

紫微棲鳳 (자미서봉)　자미산에는 봉(鳳)이 깃들고
碧浪潛龍 (벽랑잠룡)　벽랑호에는 용이 잠겨 있네

자미산은 개복사 근처에 있는 산 이름이고 벽랑호는 사원 안에 있는 호수이다. 봉새와 용 같은 훌륭한 고승이 개복사에서 많이 배출된다는 뜻이다. 산문을 들어서면 백옥(白玉)으로 된 관음보살상이 서 있고 그 뒤로 삼대전(三大殿)이 차례로 나타난다.

이 삼대전이 개복사의 중심 건물이다. 맨 앞의 건물이 미륵전인데 여기에는 어느 사원에서나 볼 수 있듯이 미륵불과 위타보살(韋陀菩薩)과 사천왕상이 있다. 물론 미륵불은 중국식 미륵불인 포대화상(布袋和尙)이다.(포대화상에 대해서는 『중국 인문 기행』 2권 209면 이하 참조) 그 뒤에 대웅보전이 있다. 여기엔 중앙에 석가모니불이 있고 양쪽에 아난존자(阿難尊者)

개복사 앞마당의 동자승 석상 왼쪽 석상에 비례물청((非禮勿聽), 즉 '예가 아니면 듣지도 말라'고 쓰여 있다.

와 가섭(迦葉)이 시립(侍立)하고 있으며 금빛 찬란한 십팔나한도 볼 수 있다. 또한 대웅전 양쪽 옆에는 문수보살과 보현보살이 모셔져 있다. 대웅보전 뒤에 있는 비로전(毘盧殿)에는 비로자나불(毘盧遮那佛)과 오백나한상이 있다.

삼대전 동쪽에 근래에 신축한 대비전(大悲殿)이 있는데 개복사에서 규모가 가장 큰 건물로 안에 관음보살상이 있다. 이밖에도 개복사에는 재신전(財神殿) 등 여러 건물이 있다. 그리고 사찰 앞마당 곳곳에 배치된 수십 개의 동자승(童子僧) 석상이 눈길을 끈다. 갖가지 모습의 조그마한 동자상은 귀엽기 그지없다. '비례물청(非禮勿聽, 예가 아니면 듣지도 말라는 뜻)'이란 제목의 동자승은 두 손으로 귀를 막고 있고, '비례물언(非禮勿言,

예가 아니면 말하지도 말라는 뜻)'이란 제목의 동자승은 손가락으로 입을 가리고 있다. 어떤 동자승은 빗자루를 들고 바닥을 쓸고 있으며 또 어떤 동자승은 무술 연습을 하고 있다. 동화세계에 들어온 느낌이 들었다.

세계를 놀라게 한
마왕퇴 한묘(漢墓)

한나라 초기의 '지하 박물관'
호화생활을 누린 무덤의 주인들
2천 년간 썩지 않은 승상의 부인
고급 칠기와 화려한 견직물
비단에 그린 그림과 지도
비단에 쓰인 귀중한 문헌들

중국술 5 겁남춘

한나라 초기의 '지하 박물관'

마왕퇴(馬王堆, 마왕두이)는 장사시 근교의 지명이다. 오래전에는 이곳을 '쌍녀총(雙女冢)' '이희묘(二姬墓)'로 불렸다. '이희'는 한나라 경제(景帝)의 두 비빈인 정희(程姬)와 당희(唐姬)인데 앞서 '가의고거(賈誼故居)'를 다룬 글에서 설명한 바 있다. 또 이곳은 오대(五代) 시대의 초왕(楚王) 마은(馬殷)과 그 가족들의 묘라고 전해져오기도 했는데 마왕퇴라는 지명이 여기서 유래된 듯하다. 그러다가 1971년 이곳 마왕퇴의 '해방군 366의원(解放軍366醫院)'에서 지하 방공호(또는 지하 병동을 짓기 위해서라고도 한다)를 파내려가다가 '귀화(鬼火, 도깨비불)'가 나타난 것이 계기가 되어 대대적인 발굴이 시작되었다. 귀화는 공동묘지 등에서 흔히 나타나는 현상이다.

340

마왕퇴 3호묘 발굴 현장

1972년부터 1974년까지 발굴 작업을 벌인 결과 세 개의 무덤에서 3,000여 점이나 되는 한(漢)나라 초기의 진귀한 유물이 발견되어 세계를 놀라게 했다. 더욱 놀라운 것은 이 '마왕퇴 한묘(漢墓)'의 유물들이 2100여 년 동안 거의 완전한 형태로 보존되었다는 점이다. 이 유물들은 그동안 장사 시내에 있는 호남성박물관에 진열되어왔는데 장기간의 보수공사로 인하여 한동안 관람할 수 없었다. 공사기간이 아마 10여 년쯤 걸린 듯하다.

이번 여행에서는 가보지 못했으나 장사를 얘기할 때 마왕퇴를 빼놓을 수 없기에, 보수공사 이전에 호남성박물관에 두어 번 갔던 기억을 되살리고 또 관련 문헌을 참고해서 여기 거칠게나마 소개한다.

호화생활을 누린 무덤의 주인들

세 개의 무덤은 장사국(長沙國) 승상으로 대후(軑侯)에 봉해진 이창(利蒼)과 그 부인 신추(辛追) 그리고 그들의 아들 이희(利豨)의 무덤인 것으로 밝혀졌다. 이창의 신분은 2호 묘에서 발굴된 세 개의 인장에서 확인되었다. '이창(利蒼)'이라 새겨진 옥으로 만든 인장과 '대후지인(軑侯之印)' '장사승상(長沙丞相)'이라 새겨진 청동으로 만든 두 개의 인장이 그것이다. 발굴된 순서에 따라 신추의 묘는 1호 묘, 이창의 묘는 2호 묘, 이희의 묘는 3호 묘라 명명되었다.

한나라 고조 유방(劉邦)은 천하를 통일한 후 자기를 도와준 공신들을 제후왕(諸侯王)으로 봉했다. 이 후왕(侯王)들은 그 지역의 모든 세금을 자기 소유로 했고 관리 임면권을 가지고 있었으며 왕의 직위도 세습되었다. 후에 이들이 막강한 세력을 바탕으로 반란을 일으키는 등의 조짐을 보이자 중앙에서는 이들을 견제하기 위하여 각 제후국에 승상을 직접 파견했다. 2호 무덤의 주인인 이창은 이 제후국들 중에서 오예(吳芮)가

1호묘에서 출토된 비단옷 1호와 3호 묘에서 나온 고급 비단 의복만 17상자에 달한다고 한다.

다스리는 장사국의 승상으로 임명되었다. 그리고 얼마 후 공로를 인정받아 대(軑)라는 지역의 후(侯)에 봉해졌다. '대'라는 땅을 식읍(食邑)으로 받은 '대후(軑侯)'가 된 것이다. 대후는 세습되는 지위여서 이창이 죽은 후에는 그 아들 이희가 물려받아 제2대 대후가 되었다.

당시 장사국은 경제적으로 열악한 상황이었고 대(軑) 땅 또한 인구가 많지 않은 조그마한 지역이었다. 그럼에도 불구하고 무덤에서 출토된 유물로 보건대 이창의 재산은 지금으로 말하면 억만장자 급에 속하는 것으로 추정된다. 공식적으로 그가 받는 2,000석의 녹봉만으로는 이렇게 많은 재산을 모을 수 없다. 국왕 다음가는 승상의 지위를 이용해서 세금을 긁어모으고 백성의 재물을 탈취하는 등의 부정한 방법으로 재산을 증식했다고 추정할 수밖에 없다.

그는 기원전 186년에 사망하면서 많은 재산을 남겼고 이를 바탕으로 부인 신추는 생전에 호화로운 생활을 했다. 이창이 사망했을 때 신추의 나이는 30세가량이었던 것으로 추정된다. 신추의 무덤인 1호 묘와 이희의 무덤인 3호 묘에서 나온 화려한 출토품이 이를 말해준다. 1호와 3호 묘에서 나온 고급 비단 의복만 17상자에 달하고 이들 대부분은 고급 자수(刺繡) 제품이라고 한다. 당시의 비단은 매우 진귀한 것이었다. 비단과 함께 무덤에서 출토된 칠기(漆器) 등과 생전에 소유했을 것으로 보이는 가옥, 전답, 마차, 노비 등을 합해서 환산하면 그들의 재산은 황금 1만 근에 해당한다는 것이 전문가들의 계산이다. 황금 1만 근은 오늘날 2톤 반에 해당하는 분량이다.(웨난『마왕퇴의 귀부인』, 이익희 옮김, 일빛 2005 참조)

이창이 죽었을 때 아들 이희는 15세가량의 소년이었기 때문에 비록 대후의 직위는 계승했지만 중앙정부로부터 높은 작위를 받지는 못하고 장사국의 중위(中尉)에 임명되었던 듯하다. 중위는 무장부대의 총사령관에 해당되는 무관직이다. 그의 무덤에서 출토된 대량의 무기와 병서(兵書), 군사지도 등이 이를 말해준다. 무덤에서 출토된 '장사국 남부 지형도'와 '주군도(駐軍圖)'는 그가 장사국 남쪽의 남월(南越)과의 전투에 수차례 참전했음을 알려준다. 그후 문제(文帝)의 회유정책으로 남월이 복속해옴으로써 더이상의 전쟁은 없었지만 이희는 30세의 이른 나이에 죽는다. 이희가 죽은 지 약 3년 후인 기원전 165년에 어머니 신추도 50여세의 나이로 사망했다.

이희는 생전에 극도로 호화로운 생활을 했다. 이것은 무덤에서 발견된 '견책(遣策)'에 의하여 확인할 수 있다. '견책'은 망자와 함께 무덤에 같이 묻은 물품의 명단과 수량을 적은 죽간(竹簡)이다. 이희의 무덤인 3호 묘에서는 312개의 견책이 발견되었는데 여기에는 그가 쓰던 호화로운 물품의 명단과 함께 856인의 인물도 기재되어 있다. 이에 따르면 그

1호묘에서 출토된 목용 정교하게 만들어진 많은 나무 인형들은 당시
의 복식, 두발 모양 등을 연구하는 데 귀중한 자료이다.

는 24명의 가신(家臣), 9명의 환관, 100여 명의 처첩, 150명의 노예, 300명
의 사병(私兵)도 보유하고 있었다. 그러나 이 인물들이 견책에 기록되었
다고 해서 무덤에 생매장된 것은 아니고 각각의 인물에 해당하는 목용
(木俑, 나무 인형)으로 대신했다. 무슨 이유에서인지 모르지만 실제로 3호
묘에서 발견된 나무 인형은 104개이다. 발견된 나무 인형은 104개이지
만 그가 생전에 856명을 거느리고 살았다는 것은 확실하다. 이창의 무덤
인 1호 묘에서는 162개의 목용이 나왔다. 이 나무 인형들은 정교하게 만
들어져 당시의 복식(服飾), 두발 모양 등을 연구하는 데에 귀중한 자료가
되고 있다.

호남성박물관 1호묘 진열실 장사 호남성박물관에 '마왕퇴 한묘'에서 발굴한 각종 유물들이 전시되어 있다.

2천 년간 썩지 않은 승상의 부인

마왕퇴 한묘의 가장 경이적인 유물(?)은 1호 묘의 주인 신추의 시신이
다. 시신은 20겹의 비단옷으로 싸여 있고 9개의 끈으로 묶여 있었다. 이
를 다 뜯어내자 알몸의 시신이 나타났는데 외형은 완전했고 엷은 황갈
색의 피부에는 아직 탄력이 있었다. 팔다리의 관절도 자유롭게 구부러
지고 펴졌다. 그뿐만 아니라 손가락과 발가락의 지문도 선명했고 왼쪽
귀의 고막도 온전했으며 입안에는 16개의 치아가 남아 있었다. 신장은
154센티미터, 몸무게는 34.3킬로그램, 혈액형은 A형이었다.

시신을 해부한 결과 내장기관도 양호하게 보존되어 있었다. 쉽게 부

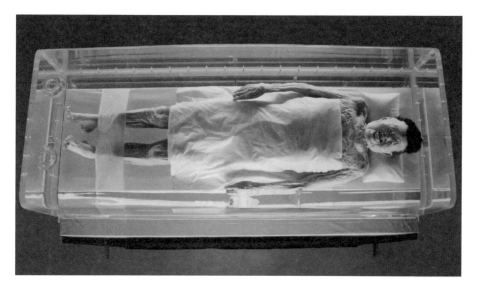

신추의 미라 2천여 년 동안 몸이 썩지 않고 완벽하게 보존되어 있다. 키 154센티, 몸무게 34.3킬로, 혈액형 A형.

패하는 임파선도 그대로였고 정맥혈관 내에 응고한 혈전(血栓)이 아직 남아 있을 정도로 양호했다. 그리고 식도와 위, 대장에서 138개의 참외 씨가 발견되었는데 이것은 죽기 전 24시간 이내에 음식을 먹었다는 증거로 그녀는 발병 후 하루 만에 사망한 것으로 보인다. 이른바 돌연사한 것이다. 여자는 생전에 여러 가지 질병을 앓고 있었던 듯한데 그중에서도 심한 동맥경화로 인한 심장병이 돌연사의 원인으로 추정된다. 무덤에 수장된 각종 육류로 보아 그녀가 평소 고기를 즐겨 먹어 몸집이 비대했던 것으로도 추정할 수 있다.

시신이 어떻게 해서 2천여 년 동안 완벽하게 보존될 수 있었을까? 시신을 20겹의 비단으로 싸고 관에 안치한 후 남은 공간을 직물 등으로 꽉

채웠기 때문에 관 안의 잔류 공기가 적은데
다가 또 밀봉된 3중의 내관(內棺)과 2중의 외
곽(外槨)이 시신을 둘러싸고 있어서 공기가
극히 희박하게 된다. 그나마 남아 있던 공기
중의 산소도 무덤에 수장된 육류, 생선 등의
단백질 식품이 산화하는 과정에서 모두 소
진되었을 것으로 보인다. 게다가 관 위에는
80센티미터 두께의 숯을 덮었고 또 그 위에
는 사방에 1.3미터 두께의 백고니(白膏泥)를
덮고 그 위에 흙을 덮어서 바닥에서 꼭대기
까지 20미터의 봉분을 쌓았다. 백고니는 미
세한 결정의 고령토(高嶺土)라고 한다. 이렇
게 외부로부터의 공기 유입을 철저히 차단
했기 때문에 시신을 부패시킬 세균이 서식
할 수 없었을 것으로 추론된다.

복원한 신추 모습(밀랍인형)

　이밖에도 두 가지 사실에서 추론해볼 수
있는 점이 있다. 하나는, 시신을 해부한 후 일부 조직에서 납과 수은의 잔
류량이 일반인의 수십 배 내지 수백 배 검출되었다는 점이다. 이것은 신
추가 당시 유행하던 단약(丹藥)을 복용했기 때문인 것으로 보인다. 단약
은 당시 사람들이 불사약으로 믿었던 것으로 주성분은 납과 수은의 화
합물이다. 억만장자의 신분으로 불로장생의 꿈을 꾸면서 단약을 복용했
으리라는 것은 쉽게 짐작할 수 있는 일이다. 그런데 아이러니한 것은, 단

약의 장기복용으로 인한 수은의 축적이 그녀의 생명을 단축시켰음과 동시에 이 수은 성분이 일종의 방부제 역할을 했으리라는 추측이다.

또 하나는, 관을 열었을 때 발견된 80리터가량의 다갈색 액체가 시신의 부패를 방지했을 것이라는 추측이다. 시신은 이 액체에 잠겨 있었는데 액체의 정체에 대해서는 아직 결론이 나 있지 않다. 한약제로 만든 인공 방부제를 주입했을 것이라 추측하기도 하고, 묘실 내의 수증기가 응결되어 생긴 물일 것이라 추측하기도 한다. 실험을 해본 결과 액체는 산성(酸性)을 띠고 있었으며 어떤 미생물도 검출되지 않은 것으로 보아 약하나마 일정한 정도의 항균, 살균 작용을 했을 것으로 추정된다.

2호 묘와 3호 묘에서는 시신이 발견되지 않았다. 2호 묘에는 도굴로 인해 유물들이 거의 남아 있지 않았고 3호 묘는 숯과 백고니 층에 약간의 틈이 있는 등 건축상의 하자가 있어서 유물들이 1호 묘의 유물만큼 완벽하게 보존되지는 못했다.

고급 칠기와 화려한 견직물

칠기는 먼 상고시대부터 사용되어오다가 서한(西漢) 때 칠기문화가 전성기를 맞이했다. 칠기는 제작과정이 매우 복잡하고 정교해서 하나를 만드는 데 12가지의 공정을 거치기 때문에 비용이 많이 드는 고급 물건이다. 서한 선제(宣帝) 때 환관(桓寬)의 저작인『염철론(鹽鐵論)』에 칠기를 가리켜 "하나의 술잔을 만드는 데 100명의 힘이 들어가고 하나의 병풍을 만드는 데 10,000명의 공력이 들어간다"고 했을 만큼 귀한 물건이어서 그 가격이 동(銅)으로 만든 기물의 10배에 달했다고 한다. 옻칠을 하면 외관이 아름다울 뿐만 아니라 오래 보관할 수 있기 때문이다. 거기에다 그림까지 그려 넣으면 금상첨화이다.

마왕퇴 한묘에서는 이러한 칠기가 700여 점 이상 출토되었다. 그 종류도 다양해서 숟가락·술잔·쟁반·합·국자 등 찬구(饌具), 병풍 등의 가구, 비파·피리·바둑 등의 오락기구, 여자들의 화장도구에서부터 각종 병기까지 망라되어 있다. 칠하는 기법과 그 위에 그린 칠화(漆畵)도 각양각색이어서 마왕퇴는 칠기의 보고라 할 만하다. 1호 묘에서 발굴된 어떤 칠기 안에서는 국물과 연뿌리 조각이 선명한 채로 발견되기도 했다. 역시 1호 묘의 한 합(盒)에는 찹쌀로 만든 떡 종류가 들어 있었다고 한다. 이로 미루어 당시 장사 지방은 쌀이 많이 생산되었고 쌀 가공업도 발달했으리라 짐작하기도 한다.

이배(耳杯)라는 특이한 칠기도 있다. 이배는 양쪽에 사람 귀 모양의 기다란 손잡이가 달린 용기인데 바닥에 '군행식(君幸食, 그대에게 음식을 권합니다)' '군행주(君幸酒, 그대에게 술을 권합니다)'라는 글씨가 쓰여 있는 것으로 봐서 밥그릇이나 술잔으로 사용되었던 것 같다.

무덤에는 또 100여 점의 방직물과 의복이 보존되어 있었다. 대부분 비단인데 여러 종류의 원단에 여러 가지 무늬가 있는 비단, 그리고 이 비단으로 만든 각종 용도의 의복이 대량으로 발견되었다. 이들은 2천 년이 지났는데도 색채가 선명했다고 한다.

마왕퇴 한묘에서 출토된 칠기　다양한 종류의
칠기가 700여 점 이상 출토되었는데, 이배
(耳杯, 아래 사진)라는 특이한 칠기는 양쪽
에 사람 귀 모양의 손잡이가 달린 용기로, 밥
그릇이나 술잔으로 사용되었던 것 같다.

비단에 그린 그림과 지도

백화(帛畵)는 비단에 그린 그림을 말하는데 무덤에서는 모두 열 폭의 백화가 발견되었다. 그중에서 1호 묘와 3호 묘에서 나온 두 폭의 T형 백화가 가장 유명하다. 이는 후대의 명정(銘旌)에 해당하는 것으로 장사 지낼 때 죽은 사람의 신분을 나타내기 위하여 성명, 관직 등을 써서 상여 앞에서 길을 인도하고 하관할 때 관 위에 덮는다. 1호와 3호 묘의 T형 백화는 그 구도가 대체로 비슷해서 위는 천상의 세계, 중간은 인간 세계, 아래는 지하 세계를 나타내는 각종 그림이 그려져 있다. 1호 묘 백화의 중간 부분에는 귀부인이 시녀 세 명의 부축을 받으며 하늘로 올라가는 길목에 서 있고 3호 묘에는 청년 남자가 보검(寶劍)을 차고 있는 모습이 그려져 있어서 묘 주인이 신추와 이희임을 가리키고 있다.

이밖에도 3호 묘에서 「거마의장도(車馬儀仗圖)」와 「유락도(遊樂圖)」가 발견되었다. 「거마의장도」에는 주인공 이희 주위에 무기를 든 수백 명의 군사와 악대(樂隊), 그리고 수레와 백여 명의 기마병이 그려져 있다. 그림을 해석하기에 따라 명칭이 달라지는데, 이희가 남월과의 전투를 위해서 출정하는 의식으로 보아 '거마의장도'라 칭하기도 하고, 전쟁에서 승리하고 개선하는 장면으로 보아 '개선귀래도(凱旋歸來圖)'라 부르기도 한다. 「유락도」는 심하게 훼손되었지만 남아 있는 조각으로 짐작하건대 묘 주인이 사냥을 하거나 그 가족이 뱃놀이하는 모습이라 추정된다.

3호 묘에서는 또 비단에 그린 진귀한 지도가 발견되었다. 그중 「지형도(地形圖)」는 장사국 남부 지형도인데 산맥과 하천, 그리고 하천 주위의

T형 백화 관 위에 덮는 명정(銘旌)으로 마왕퇴 한묘에서 발견된
12폭의 백화(비단에 그린 그림) 중 'T형 백화'가 가장 유명하다.

80여 마을이 표시되어 있다. 아마 남월과의 전투를 위한 군사용 지도일 것으로 추정된다. 이것은 세계에서 가장 오래된 지도로 평가되고 있다. 또 하나의 지도인 「주군도(駐軍圖)」는 장사국과 남월 경계 지역의 군사 배치도로 지형을 이용한 고대 군사 작전을 보여주는 진귀한 자료이다.

비단에 쓰인 귀중한 문헌들

백서(帛書)는 비단에 쓴 글씨를 말한다. 당시는 아직 종이가 만들어지기 전이었기 때문에 대나무나 비단에 글씨를 써서 보관했다. 마왕퇴에서 발굴된 백서는 역사, 화학, 문학, 군사, 회화, 의학, 천문, 지리, 기상 등의 분야에 걸친 50여 종, 12만 자에 달하는 기록물로 가히 '지하 도서관'으로 부를 만하다. 이들의 서체(書體)는 소전(小篆)과 예서(隸書), 그리고 소전에서 예서로 변하는 중간 과정의 서체로 되어 있어 이 시기 한자 발전의 전모를 살필 수 있다. 또한 문자학, 훈고학, 음운학 연구의 중요 자료가 되고 있다. 이중 중요한 몇 가지를 소개한다.

• 노자 도덕경(老子道德經): 갑, 을 두 본(本)이 발견되었는데 이는 현행 왕필본(王弼本)과 하상공본(河上公本)보다 4세기 이른 본이다. 특이한 것은 현행본과 달리 '덕편(德篇)'이 '도편(道篇)'의 앞에 놓인 '덕도경(德道經)'의 형태를 취하고 있다는 점이다.

• 전국종횡가서(戰國縱橫家書): 모두 27장 11,200자로 된 전국시대의 역사로, 이중 11장은 현행『전국책』『사기』에 수록되어 있으나 나머지

천문기상잡점 세계에서 가장 오래된 혜성도(彗星圖)이다.

16장은 실전(失傳)된 것이다. 그러므로 사마천도 미처 보지 못한 부분이 많아 전국시대 역사 연구의 귀중한 자료로 평가된다.

• 주역(周易): 4,500자로 된 최고본(最古本)『주역』으로 괘(卦)의 배열 등 현행본과는 다른 점이 있다.

• 춘추사어(春秋事語): 2,000자로 된『좌전(左傳)』의 원 형태일 것으로 추정된다. 현행『좌전』과『사기』에 없는 기록이 많이 들어 있다.

• 오성점(五星占): 세계에서 가장 오래된 천문서(天文書)로 토성의 공전주기를 30년이라 밝힌 대목이 있는데 이는 현대 천문학자들의 29.46년설에 근접한 이론이다. 또한 '오성행도(五星行度)'에서는 금성, 목성, 수성, 화성, 토성의 운행을 설명하기도 했다.

• 천문기상잡점(天文氣象雜占): 세계에서 가장 오래된 혜성도(彗星圖)

이다. 여기서는 혜성의 머리와 꼬리를 그림으로 그려놓았다.

• 오십이병방(五十二病方): 내과, 외과, 산부인과, 소아과, 안과, 피부과 등 각 분야의 질병 치료방법 280개 항목이 10,000자에 걸쳐 기록되어 있다.

이밖에도 일종의 의료보건체조의 동작을 그린 「도인도(導引圖)」, 노쇠 방지, 체력증진 등 양생보건을 위한 처방 80여 가지를 수록한 「양생방(養生方)」 등이 있다.

검남춘

검남춘(劍南春)은 사천검남춘집단유한책임공사(四川劍南春集團有限責任公司)에서 생산하는 농향형 백주로 전국 평주회(評酒會)에서 3,4,5회 연속 중국명주로 선정된 바 있다. '검남(劍南)'은, 검남춘이 생산되는 사천성 면죽시(綿竹市, 멘주시)가 당나라 때 검남도(劍南道)에 소속되었기 때문에 그 지명을 따온 것이다. '도(道)'는 당나라 때 행정구역의 명칭이다. 또 일설에는 면죽시가 검문관(劍門關) 이남에 있어서 붙인 이름이라고도 한다. '춘(春)'은 당나라 때 술에 붙였던 애칭이다.

검남춘이 생산되는 면죽시는 지금은 인구 50만 남짓한 소도시이지만 옛날엔 농업이 발달하여 경제적으로 꽤 번영을 누리던 곳이었다고 한다. 이곳은 서쪽의 청장고원(靑藏高原)과 동쪽의 사천분지 사이에 위치하고 있어서 서쪽 산악의 깨끗한 물과 동쪽 평야의 비옥한 농지에서 나는 질 좋은 곡식을 원료로 한 양조업이 일찍부터 발달했다. 그래서 예부터 '주향(酒鄕)'으로 일컬어졌다. 이백(李白)이 이곳의 술 검남소춘(劍南燒春)을 마시기 위하여 입고 있던 담비 가죽옷을 벗어서 술과 바꿔 마셨다는 '해초속주(解貂贖酒)'의 고사가 이곳 술의 명성을 말해준다. 이백의 고향인 강유(江油)가 면죽에서 멀지 않은 곳에 있기 때문에 젊은 날의 이백이 이곳에 들렀을 가능성은 충분하다. 검남소춘은 당나라 덕종(德宗) 때 궁중

에 진상하는 어주(御酒)로 선정될 만큼 이름난
술이었다. 그래서 지금도 검남춘은 '대당국주(大
唐國酒)'의 전통을 이었다고 자부하고 있다.

송나라 때는 소동파가 이곳에서 생산되는 밀
주(蜜酒)를 마시고 「밀주가(蜜酒歌)」를 지은 것으
로 유명하다. 소동파가 황주(黃州)에서 유배생활
을 할 때 면죽 출신의 도사 양세창(楊世昌)이 면죽에서 생산되는 밀주 만
드는 방법을 동파에게 전해주었는데 그 방법대로 술을 빚어 마시고 그
맛에 감탄하며 「밀주가」를 지어 양세창에게 주었다고 한다. 특히 이 시
에서 "삼일 만에 항아리를 여니 향기가 온 고을에 가득하다(三日開甕香滿
城)"는 구절이 인구에 회자된다.

면죽의 양조 산업은 청나라 강희(康熙) 연간(1662~1722)에 18개의 대형
주방(酒坊)이 설립되어 최전성기를 구가했다. 이들 주방 중에서 1622년
에 주욱(朱煜)이 설립한 주방이 규모가 가장 컸는데 여기서 면죽대국(綿
竹大麴)을 생산하기 시작했다. 이 주방은 주욱의 후손 주천익(朱天益)이
이어받아 계속 경영했기 때문에 후대에 이를 '천익노호(天益老號)'라 불
렀다. 지금의 검남춘 공사는 이 천익노호를 기반으로 설립되어 천익노호
의 전통 양조방식을 계승 발전시킨 것이다.

백주의 품질을 좌우하는 것이 술을 발효시키는 용기인 교지(窖池)인데
교지는 진흙으로 지하에 만든 움이다. 진흙 속의 수많은 미생물이 발효
를 도와 백주 특유의 풍미와 향을 만들어낸다. 교지는 오래될수록 좋다
고 한다. 왜냐하면 새로운 원료가 투입될 때마다 이 원료를 영양분으로
해서 새로운 미생물이 생성되기 때문이다. 미생물의 종류는 그 지방의
토양과 기후 등에 따라 달라진다. 1985년에 천익노호의 교지를 보수하는

과정에서 '영명5년(永明五年)'이라 쓰인 벽돌을 발견했는데 이는 남북조 시대인 487년이다. 그러니 천익노호의 교지는 1985년을 기준으로 할 때 1500여 년의 역사를 가진 것이다. 확인할 길은 없지만 주욱은 이전부터 있었던 오래된 교지를 이용해서 이곳에 주방을 설립했을 것으로 추정된다. 좋은 백주가 나올 수밖에 없는 이유가 여기 있다. 연구에 의하면 일반 교지에 서식하는 미생물은 170여 종인데 비하여 천익노호 교지의 미생물은 400여 종에 달한다고 한다.

2004년에는 검남춘 집단(그룹)이 생산시설을 확장하는 과정에서 천익노호 주변에 명·청 시대의 교지 695개가 발견되었다고 한다. 면죽 지방에 왜 술 문화가 일찍부터 발달했는지를 알게 해주는 자료이다. 이 엄청난 발견은 2004년 '중국 10대 고고 발굴'에 선정되었으며 2006년 국무원은 이곳을 전국중점문물보호단위로 지정하고 아울러 세계문화유산 예비 명단에 올렸다.

오늘날의 검남춘은 이렇게 오래된 교지의 발효를 거쳐 만들어지기 때문에 좋은 백주가 될 수 있었다. 교지와 함께 검남춘이 최정상급 백주가 될 수 있었던 데에는 물의 역할도 중요하다. 물은 '술의 피'라 할 만큼 결정적인 요소이다. 검남춘에 사용하는 물은 면죽 서북부 산악지방의 오염되지 않은 약알칼리성 천연 광천수인데 여기에는 칼륨, 나트륨, 칼슘 등이 충분히 녹아 있어 세계 정상급 광천수라고 한다.

중국 백주를 마시면서 항상 느끼는 것은 아직 품질의 표준화가 이루어지지 않았다는 점이다. 서양의 술, 특히 스카치위스키 같은 경우에는 그 맛이 한결같다. 예를 들어 '발렌타인 17년'은 언제 마셔도 그 맛이 같다. 반면에 백주는 같은 상표의 제품이라도 맛이 일정하지 않아서 어느 때는 매우 훌륭하다가도 또 어느 때는 전혀 다른 맛이 나기도 한다. 내 생각에는 이렇게 된 원인이 두 가지라고 본다. 하나는, 원료를 투입하고 발효를 거쳐 증류한 다음 저장고에 저장할 때까지의 공정에서 철저한 품질관리가 이루어지지 않기 때문이다. 또 하나는, 병입(甁入)하기 전의 최종 과정인 블렌딩(blending)에 문제가 있기 때문일 것이다.

검남춘 집단은 품질을 표준화하기 위해서 부단히 노력하고 있는 것으로 보인다. 이 집단은 1982년에 질량관리위원회를 구성해서 양주대사(釀酒大師) 서점성(徐占成, 쉬잔청)을 중심으로 수십 명의 전문가들이 품질의 표준화를 위해 연구를 거듭했다. 그 결과 검남춘은 원료 단계에서부터 최종 출고까지 총 501가지의 표준검사를 실시한다고 한다.

그러나 무엇보다 품질을 표준화하기 위해서는 블렌딩 기술이 필수적이다. 스카치위스키의 경우, 싱글몰트 위스키(single malt whisky)는 별문제이지만 고급 블렌디드 위스키(blended whisky)의 겉포장에는 마스터 블렌더(master blender)의 사인이 들어 있는 경우가 있다. 마스터 블렌더가 그만큼 자신의 명예를 걸고 정확하게 블렌딩하여 품질을 표준화한 제품이라는 자부심의 표시이다. 이 블렌딩이 표준화되지 않으면 동일한 주종이라도 일정한 맛을 유지하기 어렵다. 고급 위스키의 품질은 블렌딩의 기술에 따라 좌우된다고 해도 과언이 아니다. 블렌딩이 이렇게 중요한 것이다.

내가 보기에 중국 백주는 지금까지 블렌딩의 표준화가 이루어지지 않았기 때문에 그 맛이 각각 달랐던 것이다. 블렌딩을 중국어로 구태(勾兌) 또는 구조(勾調)라 하는데 중국에서도 이 구태를 백주 생산과정의 '화룡점정' '금상첨화'로 부를 만큼 중요시한다. 현재 일반화되어 있는 연분주(年份酒)의 경우에는 특히 중요하다. 연분주는 10년, 20년 식으로 저장연도를 표기한 백주를 말하는데 옛날에는 없던 것을 위스키의 연도 표시를 따라 지금은 널리 채택하고 있다. 그리고 판매가도 상상을 초월할 정도로 높다. 오량액, 모태주, 분주 등 고급 백주의 30년 급은 우리 돈으로 수백만 원 심지어 수천만 원을 호가한다. 그러나 솔직히 말해서 '정말 30년 짜리인지, 값만큼 품질이 좋은지' 확신할 수 없다는 생각이 드는 것이 사실이다.

검남춘 공사에서는 이런 문제를 해결하기 위해서 양주대사 서점성의 총지휘 아래 2000년부터 시작하여 8년간의 연구 끝에 결실을 맺었다고 한다. 고급 백주는 여러 차례의 발효와 증류를 거쳐 원액을 얻는데 이렇게 해서 얻는 원액의 품질은 동일하지 않다. 이 원액들을 정확하게 '어떤 조건하에서 어떤 비율로 배합하고 어떤 조작을 가하느냐'에 따라 표준화된 10년 또는 30년 연분주가 탄생한다. 이를 위해서 서점성팀은 8년간 2천여 차례의 실험과 1천여 차례의 품평을 거쳤다고 한다. 그렇게 해서 표준화된 연분주를 만드는 지침서를 완성했다는 것이다. 서점성팀의 또 하나의 성과는 '휘발계수판정법(揮發系數判定法)'을 만든 것인데 연분주의 저장연도를 과학적으로 정확하게 측정하는 방법이라고 한다.

현재 검남춘 공사에서는 10년, 15년, 30년 연분주 이외에도 '진장품 검남춘' '검남춘 779' '동방홍 1949' 등 고급 백주를 생산하고 있는데 앞에서 말한 지침서에 따라 만들고 휘발계수판정법에 따라 검사를 거친 것이라면 믿을 수 있다고 하겠다. 그러나 나는 검남춘 공사의 보고서를 읽고 이 글을 쓰고 있을 뿐이지 실제로 다양한 검남춘주를 마셔서 검증한 것이 아님을 밝혀둔다.

하지만 분명한 한 가지 사실은 검남춘이 매우 좋은 술이라는 것이다. 15년 전쯤 어느 날 광주은행 서울지점의 박철상(朴徹庠) 부장과 술자리를 가진 적이 있다. 그때 그는 내가 가져간 검남춘을 맛보고 매우 좋다며 감탄했다. 박철상 부장은 매우 특이한 인물이다. 현직 은행원이면서도 어려서부터 익힌 가학(家學)이 축적되어 한학(漢學)에 조예가 깊다. 명색이 수십 년간 한문학을 전공한 나보다 훨씬 높은 경지에 이르러 고문헌학, 한문학, 초서해독 등의 분야에서 독보적인 위치에 있다. 그뿐만 아니라 술에 있어서도 일가견을 가졌다. 그는 애주가이자 대주가이다. 나도 애주가임을 자처하지만 그를 따르지는 못한다. 그런 그가 극찬한 술이니 검남춘은 좋은 술임에 틀림없다. 후에 들은 이야기지만 그는 그때 마신 검남춘 맛을 잊지 못해 중국에 가는 인편에 이 술을 사달라고 부탁했으나 뜻을 이루지 못했다고 했다. 중국엔 술의 종류가 워낙 많아 모든 술을 진열해놓고 판매할 수가 없다. 박 부장의 부탁을 받은 인사도 중국에서 이 술을 발견하지 못했던 것이다. 나중에 이 소식을 듣고 나는 아끼며 보관하고 있던 검남춘 한 병을 그에게 보내준 일이 있었다. 진정으로 술맛을 아는 사람에게 보내는 것이라 조금도 아깝지 않았다. 박철상 부장의 평이 아니라도 내가 마셔본 결과 검남춘은 빼어난 백주임에 틀림없다. '모오검(茅五劍)'이란 말이 있는데 이는 모태주(茅台酒), 오량액(五糧液), 검남춘(劍南春)의 첫 글자를 조합한 것으로 검남춘이 모태주, 오량액과 어깨를 나란히 할 만큼 좋은 술임을 뜻한다.

'인문한국'에의 꿈

김정남 | 전 청와대 교문사회수석

　지난여름, 다산연구소와 함께하는 중국 인문 기행을 다녀왔다. 우리가 둘러본 곳은 호남성 일원으로 성도인 장사를 비롯해서 악양, 멱라, 평강, 소산 등지였는데, 떠나기 전에 내가 알고 있었던 것은 모택동이 장사 출신이라는 것 정도가 고작이었다. 도착 당일 빗속에 처음으로 찾아간 곳이 악록서원이었다. 주자의 백록동서원이야 그 이름만은 들어 알고 있었지만, 악록서원이 백록동서원에 버금가는 반열의 중국 4대 서원 중 하나요, 어쩌면 세계 최초의 대학이랄 수 있는 역사 깊은 교육기관이라는 것이나, 1167년에 주자가 찾아와 남헌 장식과 3일 밤낮에 걸쳐 심성론(心性論)을 토론한 성리학의 성지라는 것 등은 거기 찾아가서야 비로소 알았다.

---

* 폭우가 쏟아지고 상강(湘江)이 범람하는 악천후 속에서 5박 6일의 호남성 기행을 간신히 끝냈다. 여러 가지 아쉬운 점이 많았지만 그런대로 성과가 있었다. 여기 마지막으로 두 분의 여행 동행기를 수록하는 것으로 『중국 인문 기행』 3권을 마무리하려고 한다. 김정남 전 청와대 교육문화사회수석 비서관의 글과 황상민 전 연세대 교수의 글이다. 이 두 편의 글은 모두 다산연구소(www.edasan.org)의 '다산글방'에 실렸던 것이다.(송재소)

아! 나의 무지와 무식함이여

　지금 서울의 예술의전당에서 제백석(齊白石)의 작품이 전시 중인데 그의 고향이 악록서원 근처라는 것도 제백석기념관에 가서야 알았다. 전시된 작품들을 관람하다가 기념관의 여성 안내원이 중국의 남방에서 난다는 과일 그림 앞에서 이 작품이 매우 중요하다면서도 그 까닭을 설명하지 못했다. 서둘러 송재소 교수를 모셔다 그림 위쪽에 쓰여 있는 화제(畵題)를 읽어달라고 해서야 제백석의 화론에 접할 수 있었다. '그림을 그리는 묘법은 같은 것과 같지 않은 것 사이에 있는데, 너무 같게 그리는 것은 세속에 영합하는 것이요, 너무 다르게 그리는 것은 세상을 기만하는 일'이라는 것이다. 아! 나의 무지와 무식함이여. 한문을 줄줄 읽어 내려가는 송재소 교수가 그렇게 부러울 수가 없었다. 어디를 가거나 송재소 교수가 준비한 안내책자는 그대로 우리들의 교과서였고, 그의 설명은 중국의 현지 책임자들조차 귀 기울일 만큼 깊고도 해박했다.

　악양루가 유명한 것은 경승도 경승이지만 "동정호 있다는 말 옛날에 들었거니 오늘에야 악양루에 오르네(昔聞洞庭水 今上岳陽樓)"로 시작하는 두보의 시와 범중엄의 「악양루기」에 힘입은 바 더 크다는 사실도 이번에야 알게 되었다.

　(옛 어진 이는) 외물 때문에 기뻐하지 않고 자기 일신상의 일 때문에 슬퍼하지도 않는다. 조정의 높은 자리에 있으면 그 백성을 걱정하고, 멀리 강호에 살게 되면 그 임금을 걱정했으니 이는 나아가도 걱정

하고 물러가도 걱정하는 것이다. 그러니 어느 때에 즐거워할 수 있겠는가. 반드시 말하기를 '천하 사람들이 걱정하기에 앞서 걱정하고 천하 사람들이 즐거워한 연후에 즐거워하였다' 하리라. 아! 이런 사람들이 없었다면 내 누구와 함께할 수 있으리오.

범중엄의 '먼저 걱정하고 뒤에 즐긴다(先憂後樂)'는 네 글자는 만세토록 위정자의 보감(寶鑑)이 되었으니, 두보의 시와 범중엄의 「악양루기」를 보고 난 뒤의 악양루는 어제 듣고 보던 그 악양루가 아니다. 인문의 힘은 이렇게 크다. 평강에 묻힌 두보의 묘사(墓祠)와 "창랑의 물이 맑으면 내 갓끈을 씻고, 창랑의 물이 흐리면 내 발을 씻으리" 했던 굴원의 사당을 배관(拜觀)하면서 사람다운 사람은 누구이며, 역사는 무엇인가를 생각하지 않을 수 없었다.

잃어버린 인문적 자존심

과연 중국은 인문의 보고였다. 인간의 무늬, 인문의 흔적이 켜켜이 쌓여 가는 곳마다 널려 있었다. 한나라 시대 가의의 고택이 상존하고 있는가 하면 신해혁명의 여전사 추근의 고거(故居)도 가꾸어지고 있었다. 한국의 비석거리에는 그 잘난 송덕비만 있지만, 중국에서는 다양한 서체와 함께 세워진 시비를 어디에서나 쉽게 볼 수가 있었다. 굴원의 사당에만도 365개의 시비가 서 있었다.

젊은 시절 모택동의 발길이 닿은 혁명의 유적들을 돌아보는 감회도 새로웠지만 모택동이 그 자신의 독특한 필체로 써놓은 시부(詩賦)들을 보면서 그의 넓고 깊은 인문적 소양에 놀라지 않을 수 없었다. 악양루 3층에도 두보의 시 「등악양루」가 모택동의 글씨로 걸려 있었다. 강서성 구강의 비파정에도 그의 글씨가 걸려 있는데 백거이(백낙천)가 쓴 「비파행」 616자를 외워서 썼는데 다만 다섯 글자만이 틀렸을 뿐이었다고 한다.

중국 인문 기행을 하면서 나는 한국의 참담한 인문적 수준을 돌아보지 않을 수 없었다. 소중화(小中華)니 동방예의지국이니 하는 인문적 자존심이나 옛 선비들의 그 치열했던 인문정신은 사라진 지 오래다. 한류의 원조라 할 조선통신사들에 쏠렸던 일본인들의 선망과 존경의 눈길도 이제는 먼 옛날의 얘기가 되었다. 지금 일고 있는 한류라는 것도 인문이 밑받침되지 않는다면 한갓 한때의 바람에 지나지 않을 것이다. 중국의 중고등학생은 한시를 200~300수 외울 수 있다는데 과연 한국의 학생들은 몇 수를 외울 수 있을까.

그 무렵 마침 국내에서는 장관 후보자들에 대한 인사청문회가 한참이었는데, 그들의 부끄러움을 모르는 두꺼운 낯은 한국 인문의 수준을 여실하게 보여주는 것이었다. 부끄러움을 모르면 못할 짓이 없다는데(不恥 則 無所不爲) 이 나라 정치지도자들에게 인문적 바탕이라는 것이 과연 있기나 한 것인지 생각해보지 않을 수 없다.

백범 김구 선생은 그의 글 「내가 원하는 나라」에서 "오직 한없이 가지고 싶은 것은 높은 문화의 힘이다"라고 한 것은 우리나라가 이 세상에서 가장 훌륭한 인문국가로 가야 한다는 지침으로 나는 이해한다. '인문한국', 그것이 우리가 가야 할 길이요 꿈이다. 한민족의 자존심을 인문에서 찾는 날이 그 언제나 올 것인가. (2017. 9. 12)

인문 기행에서 만난 건물과 음식

황상민 | 전 연세대 교수

동정호에 갔다. 그리고 악양루에 올랐다. 이렇게 이야기하면 두보의 유명한 시 「등악양루」를 떠올릴지도 모른다. "오래전 동정호에 대해 들었지만, 이제야 악양루에 오르게 되었네" 이렇게 시작하는 시다. 나는 두보의 시를 직접 본 것이다.

'좋은 음식과 술, 차가 제공된다'는 문구에 끌려 참가한 중국 인문 기행(호남성)이었다. 여행 내내 송재소 교수님의 설명과 해석이 이어졌지만 특히 두보의 시와 삶에 대한 해설을 들을 때는 나 자신이 잠시 두보로 빙의됐다. 그런데 내가 올라 동정호를 바라본 악양루는 두보가 올랐던 그 악양루가 아니었다. 같은 위치에 있는 누각이지만, 다른 모습의 악양루였다. 당, 송, 한, 명, 청 왕조에 따라 다섯 번이나 그 모습이 바뀌었다고 한다. 동정호 옆 공원에 왕조별로 다른 악양루 청동 미니어처가 번듯하게 서 있었다. 어떻게 이런 일이 가능할까? 그때 그 모습을 그대로 유지해야 하는 것은 아닐까?

각 시대의 삶과 마음을 담았기에

'난간에 기대어 눈물만 흘리네'라던 두보의 마음은 흔적도 없이, 더위에 지친 나에게는 '동정호' 바람만이 느껴졌다. 두보는 동쪽과 남쪽으로 오와 초를 나눴다는 말을 빌려 동정호의 장대함을 노래했는데, 나는 '악양루의 진짜 정체는 무엇일까' 하는 의문이 남았다. 악양루의 시작은 삼국시대 동오의 장수였던 노숙이 만든 누각이란다. 오나라 군대를 지휘하기 위해 만들었다고 한다. 이곳을 716년 당나라 때 악주의 태수인 장열이 수리하면서 '악양루'라는 이름을 붙이게 된다. 이후 '그때그때' 수리할 때마다 각기 다른 모습으로 재현된 것이다.

과거의 유적에 대한 우리의 마음은 악양루를 시대별로, 아니 왕조별로 각기 다르게 만들었던 중국 사람의 심리와 확실히 다른 듯하다. 2008년 남대문이 불탄 후 재건할 때, 우리는 제대로 고증하여 원래 모습 그대로 만들어야 한다고 믿었다. 이후, 당시 사용된 안료와 아교가 국산이 아니라 일본 제품을 사용했다는 것이나, 기증된 소나무는 빼돌리고 대신 러시아 소나무가 사용된 부실 공사였다는 논란이 더 크게 역사에 남았다. 광화문 복원의 경우에도 비슷한 일이 있었다. 현판의 글자가 한글에서 한자로 바뀐 것, 그리고 글자 색깔이 흰색인지 검은색인지를 따졌다. 막연히 '있었던 그때 그대로'의 모습대로 '재현'되어야 한다고 믿는 복원이고, 건물에 담긴 사람의 마음과 의미를 알려고 하기보다는 겉모습만 원형대로 복원하면 된다고 믿는 마음이다.

신기하게도 나는 이런 혼란에 대한 예방약을 미리 체험했다. 여행 첫날에 방문한 중국의 피카소라는 제백석(치바이스) 화가의 기념관에서 보게 된 비파 그림을 통한 학습이었다. 그림에는 이런 글이 함께 있었다.

그림을 그리는 것은, 비슷한 것과 비슷하지 않은 사이에 있다. 기묘함이 되는 것은, 너무 비슷하면 세속에 영합하는 것이요. 너무 비슷하지 않으면 세상을 속이는 것이다. (作畵 在似與不似之間 爲妙 太似爲媚俗 不似爲欺世)

우리가 찾아간 악양루는 보수공사 중이었다. 혹, 내부를 보지 못하면 어쩌나 하는 송 교수님의 아쉬움 담긴 탄식이 멀리서 느껴졌다. 하지만 다행히 내부는 개방되어 있었다. 강의에서 미리 배운 1층과 2층의 복사판「악양루기」도 확인할 수 있었다. 긴 역사를 누구보다 자랑스러워하는 중국인들이라 그럴까? 그들은 왜, 건물이 '그때 그 모습'으로 있어야 한다는 강박증이 아닌, 이곳을 찾는 사람들의 흔적으로 자신의 역사를 복원하는지 신기하게만 느껴졌다.

겉모습 아닌 마음을 찾아야

사실, 악양루는 처음 만들어졌을 때 이름도 기록도 없는 어쩌면 그저 그런 누각의 하나였을지도 모른다. 하지만 송나라 범중엄이 친구 등자경의 요청으로「악양루기」를 쓴 이후, 이 누각은 천하 묵객들이 꼭 한번 찾아보아야 하는 곳이 되었다. 범중엄의 「악양루기」나 두보, 이백의 「등 악양루」와 같은 시가 있었기에 악양루는 자신의 진짜 이름뿐 아니라, 분명한 정체를 가진 마치 생명체와 같은 어떤 존재가 되었다. 더이상 겉으로만 보이는 건물이 아닌 사람들의 마음속에 자리를 잡게 된 것이다. 시간의 흔적을 가득 담은 쇠락한 건물이 아닌 각기 다른 시대에 각기 다른 삶을 살았던 사람들의 마음을 대변하는 어떤 존재가 된 것이다. 남대문을 복원하고, 광화문을 재건한다고 했을 때, 우리가 정작 찾아야 하고 복원해야 했던 것은 건물이 아니라 잃어버린 우리의 마음이 아니었을까? 그런데 그 유물들에 담긴 우리의 마음을 알 수 없었기에, 우리는 보여지는 것에 더욱더 강박적으로 매달리게 된다.

맛있는 음식, 즐거운 술, 편안한 차를 찾아 떠난 나의 문화 탐방은 미식의 경험이었다. 악양루에 오른 나는 두보의 삶보다는 눈으로 보이는 건물로 그 사람을 느끼려 했다. 보이는 건물이 아닌 역사 속에 살았던 그 사람들의 마음이 단지 건물을 통해 생생하게 살아난 것이다.

악양루에서 자신의 고단한 삶을 확인해야 했던 두보와 달리, 나는 여행 중에 계속 풍요로운 음식을 통해 문화기행의 정체를 체험했다. 내 수준에서 최고의 욕망이 충족된 것이었다. 이 와중에 화려하고 큰 식당의 음식보다 알려지지 않은 시골의 식당에서의 만족도가 더 높았다. 마음의 양식보다 아무래도 먹고 마시고 느끼는 데 더 의미를 두는 사람이 나란 존재인가보다. 하지만 만족스러워하는 일행 속에서 평소 식탐이 있는 나조차도 더 자제하는 마음으로 음식을 대할 수 있었다. 그렇다고 테이블 가득 차려진 음식을 열심히 먹지 않았던 것은 결코 아니다. 약간은 나를 속이면서 세속에 영합하는 체험을 한 듯했다.

제백석은 "그림을 그리는 것은 (…) 세상을 속이는 것이다"라고 했지만, 건축물이든 음식이든 그 안에 담긴 사람의 마음을 찾아야 한다. 그것이 무엇이든 시대를 살아가는 사람들의 마음과 동떨어진다면 그것이 바로 세상을 속이는 것이다. 오리지널을 재현하는 건축물이나 화려하고 큰 식당의 음식들이 아닌, 시대의 변화를 반영하여 복원한 건축물이나 시골 식당의 음식들에서 내가 얻은 통찰이었다.

'먹방'이 난무하고 '심야식당'의 고독한 미식가가 되기를 꿈꾸는 이 시대에, 미식의 의미를 찾는 것은 또 다른 세속의 영합일 것이다. 미식이란 '음식의 본질'을 찾는 것일까, 아니면 나의 욕망의 본질을 번드레하게 표현하고 싶은 것일까? 음식의 본질은 분명 맛있게 잘 먹는 데에 있다. 그렇다면 나의 마음은 항상 무작정 먹고 보자는 것은 아니었을까? 때로 누군가 오리지널한 어떤 맛을 재현했다고 강박적으로 주장한다면, 그것은 세상 사람의 마음을 속이려는 것일지도 모른다. '그때 그 모습을 그대로 재현한다'는 것이 역사의 흔적을 되살리는 것이 아니라, 나의 욕망을 속이는 일이기 때문이다. 건물이나 음식이나 겉으로 보이는 것은 우리 자신을 혹은 세상을 속이는 것이 되기 쉽기 때문이다.(2017. 7. 21)